满洲交通史稿补遗

苏州大学东亚历史文化研究中心
吉林省社会科学院满铁研究中心

第三卷

主　编　武向平　孙　彤
副主编　孙　雁

社会科学文献出版社
SOCIAL SCIENCES ACADEMIC PRESS (CHINA)

海运港湾编

三

本卷目录

海运港湾编　三

港湾编·第三类·运营关系资料（中）

No　タイプライター原稿用紙

大正四年度埠頭概況報告書

埠頭事務所

No　タイプライター原稿用紙

大正四年度埠頭概況報告書

埠頭事務所

総説

a. 大連港ノ現勢

B. 埠頭状況

一. 著離船舶

二. 輸出入貨物

a. 輸出貨物

B. 輸入貨物

三. 貨車發著貨物

a. 發送貨物

B. 到著貨物

四. 埠頭集散貨物

五. 荷繰改装

六. 石炭概況

No　タイプライター原稿用紙

七、船舶營業

a. 上海航路

B. 南支那沿岸航路

八、倉敷料及火災保険

九、使役労働者

十、施設事項

以上

南満洲鉄道株式会社

タイプライター原稿用紙

總説

a. 大連港ノ現勢

ベブロッフ條約ノ遺權ヲ継ヒデ経営茲ニ八歳満蒙開發ニ資スヘキ日支新條約締結ノ機會ハ本年度初頭ニ於テ迎ヘラレタリ即チコレニヨリ當港ハ事實上ノ永租地トナリ曩ニ得シ満蒙諸鉄道敷設權ト共ニ幾多ノ優越權ヲ確保シ背後地港トシテノ當港ノ將來ハ茲ニ一大光明ヲ加ヘラレ青島ノ占有ハ山東各港ニ対スル貿易関係ヲ益々向上促進セシメ浦塩トノ関係亦漸次密接ヲ來シ仲継港トシテノ將來モ亦大ニ期待ヲ有スルニ至レリ連山湾ノ築港成リ牛荘港ノ浚渫完了ノ暁ト雖モ對内港若クハ中継港トシテノ當港ノ地位ハ些ノ不安ヲ感スルコトナク益々発展シ又発展セシメザルベカラザルモノナリ即チ過去十年ニ近キ當局ノ努力経営ハ當港ヲシテ物産物ノ世界的市場タラシメタルト同時ニ大豆ノ一大加工地兼輸出港タラシメタルニ反シテ安東牛荘若シクハ將來ノ連山ハ世界的商業系統若シクハ其ノ機関ニ於テ稍々缺如セルモノ有ル而已ナラズ近世ノ所謂大船経濟的趨向ト相容レザルモノアリ又浦港ノ特産市場ヲ遠ク哈爾賓ヲ控ヘテ後背ニモ殆

No　　タイプライター原稿用紙

ントカ工地無ク主トシテ通過点タルニ過ギザルニ比スレバ當港ノ現在ハヨリ堅キ根底ニ在ルモノト謂フヲ得ベシ

殊ニ満洲大豆ノ汽船コランナ号ニ依リ欧洲ニ紹介セラレテ茲ニ八年（明治四十一年十一月）棉実亜麻仁ヲ圧シテ一躍國際的貿易品ニ上リ豆油ガ綿実油ノ疊ヲ摩シ工業原料トシテ多大ノ期待ヲ受ケツヽアルト同時ニ最近一歩ヲ進メテ欧米主要食料品タル小麦ノ代用ニ大豆ガ供セラレントシツヽアルノ事実ハ當港地歩ノ向上ノ Probability ヲ更ニ一層大ナラシムルモノト謂ハザルベカラズ

當所ハ是等ノ大勢ニ鑑ミ施設ノ拡張制度ノ改善ニ関シテ常ニ細心ノ注意ヲ拂ヒ継續事業タル埠頭延長工事ハ勿論後半期ニ於テ第二十八号倉庫二五〇〇坪ノ新築ヲ完了シ又業務ノ主要目的タル貨物並ニ船舶取扱規則ヲ改定シ以テ従来ノ不便及ビ不備ヲ細明補足シタリ

斯ノ如ク多大ノ光明ト期待トヲ有スル當港ノ現在ハ正ニ一大進歩ノ道程ニアルモノニシテ Owen 氏ノ所謂殖民地経営ニ於ケル中心的港湾ハ國家ノ手ニシテ且ツ口ナリトノ言ハ吾人ノ堅キ信條タラズンバアルベカラズ背後地

市場ニ對スル培養的乃至開発的鉄道政策ノ必要ナルハ吾人ノ呶々ヲ要セザル所ニシテ更ニ進ンデ之ヲ助長完成セシムベキ主要貨物ノ在外消費若シクハ生産市場ニ対スル所謂大鉄道政策ノ必要モ亦吾人ノ大ニ主張セザルベカラザル所ナリ

終リニ一言附記スベキハ今年度後半期ニ於ケル當港貨物停滞高ノ極メテ多カリシ事ニシテ今之ヲ過去四年間ニ對比スルニ実ニ左ノ如シ

最近四ケ年間後半期埠頭堆貨比較（石炭ヲ含ム）

	大正四年度	大正三年度	大正二年度	大正元年度
十月末	八二、一九〇屯	六一、〇二九屯	四〇、九八二屯	六五、一五四屯
十一月末	一六一、〇六五屯	九一、〇七三屯	七六、一八六屯	一一五、七三七屯
十二月末	二四五、五七三屯	一五九、七四一屯	一四一、九六一屯	一五三、七八三屯
一月末	三一六、四二〇屯	二四四、〇二四屯	一六九、一三五屯	一六五、三四六屯
二月末	三一八、四八六屯	二七六、五五八屯	一九一、八六四屯	一六七、六九〇屯
三月末	二九四、六一〇屯	二八〇、〇九一屯	一八六、九八八屯	一五〇、八六六屯

思フニ當港ノ呑吐貨物就中輸出貨物ハ未ダ甚シク原始的色彩ヲ脱セズ従テ其ノ運賃負担能力極メテ微弱ニシテ此度ノ如キ海運界ノ大高潮ニ際シテハ之カ輸出ニ多大ノ困難ヲ感ジ當業者ハ勿論當所ニ於テモ実ニ未ダ嘗テ見ザル苦シキ経験ニ遭遇セリ而シテ前述セシ輸出助長ノ大鉄道政策ハ明ラカニ之レニ対スル應急的救済策タルヲ失ハズト雖モ原料貨物ヲ能フ限リ高度ニ加工精製シ以テ其ノ運賃負擔力ヲ増進セシムル事ハ向後再ビ斯ノ如キ苦シキ経験ヲ繰返ヘサザラシムル而已ナラズ寔ニ永遠ニ亘リ我ガ満蒙ニ於ケル経済的地歩ノ安定ヲ図ル上ニ於テ最吃緊事タラズンバ非ザルナリ而シテ加工ノ種類程度及ビ其ノ方法等ハ学者事業家ノ研鑽研究ニ待ツ事勿論ナリト雖モ之ニ対スル當局ノ補助若シクハ誘導ハ此ノ過渡期ニ於ケル奨励策トシテ最モ必要ナリト信ズルモノナリ

B. 埠頭状況

本年度ノ埠頭状況ハ引継キ欧洲戦乱ガ千貳百萬屯ノ船腹ノ自由ヲ失ハシメタルト称セラレテ此ノ波及漸ク當港ニ至リ船腹ノ不足ハ運賃ノ昂騰ヲ

タルハ大ニ注目ニ値スベキコトニシテコレ當港ガ大豆市場トシテ漸ヤク重要ノ地位ヲ占ムルニ至リタルヲ証スルモノナルベシ而シテ大豆ニ次クハ石油空罐木材等ニシテ前者ハ上海後者ハ北見ヲ最多積出港トセリ本年度輸入諸港ハ上海一二〇八三五屯ニシテ空罐最モ多ク之レニ亜クハ大阪及関門ナリ

貨車發送貨物ハ輸入ニ等シク稍々活気ヲ呈シ其數量二四三、七二六屯ニシテ前年度ニ比シテ七歩ノ増加ナレトモ前々年度ニ比スレバ一割六歩ノ減少ナリ貨車到着貨物ハ前年度ノ激増ニ比シテ二割ノ遜色ヲ見レドモ其額ハ一、六八一、八七六屯ニ達シ前々年度ニ比シテ一歩ノ増加ナリ前年度ニ対スル減退ハ石炭始メ大豆雑穀豆糟等一般ノ減退ナリ北満大豆ノ南下ハ年々増加ノ傾向ヲ示シテ本年中ニ六四〇九六屯ニ達セリ

保管貨物年度末現在高ハ二九四、六一〇屯ニシテ之ヲ前年度末現在高ニ比シ五歩並ニ前々年度現在高ニ比シ六割ノ増加ナリ之レ輸出貨物ノ捗取ラザリシニ因ル

荷繰ハ六九一、七一二屯ニシテ之ヲ前年度ニ比シ一割ノ減少ナレドモ前

々年度ニ比スレバ七割一歩ノ増加ナリ
改装作業ハ二、〇二九、四八三個ニシテ之レヲ前年度ニ比シ四割一歩ノ減退
ナレ共前々年度ニ比スレバ五割二歩ノ増加ナリ之レ本年度ハ袋物輸出ノ
三十萬屯ニ近キ減退ヲ見タルニ因ル
上海航路乗客数ハ一四、三三五人ニシテ之レヲ前年度ニ比シ三、一二九人及
前々年度ニ比シ六、八〇一人ノ増加、取扱貨物ハ一七二、八九四屯ニシテ之ヲ
前年度ニ比シ三七、〇六八屯又前々年度ニ比シテ六九、〇六〇屯ノ増加ナリ
以上ノ増加ハ支那海ニ於ケル外國船ノ船腹不足ナリシニ之シテ対南清
諸港ノ輸出入共ニ荷動ノ活潑ナリシニ因ルモノナリ
次ニ南支那沿岸航路取扱貨物ハ一〇〇、二二九屯ニシテ主ニ石炭食料品及
塩砂糖等ナリトス乗客数ハ二、三八四名ヲ取扱ヒタリ
今本年度ノ主ナル取扱貨物作業比数ヲ擧ゲテ之ヲ前年ニ比較スレバ左ノ
如シ

船舶	積上 輸出	積上 燃料炭	陸揚 輸入	合計	増減
大正四年度	一、五七一、四三八	二〇四、四〇三	五六五、八九六	二、三四一、七三七	
大正三年度	一、八三九、七四二	二六〇、〇五六	四八〇、八五四	二、五八〇、六五二	二三八、九二五
大正二年度	一、五一五、九五五	二〇四、六九二	五五〇、八一二	二、二七一、四五九	七〇、二六八
大正元年度	一、三三一、八五二	三九、二八八	四六八、三〇〇	一、九二〇、四四〇	四二一、二八七

貨車	到着	発送	計	増減
大正四年度	一、六八一、八七六	二四三、七二六	一、九二五、六〇二	
大正三年度	二、一〇五、九五六	二二七、八〇七	二、三三三、七六三	四〇八、〇七一
大正二年度	一、六六五、一一一	二九〇、五九二	一、九五五、七〇三	三〇、一〇一
大正元年度	一、三六四、八一九	二三八、五一一	一、六〇三、三三〇	三二二、二七二

No　　タイプライター原稿用紙

一、著離船舶

本年度ノ著離船舶数ハ

著埠　二、〇一一隻　三、二六七、二五二屯

離埠　二、〇一三隻　三二七六、九一八屯

ニシテ之ヲ前年度ニ比シ著埠ニ於テ二六九隻、六五五、七七三屯、又離埠ニ於テ四四隻ニ八一、五四二屯ノ増加ナリ

已ニ総説ニ於テ述ベシ如ク客年度以来ノ欧洲戦乱ハ千二百万屯ノ船舶ノ自由ヲ奪ヒ世界船舶ノ四分ノ一ニ達セシ事実ハ船腹ノ非常ナル不足ヲ告ゲシメ日本社外船ノ地中海大西洋ニ赴ムクモノ多数ニ上リ且ツ極東海運界ニ重キヲ為セシ独逸船ノ東支那海ニ全ク船影ヲ攸メシ事等彼此因果シテ本年度著埠船舶ニ如斯減少ヲ示セルモノナリ

試ミニ独逸船舶ノ著埠隻数ヲ見ルニ大正元年度ニ九九隻二年度ニ一一五隻三年度ニ四三隻ニシテ本年度ニ於テハ皆無ノ餘義ナキヲ見タリ

本年度著埠ノ船舶数ヲ国籍別ニ示セバ

	著埠 隻数	著埠 總屯数	離埠 隻数	離埠 總屯数
日本	一、六五五	二、六八九、五四二	一、六五七	二、七〇〇、七六八
英國	一二〇	三二〇、三七〇	一二一	三二一、七九四
獨逸	—	—	—	—
支那	一九一	三四、四五八	一九一	三四、四五八
諸威	一四	二一、四六九	一三	一八、四八五
露國	一五	三二、六一三	一五	三二、六一三
米國	一	三、三〇二	一	三、三〇二
瑞典	三	一一、三九六	三	一一、三九六
和蘭	四	三二、四三六	四	三二、四三六
佛國	三	一八、四四〇	三	一八、四四〇
丁抹	五	二三、二二六	五	二三、二二六
合計	二、〇二一	三、二六七、二五二	二、〇一三	三、二七六、九一八

南滿洲鐵道株式會社

ヨ-0003　B列5　(13. 10. 23,000部 ...)

次ニ當港著埠船舶ノ平均一隻ノ總屯数ヲ各年度別ニ列記シ以テ船型ノ推移ヲ示サン。

	平均一隻總屯數
四十一年度	一、三九六屯
四十二年度	〃　一、六五五屯
四十三年度	〃　一、五四四屯
四十四年度	〃　一、五七五屯
大正元年度	〃　一、五〇七屯
大正二年度	〃　一、七四八屯
大正三年度	〃　一、七二一屯
大正四年度	〃　一、六二五屯

二、輸出入貨物

a　輸出貨物

前年来引続キタル船腹ノ不足運賃ノ高調ハ當港特産物輸出貿易ニ不尠影響ヲ来シ加工品タル豆粕ハ内地其他一般ノ相場常ニ軟弱ナリシニモ係ハラ

No　　タイプライター原稿用紙

ズ油房業者ノ不斷ノ努力ニ依リ幸ニシテ支那向及日本向共ニ前年度ニ比シ數萬屯輸出增加ヲ見又其副產物タル豆油ハ時局ノタメ歐米方面ノ需要激シク增大シタル結果神戶向其他ニ於テ前年度ニ比シ約三万屯ノ輸出增加アリタリ（神戶ヨリハ多ク歐米方面ニ轉送サルヽモノヽ如シ）

然レ共大豆及雜穀ハ船運賃ノ高調ニ伴フ內地相場ノ不出合ノ爲メト後半期ニ於テ銀價ノ漸進的昂騰ガ益々之カ輸出ヲ困難ナラシメ前年度ニ比シ前者ハ約二十万屯後者ハ約十萬屯ノ減少ヲ餘儀ナクセラレタリ石炭ノ如キ運賃負擔能力少ナキ貨物ガ多大ノ輸出減少ヲ來シタルハ時節柄當然ノ現象ニシテ結局前年度ニ比シ差引二六七、七一二屯（一割五分）ノ減少ヲ見ルニ至リシナリ

尤モ前々年度ニ比スレバ支那向輸出好況ナリシタメ五六、〇七五屯ノ增加ナリ

左ニ各國向主要品名別輸出屯数ヲ示サン

品名／國別	日本	朝鮮	支那	南洋	欧州	米國	計	前年度ニ比較増減	前々年度ニ比較増減
大豆	五一、一六七	—	七四、一三〇	一七、一五四	三二、七九四	—	一七五、二四五	二〇一、四七五	三〇、五七五
豆粕	五六九、六〇三	三九六	三一、九九一	—	—	—	六八一、九九〇	三〇、五五三	一四三、五六八
豆油	二六、九二七	八	二、〇九八	—	四八、一七七	一一、九五〇	八九、一六〇	二九、八七七	三四、六九〇
雜穀	四七、二〇五	二、〇七三	四六、四八一	—	三、八八二	—	九九、六四一	一〇一、〇五五	一、四九三
石炭	一二四、〇二一	三四、五八八	三八、一二五	五五、六二五	二、〇〇〇	—	三五三、八二五	一〇七、一〇二	二四一、三七六
其他	五八、七二五	一〇、九八六	八五、一七九	一〇、四五三	六、八一二	四	一七二、一五九	五一、四九〇	八七、三三七
計	八七七、六二八	四七、五〇一	四五七、九九二	八五、二三〇	九三、六六五	一一、九五四	一、五七三、〇三〇	二六七、七七二	五六、〇七五
前年度ニ比較増減	三六、五六四	四、四六〇	二五、九六五	九九、五八三	九、四九八	四、五四二	二六七、七七二		
前々年度ニ比較増減	六六、九四五	八、〇一一	一五〇、二五五	六六、〇三〇	四六、一八二	七、九七九	五六、〇七五		

外ニ焚料炭積込　二〇四、四〇三屯アリ

南滿洲鐵道株式會社

ﾏ—0003　B列5　（14．9．20,000冊　滿日社納）

次ニ本年度ノ主ナル輸出貨物品名ヲ挙ゲ其最モ多ク仕向ケラレタル港名ヲ附記スレバ左ノ如シ

豆糟	六八一、九九〇屯	京濱	一九三、五〇五屯
石炭	三五五、二三三屯	香港	四二、一六〇屯
大豆	一七五、二四五屯	上海	二九、〇二七屯
豆油	八九、一六〇屯	神戸	二五、八二六屯
セメント	二六、〇一二屯	上海	一二、七五二屯
高粱	二二、二二〇屯	竜口	五、六七四屯
金物	二一、九三七屯	大阪	一六、六三四屯
小豆	二一、八七七屯	神戸	八、一五七屯
柞蚕	一六、三九八屯	芝罘	一五、七三四屯
包米	一四、五二一屯	竜口	三、八〇五屯
食料品	一一、二〇五屯	香港	六、三四一屯

粟

四、八九三屯　神户

一、六九〇屯

南滿洲鐵道株式會社

ヨ-0003　B列5　（14.9.20,000冊 滿日納）

6. 輸入貨物

豊作後ヲ受ケシ本年度ハ農家ノ購買力ノ増加ニ刺戟セラレテ輸入貨物ハ未曾有ノ数量ナル五六五、八九五屯ニ達セリ之レヲ前年度ニ比スルニ一割六分前々年度ニ比スルモ三歩ノ増加ニ當レリ

總說ニ於テ已述セシガ如ク本年度初頭ニ於ケル日支交渉ハ其ノ反響トシテ排日貨國産需要熱ヲ誘起セシメ南北ヲ論ゼズ全支那ニ弥漫スルニ至リ満洲市上ニ襲入シテ當港ニ於ケル前半期ノ日本輸入貨物ニ割方減退シ支那諸港ヨリ転入貨物四割一歩ノ増加ヲ見タリ右半期ニ入リテ右形勢ノ冷静ニ帰スルト共ニ日本転入品ハ前半期ノ減退ヲ補足スルヲ得猶ホ幾分ヲ前年度ヨリ超過シタルガ支那諸港ヨリノ輸入モ依然トシテ増加ノ径路ヲ辿リテ未曾有ノ記録ナル一七三、四九七屯ニ達セリ之レヲ前年度並ニ前々年度ニ比スルニ三割九分ノ増加ニ当レリ

右現象ハ支那ノ需要ヲ最モ克ク窺ガウニ足ルベキモノニシテ局ニ當ル者ノ意ヲ用フベキ所ナリ而シテ四年中ニ於ケル南満洲全般ノ轉入貿易ノ内容ヲ観ルモ亦本説ヲ裏書シテ餘蘊ナキニ似タリ即チ南満各関ノ（安東ハ内

No　タイプライター原稿用紙

外品等増ニ付暫次揩ク迄外ホ製産品転入額ハ二百萬乃至三百萬両ノ減退ヲ示シ支那内國品ノ之レニ代ハルモノ三百萬乃至二百萬両ノ増加ヲ来シツヽアリ

前述ノ如ク當港ハ大豆ノ輸出港タルト同時ニ大豆ノ一大市場並ニ加工消費地ナルヲ以テ北方ニ於テ競争者ノ位置ニ在ル浦塩港並ニニコリスク港ヨリ数年来一万餘屯ノ輸入大豆ヲ見ツヽアリシガ本年度ニ入リテ過去ノ記録ヲ破リ一躍昨年度ノ二倍ニ餘リ浦港五五、〇〇六屯尼港一五、七七三屯ニ達シ輸入貨物ノ主位ヲ占ムルニ至レリ過去五ケ年間ノ本趨勢ヲ示セバ

年次	大正四年度	三年度	二年度	元年度	四十四年度
（浦港）	五五、〇〇六	二九、四六六	一四、三六九	一六、八九六	三、〇五七
（ニコリスク港）	一五、七七三	三、三二五	—	—	—

今本年度輸入貨物屯數ヲ國別ニ前年度又ハ前々年度ニ比スレバ左ノ如シ

	日本	朝鮮	支那	南洋	欧洲	米國	計
前半期	一八八、八一五	九、一一二	六五、九一一	九〇六	四九、六二一	二〇、六二六	二六四、九九一
後半期	一四九、九七五	一二、四二四	一〇七、五八六	一、一四八	二六、四五一	一三、三二〇	三〇〇、九〇四
計	三三八、七九〇	二一、五三六	一七三、四九七	二、〇五四	七六、〇七二	三三、九四六	五六五、八九五
前年度ニ比較増減	一八、五〇一	三、四八五	四七、四二〇	七四四	一四、三九七	一、九八二	八五、〇四一
前々年度ニ比較増減	三四、八一五	六、〇二五	四八、七二六	六七一	一五、二二八	二〇、七二四	一五〇、八三五

南滿洲鐵道株式會社

ヨ-0003　B列5　(14. 9. 20,000冊 滿日印刷)

次ニ本年度輸入ノ主ナル貨物品名ヲ挙ゲ其ノ最モ多ク仕出シタル港名ヲ附記スレバ左ノ如シ

大豆	七一、四六一屯	浦塩	五五、〇〇六屯
空罐	六六、八六六屯	上海	三四、一五一屯
木材	三四、五四五屯	北見	一〇、七五四屯
枕木	二八、八八〇屯	釧路	二一、一七二屯
蔬菜果物	二〇、九〇九屯	大阪	八、一六六屯
米	二〇、八五一屯	仁川	八、八〇四屯
鐵鋼製品	一九、八九六屯	大阪	四、四〇一屯
麦粉	二四、六三〇屯	上海	三三、六八五屯
綿布	二、八六五屯	上海	四、六〇〇屯

南満洲鐵道株式會社

ヨ 0003　B列5　(14.9.20,000冊 編日社済)

No　タイプライター原稿用紙

三　貨車發著貨物（第二ホームヲ含ム）

a　發送貨物

本年度ノ發送貨物ハ二四三、七二六屯ニシテ之ヲ前年度ニ比シ一五、九一九屯(22%)ノ増加ナレドモ前々年度ニ比スレバ四六、八大久屯ノ減少ナリ之ヲ例年ニ比スルニ先ヅ好況ト謂フ得ベク客年度ノ豐作ハ農家ノ購買力ト奥地商況ニ自活策ヲ負ハシメタルモノナラン

本年度前半期ニ於ケル排貨(國産熱)ハ前半期ニ稍不振ヲ呈シ后半期ニ之レヲ恢復セリ而シテ本年度主ナル發送貨物ハ公衆品ノ雑貨石油麻袋金物又社用品ノ木材等ナリトス次ニ本年度發送貨物屯數ヲ社用公衆ニ別チ前年度又ハ前々年度ニ比スレバ

	社用品	公衆品 埠頭扱	公衆品 ガニホーム扱	計
前半期	三四、五四三	三六、八八〇	三五、七〇八	一〇七、一三一
後半期	二四、六七七	六四、七〇二	四七、二二六	一三六、五七五
計	五九、二二〇	一〇一、五八二	八二、九三四	二四三、七三六
大正三年度比較増減	五九	九、八八	六、七九〇	一五、九一九
大正二年度比較増減	八、二八〇	四七、九二二	九、三三六	四六、八六八

南満洲鐵道株式會社

ヨ0003　B列5　(14.9.20,000冊 満日社納)

No

タイプライター原稿用紙

B. 到著貨物

本年度ノ到著貨物ハ前年度及前々年度ニ継グベキ数量ナリ而シテ前半期ニ於ケル特産物ノ出廻リハ日支交渉アリシニ不拘例年以況ノ好況ヲ呈セシガ右半期中葉ニ及ンデ吉林省ノ防穀令並ニ新斗税ノ増徴ニ遇ヒ亦奉天省中ニモ二三縣ノ防穀令ノ実施ヲ見大豆雑穀ノ出廻リニ尠ナカラザル影響ヲ感ゼシメタリ

輸出炭ノ不況ニ伴フ到著炭ノ減少昨年度ニ比シテ二割六歩ニ達セシヲ以テ到著貨物總数量ニ異常ナル低下ヲ来タサシメタリ

吾人ノ注意ヲ恒ニ換起セシムベキ北満大豆南下ノ状勢ヲ見ルニ當テ東清鉄道ガ第ニ松花江ヲ中心トシテ努力セル大豆吸收ノ運賃政策モ明治四十四年中ポクラテチナヤ經由大豆五百八十五萬ヲ最高ノ記録トシテ以後漸々ノ経路ヲ辿リツツアルニ反シテ當所到著ノ陶頼昭双城堡方面ヨリ南下大豆ハ過去四ヶ年間ニ六倍ニ近キ増加ヲ見其ノ数量六萬四千屯ヲ超ヘタリ

今茲ニ五ヶ年間ヲ比較スレバ如下

四十四年度	大正元年度	二年度	三年度	四年度
一一	一、八四一屯	一五、六五九屯	五七、四六一屯	六四、〇九六屯

更ニ本年度ノ到着貨物ヲ主ナル品名別ニ前年度或ハ前々年度ニ比スレバ

	前半期	後半期	計	大正三年ニ対スル比較増減	大正二年度ニ対スル比較増減
大豆	二二二、六二二	五三八、二八七	七六〇、九〇九	五八、七七二	二一二、一三六
豆粕	三一、四九四	四八、二九五	七九、七八九	四五、九二八	一六、四三八
豆油	八一二	五、一二〇	五、九三二	三、九〇三	五、四八七
雑穀	四四、五七六	七五、五三二	一二〇、〇九八	一五八、四〇九	五、四六六
石炭	二二六、六一二	三六六、二三七	五八八、八四九	一九六、三三八	二四二、〇三三
其他	五一、二七一	七五、〇二八	一二六、二九九	三一、四四四	六三、〇八八
計	五七三、三八七	一、一〇八、四八九	一、六八一、八七六	四二四、〇八〇	一六、七六五

ヨ-0003　B列5　（14. 9. 20,000冊 哈日紙開）

四　埠頭集散貨物

本年度ノ埠頭集散貨物屯數ヲ前年度或ハ前々年度ニ比較セバ

	大正四年度	大正三年度 數量	大正三年度 比較増減	大正二年度 數量	大正二年度 比較増減
繰越高	二八〇、〇九一	一八六、九八七	九三、一〇四	一五〇、八六七	一二九、二二四
受入高	二、九二五、〇五三	三、〇六八、八〇四	一四三、七五一	二、六九一、九八〇	二三三、〇七三
計	三、二〇五、一四四	三、二五五、七九一	五〇、六四七	二、八四二、八四七	三六二、二九七
拂出高	二、九一〇、五三四	二、九七五、七〇〇	六五、一六六	二、六五五、八六〇	二五四、六七四
年度末殘高	二九四、六一〇	二八〇、〇九一	一四、五一九	一八六、九八七	一〇七、六二三

此ノ如ク受入高ノ昨年度ヨリ五分ノ減退ヲ見タルハ本年度ノ到着ト輸出トガ昨年度ニ比シテ多少ノ閑散ナリシヲ示スモノナリ

次ニ本年度埠頭出入貨物品名ヲ挙グレバ左ノ如シ

品名	受入屯数	積出屯数
石炭	五八〇、一四九	五七六、〇一五
大豆	八三六、七七一	八〇二、七五二
豆粕	七〇一、五八二	六八一、九九〇
豆油	七八、八二三	七七、五一〇
雑穀	一五七、九三七	二一一、九七三
酒類	七、〇〇三	七、〇四六
砂糖	一三、一七五	一一、六一二
味噌醤油	六、二四二	六、一九五
麦粉	三〇、一三八	二九、四九五
其他食料品	三九、九九五	三九、七一七
紙類	一二、二九七	一二、一七五

南滿洲鐵道株式會社

ヨ-0003　B列5　(14.9.20,000冊 滿日社納)

綿糸布	一八、九〇四	一九、一三〇
金物類	三二、九六〇	三二、七一九
木竹材	三四、五四五	三四、四〇〇
薪炭	九、三九三	九、三一三
油類	七、五二六	七、五〇九
社用品	三三、〇七七	三三、〇三七
其他	三三六、五四〇	三一九、九四六
計	二、九二三、〇五三	二、九〇八、五三四

五、荷操改装

本年度荷繰作業屯數ハ六九一、七二二屯ニシテ之ヲ前年度ニ比シ一割減退ナシ共前々年度ニ比シ五割貳分ノ増加ナリ而シテ之ヲ大略品別ニ比較セバ

南満洲鐵道株式會社

ヲ-0003　B列5　(14. 9. 20,000冊 ……)

	大正四年度	大正三年度作業高	比較増減	大正二年度作業高	比較増減
雑穀	三三〇、〇一二	五六一、九四四	二四一、九三三	二六〇、九五三	五九、〇五八
豆粕	二五五、三三八	一四八、四四五	一〇六、八八三	一〇五、五五二	一四九、七七六
其他	一一六、三七三	五七、〇三〇	五九、三四三	三八、〇六九	七八、三〇四
計	六九一、七一二	七七六、四一九	七五、七〇七	四〇四、五七四	二八七、一三八

更ニ之ヲ作業別ニ比スレバ（外ニ石炭貨車荷繰一一、三六四屯アリ）

	大正四年度	大正三年度作業高	比較増減	大正二年度作業高	比較増減
貨車荷繰	四二八、八九三	五二七、六八〇	九八、七八七	二〇〇、五六九	二二八、三二四
苦力荷繰	二〇四、九五四	二〇五、三八〇	一、五五四	一四七、〇三七	五七、八九七
電車荷繰	五七、八八五	三六、三五九	二一、五二六	五二、三四六	五、五三九
馬車荷繰	—	—	—	四、六二二	四、六二二
計	六九一、七一二	七六七、四一九	七五、七〇七	四〇四、五七四	二八七、一三八

本年度ノ改装作業個數ハ二〇二九四八三個ニシテ之ヲ前年度ニ比シ四割一歩減

前々年度ニ比シ五割貳歩ノ増加ナリ

次ニ之ヲ大畧品別ニ比較セバ

	大正四年度	大正三年度 作業高	大正三年度 比較増減	大正二年度 作業高	大正二年度 比較増減
袋物	一、七二三、四五六	三、三七五、九〇八	一、六五二、四五二	一、三〇五、一四八	四〇八、三〇八
其他	三一六、〇二七	五四、〇一一	二六二、〇一六	二九、二六六	二八六、七六一
計	二、〇二九、四八三	三、四二九、九一九	一、四〇〇、四三六	一、三三四、四一四	六九五、〇六九

六　石炭概況

本年度ノ輸出炭ハ、（三五三八三五屯）ニシテ之レヲ前年度ニ比シ一六六、六二一屯（32%）ノ減少ニシテ更ニ之ヲ前々年度ニ比スルモ二四〇、〇二五屯（41%）ノ減少ニ當レリ是レ戦乱ノ影響ナル船腹ノ不足ニ基因スルモノニシテ本年

度輸出炭五千屯以上ノ仕向港ヲ挙クレバ

麻仁剌 二〇、六八〇屯 京濱 三四、八四五屯 打狗 四〇、二一三屯

廣東 二三、四一〇〃 仁川 二二、五九〇〃 新嘉坡 一〇、六〇八〃

彼南 三、九八五〃 釜山 七、二二八〃 芝罘 一三、四二一〃

新潟 五、六〇三〃 香港 四二、一六〇〃 名古屋 一七、二一五〃

上海 三五、六三一〃 寧波 七、〇二〇〃 武豊 一〇、二四〇〃

廈門 七、四九〇〃

次ニ本年度ノ焚料炭積込ハ益々其ノ額ヲ増加シ二〇四、四〇三屯ニシテ之ヲ前年度ニ比シ五五六五三屯ノ減少ナレドモ前々年ニ比スレバ二八九屯ノ増加ナリ、之レ當港出入船舶ノ増加ニ主因スルハ勿論ナリトスルモ又焚料炭ノミ積ミ込ミ目的ノ船舶ニ対スル發着手数料ヲ徴セザルニモ一因スルモノトス

今本年度ノ焚料炭ヲ需要会社別ニ示セバ

社外船 七一八九三屯 外国船 三九二五三屯

南満洲鐵道株式會社

ヨ-0003 B列5 (14.9.20.000冊 満日社納)

社船　四六六〇六屯　郵船　二、〇二七屯
商船　四四六三四屯　計　一四四、四〇三屯

七、船舶營業

a、上海航路

本年度ノ上海航路就航船ハ榊丸往復四六航海、神戸丸四六航海半ニシテ本航路補助船トシテ泰陽丸往復壹航海、廣嶋丸復航一回、博進丸往復十六航海半ヲ就航セシメタリ然シテ博進丸ハ十月十三日ヨリ翌年三月十九日マデ五月ニ渉リテ青島、上海並ニ大連間ノ貨物積取リヲ試航セシメテ充分ノ成算ヲ得、同日大連汽船株式會社ヘ引渡セリ。

之ガ取扱貨客ノ概况ヲ表示セバ

航別	航海度数	航路	旅客 一等	旅客 二等	旅客 三等	旅客 合計	貨物	郵便物
往航	109	大連上海	四八六	四二九	二、四三〇	二、九五五人	七一、七一四屯	二、三〇四個

大連・青島		三〇一	五六八	二、九三七	三、八〇六	四二三七	七八一個
青島・上海		二一八	一二〇	六三一	九五九	一二、〇〇九	一八一
計		一、〇〇五	一、一二七	五、五九八	七、七三〇	八四、一四六	三、二六六
復航 上海・大連	112	五三〇	四六一	一、八九〇	二、九〇一	※三一五 八〇、八二四	三八、一七五
上海・青島		二〇七	一〇九	五一九	八三五	七、一三七	二九四
青島・大連		四〇	三七〇	二、三六九	二、八〇九	四八二	一六三
計		八九七	九四〇	四、七七八	六、六一五	八八、七四八	三九、一〇〇
合計	221	一、九〇二	二、〇五七	一〇、三七六	一四、三三五	一七二、八九四	四二、三六六
大正三年度比較増減	19	四一〇	九〇八	四、六一六	五、九三四	四〇、四七六	二六、一七四
大正二年度比較増減	2	三九五	一、一四四	六、〇五二	六、八〇一	六九、五六二	二二、一〇八

備考※本航路、就航船泰陽丸ノ上海ヨリ牛荘ヘ輸送セシ数量ナリ。

南滿洲鐵道株式會社

ヨ-0003　B列5　　14.9.20,000冊

今當航路本年度並ニ昨年度ノ主ナル取扱貨物品名ヲ擧グレバ

往航

	大正四年度	大正三年度
1. 大豆	一五、五九二屯	二七、一六二屯
2. 豆粕	二四、四二〇〃	一〇、三三〇〃
3. 豆油	一、二四二〃	五、二六六〃
4. セメント	一三、〇七九〃	九、六九四〃
5. 柞蚕	三、六七七〃	一、二四四〃
6. 蓆	二、七六六〃	一、〇九三〃
7. 食料品	二、〇七六〃	八六二〃
8. 高梁	一、三六四〃	一、九六七〃

復航

	大正四年度	大正三年度
1. 空罐	三一、四二二屯	二六、六四二屯
2. 蓆	二、八三〇〃	五、〇六二〃
3. 麦粉	一二、三五七〃	六、八二七〃
4. 麻袋	四、一七四〃	六、七九二〃
5. 綿布	三、四四四〃	二、三九〇〃
6. 米	一、六二八〃	三、五七〇〃

B. 南支那沿岸航路

本年度ノ南支那沿岸航路就航船ハ泰平丸往復一二航海泰陽丸往復十二航海

半ニシテ之ガ取扱貨物ハ

往航

荷積地	貨物屯數 大正四年度	貨物屯數 大正三年度
回數	二四	四七
大連	五二、三九二	六一、九二八
牛荘	四、六八五	九、八五九
芝罘	一三、三九六	一八、九三一
威海衛	六、七五四	七、五七一
青島	三、六三〇	一、八五七
計	七九、八五七	

復航

荷積地	貨物屯數 大正四年度	貨物屯數 大正三年度
回數	二五	四七
青島	七、七五四	二、八七四
芝罘	一、九七五	四、八六三
牛荘	一、七三六	二、六二一
大連	六、九二一	三、五二五
上海	一、九九六	
計	二〇、三七二	

合計　一〇〇、二二九屯ニシテ前年度ニ比シテ七二、四五七屯

(42%)ノ減少ナレ共前々年度ニ比スレバ五五、三五一屯(54%)増加ニ當レリ
次ニ主ナル取扱貨物品名ヲ擧グレバ

往航

	大正四年度	大正三年度
1 石炭	四三、八五五屯	一四、一三二屯
2. 食料品	二一、〇六三〃	二一、九六三〃
3. 塩	六、六五九〃	四、九三九〃
4. 落花生	二、一六二〃	一、八二六〃
5. 雑穀	一、九三九〃	二、五二五〃
6. 大豆	一、〇〇八	三、一三一〃

復航

	大正四年度	大正三年度
1 砂糖	六、二〇六屯	七、二六六屯
2. 金物	二、二九九屯	一、三三〇〃
3 木材	一、九二一屯	二、四七一〃
4. 空罐樽	一、三〇六	
5. 麻袋	一、二四二	

乗客数ハ二、三八四名ナリキ

八　倉敷料　火災保険

本年ノ倉敷料並ニ之ヲ前年度又ハ前々年度ニ比スレバ

	純屯數	延屯數	料金	
大正四年度前半期	六六一、四四二	一三、七一七、九六六	一一四、八三八	二二
同後半期	七六四、六四七	一七、三八四、六六七	一三四、一三一	八一
計	一、四二六、〇八九	三一、一〇二、六三三	二四八、九六〇	〇三
大正三年度ニ比較増	四五三、六九六	一〇、五二七、九三一	一〇二、二七五	三五
大正二年度ニ比較増	九三四、二四九	一九、二二五、八八〇	一五八、四四五	一五

本年度ノ火災保険貨物屯數及其ノ變遷ヲ示セバ

月	日	貨物屯數	價格
四	三〇	二二一、四九四	一〇、二一二、四九五、二〇
五	三一	一〇二、七九七	五、八九五、九〇一、一〇
六	三〇	七四、五八六	四、〇〇九、六八六、七〇

七	三一	六八、五〇四	三、六二〇、六八六、一〇
八	三一	五九、八七一	三、四六八、一七六、七〇
九	三〇	五〇、九二一	三、〇三三、〇二一、三〇
十	三一	六七、七七四	三、三七六、一六六、六〇
十一	三〇	一四二、一七四	六、九八二、五九〇、一〇
十二	三一	二二九、九三〇	一一、三四〇、七二一、〇〇
一	三一	二八五、四五八	一五、一四六、〇〇六、二〇
二	二八	二七四、三六八	一四、七二七、六四四、二〇
三	三一	二四〇、七〇〇	一三、二二六、四九二、九〇

而シテ本年度ノ支拂保険料ハ三五、九五〇円五六銭ニシテ之ヲ前年度ニ比シテ二〇、一六二円六七銭並ニ前々年度ニ比スルモ三四、四五五円二一銭ノ減少ナリ。

南滿洲鐵道株式會社

ヨ-0003　B列5　(14. 9. 20,000冊 [illegible])

本年度ノ使役苦力延人員ハ

九　使役労働者

船舶作業　四八四、四〇三人
貨車作業　三四八、五四七人
荷捌　六三、六六三人
石炭作業　五〇三、六四一人
荷繰　二二四、一七九人
改装着貫　一四三、五一三人
計　一、七六七、九四六人

ニシテ之ヲ前年度ニ比スレバ一一三、四六四人(6%)ノ減少ナレ共前々年ニ比スレバ一五九、五六六人(10%)ノ増加ナリ

十、施設事項

大正四年度前半期分

一、第九号倉庫側壁移轉工事

側壁移轉木造亜鉛引鉄板張　延長　二三〇、六尺

側壁新設木造亜鉛引鉄板張　〃　一四、三尺

天井一部取除　三八面坪

ペンキ塗　二〇面坪

此金五百八拾五円二拾四銭也

一、第六号倉庫屋根天窓修繕工事

天窓修繕　四ケ所　長　一六尺　巾　一〇、四尺

仝上　二ケ所　長　一六尺　巾　六、八尺

此金三百七拾四円四拾一銭也

一、両埠頭岸壁線路間砕石敷及コールタール撒布工事

No　タイプライター原稿用紙

砕石敷　五〇〇面坪

コールター撒布　一、一七八面坪

此金九百〇円五拾四銭也

一、鋼製白色積給水船一隻購入

船体　長六一呎　巾二一呎　深六呎三吋　毛数

此金一万三千二百六拾円也

一、東埠頭岸壁線路間砕石敷及コールター撒布工事

砕石敷　八〇〇面坪

コールター撒布　一、七三五面坪

枕床枕張　六五、七面坪

入口修繕　四ケ所

窓修繕　一六ケ所

仕切木摺壁修繕　三九面坪

屋根室気抜修繕　一ケ所

此金四百五拾五円七拾五銭也

No　タイプライター原稿用紙

一、中部詰所改築工事

木造平家建（三七坪）　改築一棟　桁行　三六尺

梁間　二七尺

在来結所取解（一二坪）　取解一棟　桁行　二四尺

梁間　一八尺

此金壱千四百六拾八円二拾三銭也

一、第九号倉庫アスファルト、コンクリート敷工事

アスファルト、コンクリート　九〇、五面坪

砕石敷　九〇、五面坪

コールタール塗　九〇、五面坪

此金八百九拾四円八拾二銭也

一、第二ホーム上家一部ニ仮囲設備工事

仮囲　一ケ所　桁行　一二八尺

梁間　三〇尺

出入口　六ケ所　高　七、五尺

巾　一三尺

此金四百拾九円〇四銭也

No.　タイプライター原稿用紙

一埠頭構内周圍煉瓦塀移転及木柵仮設工事

煉瓦塀移転　延長　七八九尺

仝上　撤去　延長　二二五尺

比金壱千三百九拾円也

一、第一埠頭九番線外一ケ所線路枝張工事

線路枝張　長　三九六呎

巾　二一呎

仝上　長　七九二呎

巾　二二呎

比金三千四百九拾九円七拾六銭也

一、第二ホーム貨物倉庫改築ノ内取毀工事

木造平家一棟　桁行　三九〇尺

梁間　四八尺

比金二百六拾五円〇二銭也

一、第二ホーム旧倉庫敷地一円盛土其他工事

南満洲鉄道株式会社

No6　タイプライター原稿用紙

盛土　七八八立坪
土留石垣　八六面坪
砕石敷　四九九面坪
人孔　一ケ所
土管下水　延長　二七間
雨水桝　南側九ケ所
此金四千五百七拾三円九拾九銭也
一、構内東門ヨリ事務所ニ至ル道路修繕工事
道路砕石敷　一、三七一、五面坪
コールタール撒布　一、三七一、五面坪
此金二千八百七拾四円〇三銭也
一、寺児溝之消毒機関室板床張及入口其他修繕工事
（實業補習学校ニ充ル用ノタメ）
仮木柵新設ワイヤフェンス張　延長　二一七尺
此金壱千二百〇九円七拾八銭也

南満洲鉄道株式会社

No　タイプライター原稿用紙

一埠頭東門外道路取擴並修繕工事
砕石敷　一九三面坪
雨水桝モルタル管　三ケ所
堀放溝　長　六五間
砕石敷修繕　四七五面坪
此金壱千〇二拾三円八拾五銭也
一、埠頭正門電車通東側道路修繕及コールタール塗工事
砕石敷　七〇一、六面坪
コールタール塗　一、四二四面坪

南満洲鉄道株式会社

No　タイプライター原稿用紙

大正四年度后半期分

一、旅順石炭桟橋修繕工事

修繕個所

縦断筋違　五九ケ所

横断筋違　一九ケ所

下部横断根鉄　一〇ケ所

渡桟橋杭打　八本

渡桟橋筋違　一五ケ所

此金三千六百拾五円也

一、第二ホーム大連海関出張員詰所地上建直し工事

木造平家建　二二、七五坪

盛土　三一〇立坪

此金四百四拾二円八拾八銭也

一、第拾七号倉庫柱根継工事

側柱根継　四八ケ所

控柱根継　六四ケ所

南満洲鉄道株式会社

No　タイプライター原稿用紙

中柱根継　四〇ヶ所

此金壱千七百五拾円〇九銭也

一、第十七号倉庫内砕石敷及コールタール塗

砕石、コールタール敷　五、一三九坪

此金六千五百九拾四円拾四銭也

一、第十六号倉庫ABC柱根継工事

側柱　九四ヶ所

控柱　九四ヶ所

此金二千〇三円六拾二銭也

一、第十七号倉庫両側下水改築工事

下水延長　四五九・二間

此金七百二拾九円八拾五銭也

一、第十六号A.B.C倉庫及十四号倉庫下水改築工事

下水延長　一六六間七五

此金壱千〇九円拾二銭也

南満洲鉄道株式会社

No　タイプライター原稿用紙

一、自第十八号至二十一号倉庫排水暗渠改築工事

下水延長　八二九間

此金四千三百五拾一円二拾八銭也

一、外十七号倉庫附近幹線下水改築工事

下水延長　一〇〇間

此金壱千三百拾八円七拾五銭也

一、自第十八号至第二十一号倉庫南部排水新設工事

下水延長　二一二間一九

此金二千六百七拾三円六拾一銭也

一、埠頭構内一号倉庫外四棟屋根コールター塗

コールター塗　二、八七　面坪

此金八百四拾二円拾二銭也

一、大連埠頭ヘ号宿舎ヲ保温倉庫ニ改築

東屯造二　建　一二一坪五九五

此金三千〇七拾七円七拾四銭也

南満洲鉄道株式会社

No　タイプライター原稿用紙

一、第二埠頭西側六七番線々路布設並ニ砕石敷ニコールタール塗
線路布設　五六鎖六三輪
一、砕石敷及コールタール塗　一七、三九坪
此金四千三百七拾九円八拾一銭也

一、寺児溝幼児運動場蒸汽暖房装置工事
室内温度　華氏六五度
廊下　華氏五〇度
此金八百〇六円九拾銭也

一、大連西埠頭構内ホース乾燥場改築工事
改築　煉瓦造切妻平家建気抜付一棟此建一五坪
取解　煉瓦造切妻平家建　一棟〃　六、七一坪
此金二千八百九拾八円六拾三銭也

一、大連埠頭貨物倉庫新築工事（第二十八号）
木造平家　一棟　此建坪　二、五〇〇坪
此金七万五千三百三拾三円二拾五銭也

南満洲鉄道株式会社

No　タイプライター原稿用紙

一、大連埠頭構内消火栓用ホース取付設備工事
ホース格納函　二七個
ホース内径　二、五　六、七五〇尺
此金三千三百九拾円七拾三銭也

一、大連埠頭構内電車道路西側歩道タイル敷工事
タイル敷　二二九八坪
縁コンクリート付　長二〇二間
此金二千〇五拾八円六拾二銭也

一、大連埠頭中部第一三四詰所新設工事
木造平家建　間口二四尺奥行一八尺三棟
此建坪　三六坪
此金二千百七拾八円二拾八銭也

一、電鉄埠頭貨物引込線移設及増築工事
軌道新設　五鎖七輪
軌道移設　一九鎖七八輪

南満洲鉄道株式会社

No　　タイプライター原稿用紙

一、大連埠頭ＡＩ倉庫屋根修繕其他工事

此金二千四百拾九円七拾七銭也

煉瓦造平家建一棟内焼損部分八四、三八坪ヲ復旧シ同時ニ屋根側壁

其他ノ個所ヲ修繕ス

此金二千百五拾三円八拾三銭也

一、大連埠頭大豆精選場移転工事

木造平家建　一棟　四五坪

此金四百四拾円二拾五銭也

一、大連埠頭野積場木柵移転工事（寺児溝）

木柵移転　延長　五二三、五間

出入口扉　三ケ所

此金四百六拾八円五拾一銭也

一、大連小崗子北方海岸危険物倉庫宿舎及浴場ヲ埠頭構内見張所ニ移転改築

取解ノ部

No　タイプライター原稿用紙

番人宿舎　木造平家一棟　一〇、七五坪
危険物保管倉庫　〃　〃　一八坪
浴場　〃　〃　二、九五坪
移轉改築ノ部
大門見張所　木造平家一棟　五坪
見張所　〃　三棟　各　一、五坪
此金六百八拾四円三拾八銭也

一、大連埠頭貨物係事務所増築工事
木造葺卸建　一ケ所　桁行　三六尺五寸　〃　二七尺
梁間　一〇尺　六尺
此建坪　一四坪六三八
此金壱千〇四拾七円拾七銭

一、大連埠頭麻袋改装場移転工事
木造平家建（堀之）一棟　四〇坪
此金壱百拾八円七拾五銭也

一、大連埠頭荷役線模様替工事（第二十四号倉庫脇、第十八、十九、二十、二十一号倉庫周囲）

南満洲鉄道株式会社

No　タイプライター原稿用紙

線路移設　一七、六鎖
線路新設　二七鎖　内コンクリート枕木二六鎖
ポイント新設　三〇、
ポイント移設　一〇組
ポイント撤去　二三組
踏切新設　一三ケ所
ダイヤモンドクロッシング　一組
開渠移設　三ケ所
此金未詳

一、大連埠頭第四野積場土橋架設工事
土橋架設　一ケ所
此金二百二拾四円二拾銭也

一、大連埠頭正門入口附近電柱移転工事
建柱　一本　支柱　二本　支線　二條　総延長　五一、〇〇〇尺
此金六百九拾六円九拾五銭也

No.　タイプライター原稿用紙

一、大連驛構內日本橋野積場假道路設備其他工事

假道路　一、五〇四、三〇　面坪

側溝堀鑿　四一八、五間

側溝浚渫　四四一、七間

道路砕石敷　一、六六五、四　面坪

此金三千二百三拾六円九拾六銭也

一、大連埠頭構內電車道西側歩道柵設置工事

鉄柵　八八間　高　二尺五寸

此金壱百四拾五円三拾一銭

一、大連埠頭燈台硝子入替ペンキ塗工事

硝子入替　一六枚　ペンキ塗　一〇坪

此金六百〇八円七拾銭也

一、大連埠頭第四野積場相生五六番線敷設工事

軌條布設

ポイント布設　三五、七二鎖

No　タイプライター原稿用紙

一、日本橋崖下埠頭野積場用假線敷設工事
　　此金未詳
　線路布設　　　　　六四鎖一三節
　ポイント布設　　　四ヶ所
一、日本橋崖下埠頭野積場木柵及其他假設備
　　此金二千三百四拾八円九拾錢也
　木柵仮設　五二八間　出入口取設　三ヶ所
　　此金四百〇六円四拾七錢也
一、大連埠頭第四野積場相生九十番線及入替線敷設其他附帯工事
　軌條敷設　一〇二、六二鎖　ポイント取付　六ヶ所
　軌條桁架設　二ヶ所　車止、取設　六ヶ所
　　此金未詳
一、大連埠頭第四野積場仮木柵一部移転及増築工事
　移転木柵　延長　二〇八間
　増設木柵　〃　一一四間

No　タイプライター原稿用紙

一、大連埠頭保温倉庫内ペチカ取設工事

此金三百三拾九円八拾六銭也

ペチカ取設　六ケ所

此金二百〇八円八拾銭也

一、大連埠頭A1倉庫北側線路増設及模様替

線路増設　三鎖一九節

線路模様替　一三〃四三〃

此金未詳

一、大連埠頭正門木柵移転工事

在来木柵移転　延長　一二五尺

此金二百〇七円二拾一銭也

一、大連埠頭第四野積場相生七、八番線敷設工事

線路二條　四四鎖、七〇鎖

ポイント　二ケ所

此金未詳

No　タイプライター原稿用紙

一、大連埠頭正門附近道路張石新設改築並ニ修繕

張石新設　面　三一坪六合

〃改築　〃　一六〃四〃

〃修繕　〃　二九〃七〃

此金九百三拾八円三拾九銭也

一、大連埠頭構内側溝石蓋取外シ及取設並ニ木造蓋架設工事

石蓋架設　長九〇間　巾二尺

木造架設　〃　〃　〃

此金六百五拾一円六拾九銭也

一、大連埠頭第八、第九号倉庫前一、二番線路間枝張修繕工事

枝張延長　約一、五四四呎　撤却修復ス

此金三千二百八拾九円六拾五銭也

一、大連埠頭構内貨車小屋移転修繕

木造古貨車　一八尺五寸・七尺　一ケ所

〃　九尺・七尺　一ケ所

No　　タイプライター原稿用紙

一、大連埠頭第十八、十九号倉庫柱根継工事但シ工事打切

此金八拾九円二拾一銭也

第十八号ノ部

側柱根継　四五ヶ所

控柱根継　三六ヶ所

中柱根継　六二ヶ所

中通樋際柱根継　二五ヶ所

仝控柱根継　千五ヶ所

第十九号ノ部

側柱根継　六七ヶ所

仝控柱根継　六九ヶ所

中柱根継　一一八ヶ所

中通樋際柱根継　二八ヶ所

此金三千八百拾九円六拾八銭也

大正四年度

大連埠頭概覽

種別	單位	大正四年度	大正三年度 數量	大正三年度 增減割合	大正二年度 數量	大正二年度 增減割合
著離船舶	總屯數	3.267.252	3.923.025	17%	3.640.165	11%
船舶積込	屯	1.571.428	1.839.742	15%	1.515.955	4%
〃 焚料炭積込	〃	223.583	260.056	14%	204.692	9%
〃 陸揚	〃	565.896	480.854	18%	550.812	3%
貨車 荷卸	〃	1.681.876	2.105.756	20%	1.665.111	1%
〃 積込	〃	243.726	227.807	7%	290.592	16%
揚荷 荷捌	〃	625.597	484.265	29%	486.130	29%
荷 繰	〃	691.712	767.419	10%	404.574	71%
改 裝	個	2.029.483	3.429.919	41%	1.334.414	52%
船舶給水	屯	96.938	108.297	10%	99.307	2%
使役苦力	人	1.767.946	1.881.410	7%	1.608.380	10%
年度末現在高 普通貨物	屯	245.384	244.998	—	146.674	67%
年度末現在高 石炭	〃	49.226	35.093	4%	70.3 以下不明	不明

(17) C

整備項目	水運港湾	運営	
索引番號	10	文書番號	21—1.

備考	件名
	大正五年度大連埠頭業務報告書

B列5　(12. 7. 5,000枚 松浦屋納)

タイプライター原稿用紙

大正五年度埠頭業務報告書

埠頭事務所

總説

埠頭概況

一、著離船舶

二、輸出入貨物

A、輸出貨物

B、輸入貨物

三、貨車發着貨物

A、發送貨物

B、到着貨物

四、埠頭集散貨物

五、荷繰　改裝

六、石炭概況

七、船舶営業

南満洲鐵道株式會社

No　タイプライター原稿用紙

A.上海航路
B.南支那沿岸航路
八.貨物保管及埠頭貨物火災保険
九.使役労働者
十.施設事項
附録　A.大連埠頭要覧
B.大連湾年考

以上

南満洲鉄道株式会社

總説

埠頭概況

欧洲戦乱ノ勃発以来世界船舶ノ喪失セシモノ大正五年二月末迄ニ於テ二、五五八隻　四、七九一、一〇〇屯（逓信省調）ヲ算シ世界總船舶（四五、二四七、七二四屯、ロイド調）ノ一割三歩ニ達シタル反面ニ於テ世界造船力ハ僅カニ其ノ半ニモ及バザル現在世界的船舶大減少ノ状態ハ当港ニ対シテモ大正元年度以来嘗テ見ザル来港船舶ノ減少ヲ余儀ナクセシメタリ。即チ本年度ニ於ケル著埠船舶ハ一、九二五隻、三、〇七〇、〇七四屯ニシテ之レヲ前々大正三年度ニ比スルニ八五二、九五一屯（二割二歩）ノ減退ニ当リ前年度ニ比スルモ亦寸歩ノ減少ナリ。戦乱前来航セシ三十万屯内外ノ独逸船ト五万屯ニ近キ佛國船ハ全ク其姿ヲ收メ更ニ四十五万屯ニ垂ントセシ英船ハ本年度ハ実ニ半数以下ニ減少シタリ。支那船、和蘭、丁抹船等ノ此間ニ割入レルモノ幾分増加ヲ示シツヽアリト雖モ大型不定期邦船ノ来航頗ニ減少シ結局上述ノ如数字ヲ示セシナリ。

年度ハ気温稍、暖ク遼河ハ五年四月四日、鴨緑江ハ同三月ニ開河シ十二月十日前後ニハ何レモ再ビ堅氷ニ鎖サレ六年三月二十日相前後シテ解氷シ仝月廿九日牛荘港ニハ「保定号」ノ初入港アリタリ。当港ニ於テモ五年十二月廿七八日ヨリ寒気大ニ加ハリ埠頭附近稍堅キ結氷ヲ見、戎船用小型汽艇ノ如キハ殆ント運航不能ノ状態ニ陥リシコト二旬ニ及ビ繋船及荷役作業ニ障碍ヲ及ホセシコト不尠モノアリタリ。

十月十九日乙埠頭第二十一区ニ岸壁第六詰所ヲ設置セリ。乙埠頭第二二区ノ岸壁築造工事ハ十一月一日竣成シ午前九時二十五分甫テ奉天丸ヲ繋留セリ。

六年一月廿一日ノ在埠船舶三一隻六〇、七九九屯ハ開所以来ノ最高記録ナリ。

一月十七日寺児溝石油桟橋ハ流氷ノ圧迫ニ堪ヘズ午後三時三十分其木造部分四三五尺ハ遂ニ破壊流失セリ。

輸出貨物 八一、八三〇、三六四屯ニシテ大正三年度ト伯仲ノ間ニ在リ之レヲ四十一年度ニ比スレハ約三倍ニ近ク前年度ニ比スレバ一割六歩ノ増加ニ当レリ。大豆ノ Copenhagen 向ハ全体ノ三分ノ一ニ近キ五六、二五五屯ニ達シ

No.　タイプライター原稿用紙

豆油ノGothenburg向一四、七五二屯、Seattle向四九、八六四屯。主トシテ米[illegible]ニ転送サルベキ神戸向ニ八、六八六屯等ハ欧米方面ニ於ケル需要激増ヲ示スモノニシテ大ニ注目ニ値スヘキモノナリ。豆油ノ輸出十一万屯台ヲ突破セシハ豆油ノ六十九万屯台ヲ抜キシト全ク未曾有ノ記録ナリ。

輸出貨物積載船種別数量ヲ見ルニ社外船ノ一、一二一、九〇六屯ハ全体ノ六割ヲ越ヘ、外国船ノ二七八、六六〇屯、大阪商船ノ二三九、九四〇屯ハ是ニ次キ社船ハ一四六、九四九屯ニシテ全体ノ八歩ニ呈ラズシテ郵船ハ四万屯内外ナリ。内地向特産物輸出運賃ハ年度劈頭ニ於テ商船神戸向豆粕三十銭内外ナリシガ其後数度ノ値上ヲナシ年度末ニハ五十銭ヲ唱フルニ至レリ。十月二十六日協定ノ三線連絡新運賃ハ十一月二十日ヨリ実施スルコトヽナレリ。

茲ニ本年度ニ於テ新ニ注目ニ値スベキハ豆粕ノ米国輸出ナリ即チ六年ニ月九日、諾威船"Niels Nielsen"号ニテ三二三屯、仝月二十八日、日本船第五雲海丸ニテ八〇八屯ヲ三井扱ニテSeattleヘ輸出セシ事実ナリ

輸入貨物　八六〇九、〇〇一屯ニシテ過去ノ最高記録タル五六五、八九六屯ヲ

蹴破スルコト四万三千余屯ニシテ明治四十一年度ノ二倍ニ垂ントス。輸入貨物輸送船舶別数量ヲ見ルニ社外船ハ全体ノ半ニ近キ二六九、三四八屯ニ達シ大阪商船ノ一六五、五一五屯、社船ノ八八、七二九屯、之レニ次ギ外國船ハ五二、一四六屯、日本郵船ハ三六、六一三屯ナリ。

輸入貨物仕出地ニ就テ見ルニ日本積出ハ三二五、九三一屯即チ全体ノ半以上ニシテ之ヲ既往数年度ニ比スレハ何レモ二萬屯乃至八萬屯内外ノ増加ニ当リ、支那並ニ朝鮮積出亦殆ト全率ノ増加ニ当レリ。

近年浦、尼両港積出大豆四萬屯乃至七萬屯ニ上リシモノガ本年度ハ僅カニ二六、五五〇屯ニ降下セシハ同港軍需品ノ堆積並ニ船腹不足ノ窮状ヲ語ルモノナラン乎。

豆油ノ容器タル石油空罐ノ輸入ハ六四、五七三屯ニシテ前年度ト大差ナク前々年度以前ニ比スレバ何レモ二倍乃至三倍以上ノ増加ニ当リ関州積出一、八四四屯上海積出三四、五八九屯ハ其ノ主ナルモノナリ。

石油ノ輸入ハ New York ヨリ一二、六七〇屯、San Francisco ヨリ八、〇九九屯並ニ本年度初メテ合衆國テキサス州 Port Arthur ヨリ六、四四九屯アリ其他

No　　タイプライター原稿用紙

ヲ合セテ三三、六二五屯ニ達シ前各年度ノ凡ソ二倍ニ近キ輸入アリタリ。

十月廿九日露国官報ヲ以テ浦港個人貨物輸入禁令発表セラレ来テ出、露亜行貨物ハ多ク神戸中継大連経由ニ依ルモノノ如ク日本積出露亜行貨物亦安東並ニ当港ヲ経由スルニ至リ哈長間鉄道輸送力不足ヲ来シタル結果一時当港ニ停滞セル此種輸入貨物約四千屯ノ多キヲ算スルニ至リシカバ大阪商船定期船ノ如キ当分此種貨物ノ輸入数量ヲ制限スルノ止ムナキニ至レリ、十一月末頃ニ至リ長哈間馬車輸送力ノ増大ヲ図リタルモ到底此ノ大勢ヲ喰止ムベクモ非ズ当港滞積露国行貨物ハ常ニ数千屯ノ多キニ上リ年度末ニ至リ漸ク千屯ヲ少シク下スヲ得タリ。尚ホ浦港個人貨物輸入禁止ハ来年度四月二日ヨリ実施サルベシトナリ。

本年度中一月二日ニ輸入貨物陸揚作業ノ開始以来ノ最高レコード五、九六〇屯ヲ示セリ。

更ニ戦乱ノ餘響トシテ見ルベキハ西欧方面トノ貿易関係ノ変動ニシテ曽テ三万屯内外ノ輸出入関係ヲ有セシ独ノHamburg.白ノAntwerpハ前年度来無関係トナリツツアル事ナリ。

No　　タイプライター原稿用紙

貨車発送貨物ハ三〇九、五一九屯ニシテ是モ亦開所以来ノ最高数量ナリ、本貨物ハ未ダ嘗テ三十一万屯台ヲ越エシコトナク之ヲ前各年度ニ比シ何レモ七歩乃至三割ノ増加ニ当レリ。

前項ニ於テ述ベシ如ク浦塩両港輸入禁令ノ反響ハ東清連絡発送貨物ノ停滞ヲ見、長哈間鉄道輸送力ノ不足ト相俟テ十一月十八日ノ如キハ当所ニ於ケル右堆貨ニ二車三、七九三屯ノ多キヲ算シ十二月初メヨリ船舶輸入高ヲ毎船五屯ニ制限スルト同時ニ一方貨主側ニ於テハ連絡扱ヲ長春駅着ニ変更シ或ハ長哈間ヲ馬車ニテ輸送スル等極力之カ調節ヲ図リタリシモ三月十七日露国革命勃発皇帝退位ノ報至リ、本連絡輸送上一層憂慮シツヽアル際仝月二十日東清線ヨリ連絡輸送中止方申シ来リ止ムヲ得ス翌日ヨリ全然連絡輸送ヲ中止シテ堆貨ハ八七屯ノ儘年度末ニ及ベリ。

貨車到着貨物ハ二、〇六九、三三〇屯ニシテ前々年度ニ比シ二歩ノ遜色アレドモ他ノ各年度ニ比スレハ何レモ二割三分乃至五割二分ノ増加ニ当レリ。

北満大豆、豆粕、雑穀ハ浦港エゲリツセリード埠頭ニ於ケル軍需品ノ堆積等ノタメ本年度ノ南下量一〇四、〇七一屯ニ達シ前年度ニ比シ五割ノ増加大正元年度ニ比スレバ五倍ニ近シ。更ニ注目スベキハ一昨年来哈市ニ勃興セル油房工業ノ製品豆粕ノ大正五年十一月十八日ニ南下到着セシモノヲ初メトシテ年度内ニ三、五〇九屯五分ノ到着高ヲ見タルコトナリ。

一月中旬ニ至リ寒気ノ為メ車軸油氷結シ貨車ノ焼損セシモノ多ク繁忙期ニ於テ多大ノ輸送力ガ減殺セラレ不尠影響ヲ蒙リタリ。

埠頭集散貨物ノ本年度ニ於ケル受払高ハ受入三、三六三、九九四屯、払出三、三〇八、三二八屯ニシテ何レモ過去ノ記録タル大正三年度受入三、〇五八、六〇一屯払出二、九六五、四九七屯ヲ突破シ尚、他ノ各年度ニ比スレバ何レモ二割乃至五割ノ増加ニ当レリ。本年度末現在高ハ三五〇、二七六屯ニシテ前年度末ニ比シ一割九歩、前々年度末ニ比シ二割五分ノ増加ニ当リ更ニ大正元年度末ニ比スレバ実ニ二倍半ノ増加ナリ。尚ホ石炭以外ノ普通貨物ハ三二一、〇一四屯ニシテ大正三、四年度ニ比シ三割余リノ増加ニ当リ大正二年度ニ比シ十一割九歩、元年度ニ比シ十四割七歩ノ増加ナリ。

本年度末現在ノ倉庫ハ四十三棟、此貨物収容坪数四一、七三二坪ニシテ野積場ハ二十七個所ニ一五、七六三坪ナリ、年度末現在ノ貨物収容餘力ハ庫内六

八、五二〇屯、野積八五、三五〇屯ニシテ計一五三、八七〇屯ナリ。
本年度ニ於ケル倉庫ノ新設ハ十月五日竣成ノ寺児溝危険物倉庫第三号(三〇〇坪)十一月四日竣成ノ第二埠頭北西端鉄筋混凝土ニ階建及第九号倉庫一、三五〇坪(使用開始大正五年十二月廿三日)並ニ十二月九日竣成ノ寺児溝第廿八号倉庫西隣木造鉄板張、平屋建第廿九号倉庫六、五〇〇坪ナリ。尚ホ第廿三号倉庫ニ隣接セル木造平家建九九坪、旧保線係員詰所ヲ改造シテ第三十号倉庫トセリ(使用開始大正五年十二月廿三日)。

寺児溝東十二野積場六、六五八坪ニニヲ六年一月十六日完成使用開始ス。

埠頭開所以来雑貨ノ最高記録ハ本年度二月廿三日現在三八六、一三六屯(内石炭二三、〇九屯)ナリ。

混合保管豆粕ノ年度末現在高ハ三、〇一九、五六五枚ニシテ堆積最高記録ハ大正六年一月十日四、一六三、三五七枚ナリ。

混保豆粕ハ七月一日ヨリ九月末日マデハ保管中ノ減量特ニ甚シキヲ以テ之ガ受入ヲ謝絶セリ。尚ホ大正六年度モ同期間之ヲ実施スルコトヽセリ。

本年度ノ保管貨物有料屯数ハ一、七四三、九一〇屯ニシテ開所以来何レモ三

No　タイプライター原稿用紙

十萬屯以外ノ増加ヲ以テ進ミ大正元年度ノ六九三、二七六屯ニ比スルニ実ニ三倍ニ近キ數量ナリ、其ノ收入亦年々逓増ノ狀態ニシテ本年度三一七、五七〇円八〇銭ハ実ニ大正元年度ノ二倍強ニ当レリ。

二月十五日倉庫料金表中甲料金計算規則第二條但書ハ二月十四日滿期ニ付本文通ヲ施行スルコト、セリ。

荷繰作業ハ九九七、五五八屯ニシテ是レ亦開始以来ノ最高数量ニシテ前年度ニ比シ四割四歩、前々年度ニ比シ三割ノ増加ニ当リ大正元年度ニ比スレバ実ニ二倍強ノ増加ナリ。

改裝作業ハ二、一八一、二九四個(二一一、六九八屯)ニシテ前々即チ大正三年度ノ三、四二九、九一九個ニ比スレバ三割六歩ノ遜色ヲ示セドモ前年度ニ比スレバ七歩強ノ増加ニシテ大正元年度ニ比スレバ二倍ニ餘レリ。

使役労働者ノ總延數ハ一、八〇五、〇〇五人ニシテ過去ノ最高數タル大正三年度ノ一、八八一、四一〇人ニ比スレバ四歩ノ減少ヲ示セドモ、他ノ各年度ニ比スレハ何レモ相当ノ増加ヲ示シツ、アリ。

欧州方面労力缺乏ノ結果支那各地ヨリ此方面ニ向ヒタル労働者不斷續中

No.　タイプライター原稿用紙

六月ヨリ七、八、九月ニカケテ露亜ノ北満及南満各地ニ於テ募集セシ労働者ハ無慮十万人ト註セラレ此内長春、吉林、安東及営口其他南満洲地方ヨリセルモノ万餘ヲ下ラズ、又超エテ本年一月ニ至リ英モ亦威海衛ヲ中心トセル山東地方ニ於テ同様ノ計画ヲナシ相当ノ成績ヲ得タルガ如ク、労働者ノ唯一ノ原働力トセル当所ハ是等ノ為メ直接間接ニ影響ヲ蒙リタルコト不尠モノアリタリ。

船舶営業ハ本年度ニ於テハ運賃ノ高騰ノ為ニ輸送物量ニ反比例セル好成績ヲ収得セリ。本年度ノ上海航路ハ往復百航海ニシテ前年度ヨリ十航海半ヲ減ジタリ。乗客数ハ二〇、三〇五人ニテ前年度ニ比シテ五、九七〇人、前々年度ニ比スルモ一、九〇四人ノ増加ニ当リ四十二年度ニ比スレバ五倍ニ垂ントスルノ好況ナリキ、然シテ取扱貨物ハ一五四、七一二屯ニシテ前年度ニ比スレバ一八、一八二屯ノ遜色ヲ見ルモ前々年度ニ比スレバ二二、二八九屯ノ増加ニ当レリ。

四月十三日ハ上海発満洲輸入貨物船車運賃ヲ改正シ五月一日大連上海及青島間ノ運賃ヲ改正実施シ仝月廿日ヨリ本航路ノ仲介ニテ会社線ト[illegible]

山東鉄道トノ間ニ旅客手小荷物連絡運輸ヲ開始セリ。十一月五日自青島至上海間ニ卵外四品運賃率ヲ追加シ本年三月二十八日自大連至上海ノ特定運賃ヲ改メ、本年度劈頭ヨリ実施ノ旨発表セリ。

南支那航路ハ往復二十三航海ニシテ前年度ニ比スレバ一航海半ノ減少ナリ。取扱貨物ハ八七、二六八屯ニシテ前年度ニ比スル一二、九六一屯ノ減少。大正三年度ニ対照スレバ過半ニ当レリ。

大正五年十二月十一日（社告第七十六号大正五・十二・八日）ヨリ本航路貨物列車便ニ依ル貨物ノ聯絡輸送ヲ開始セリ。

会社所属船天潮丸済通丸一進丸博進丸隆昌丸ノ五隻ハ五年四月十四日泰昌丸ハ五月三日ニ大連汽船株式会社ヘ譲渡セリ。而シテ早月丸ヲ四月廿四日香港ニテ傭船シ泰陽丸代船トシテ翌廿五日本航路第一次航ニ就航セシメ、而シテ六年一月四日解傭セリ。

船舶作業

今本年度ノ船舶及貨車ノ各作業高ヲ四十一年度ト比較表示スレバ如下

年度別	積込 輪出	積込 焚料炭	陸揚 輪入	計	大正五年度ニ比較増減
大正五年度	一、八三〇、三六四	二一三、七六三	六〇九、〇四一	二、六五三、一六八	
四年度	一、五七二、〇三〇	二〇四、四〇三	五六五、八九六	二、三四二、三二九	三一〇、七九九
三年度	一、八三九、七四二	二六〇、〇五六	四八〇、八五四	二、五八〇、六五二	七二、四七六
二年度	一、五二五、九五五	二〇四、六九二	五五〇、八一三	二、二七一、四五九	三八一、六六九
元年度	一、三二二、八五二	一三九、二八八	四六八、三〇〇	一、九二〇、四四〇	七三二、六八八
明治四十四年度	九二〇、五七五	六五、六七五	三九八、五〇八	一、三八四、七五八	一、二六八、三七〇
四十三年度	九九〇、七三五	六二、二八一	四〇五、三五九	一、四五八、三七五	一、一九四、七五三
四十二年度	一、〇一三、〇七二	五七、三三六	二七八、七二〇	一、三四九、一二八	一、三〇四、〇〇〇
四十一年度	六六七、七四六	二六、二七六	三〇二、七四〇	九九六、七六二	一、六五六、三三六

貨車作業

年度別	到着	發送	計	大正五年度ニ比較増減
大正五年度	二、〇六九、三三〇	三〇九、五一九	二、三七八、八四九	
四年度	一、六八一、八〇六	二四三、七九六	一、九二五、六〇二	四五三、二四七
三年度	二、一〇五、九五六	二二七、八〇七	二、三三三、七六三	四五、〇八六
二年度	一、六六五、一一一	二九〇、五九二	一、九五五、七〇三	四二三、一四六
元年度	一、三六四、八一九	二三八、五一一	一、六〇三、三三〇	七七五、五一九
明治四十四年度	九七一、八七五	二〇七、八〇三	一、一七九、六七八	一、一九九、一七一
四十三年度	一、〇三三、八六四	一九二、三四〇	一、二二六、二〇四	一、一五二、六四五
四十二年度	一、〇八二、八三六	一六〇、一六九	一、二四三、〇〇五	一、一三五、八四四
四十一年度	九五二、四七八	一四九、〇三八	一、一〇一、五一六	一、二七七、三三三

南滿洲鐵道株式會社

No.

一　著離船舶

本年度ノ著離船舶数ハ

著埠　一、九二五隻　三、〇七〇、〇七四屯

離埠　一、九二五隻　三、〇六九、二二一屯

ニシテ之レヲ前年度ニ比シ著埠ニ於テ八六隻一九七、一七八屯及ビ離埠ニ於テハ八八隻二〇七、六九七屯ノ減退ナリ。之レヲ前々年度ニ比スルモ著埠ニ於テ三五五隻八五二、九五一屯及離埠ニ於テ三五四隻八五〇、四五五屯ノ減少ナリ。而シテ更ニ之レヲ大正二年度ニ比スレバ著埠ニ於テ一五八隻五七〇、〇九一屯、離埠ニ於テ一五二隻五五六、八三一屯ノ何レモ減退ニ当レリ。

No.

総説ニ於テ述ヘシ如ク大正三年八月一日欧洲戦乱ノ勃発以来同月三十二ヲ算シテ其間戦乱ニ伴フ各種ノ事情ハ各國ノ海運界ニ於ケル位置慣習政策ヲ根本的ニ変革スルノ餘儀ナキニ陥ラシメ米國ノ船舶院設置英ノ船舶監督局創設及輸出入貨物五百万屯ノ船腹節約更ニ最近日英米三國協同造船船腹調節策等ノ実施ハ厥ノ間ノ事情ヲ語リテ餘蘊ナキモノナリ殊ニ本年二月一日以降独逸ノ無制限商船撃沈宣言以来世界各國ノ船舶ハ総テ武装スルノ餘儀ナキニ遭遇セシハ海運史ニ新シキ記録ヲ加ヘタルモノニシテ戦乱ニ依ル過去三十二ヶ月間（大正三年八月－大正六年二月）ノ世界喪失船舶ハ二、五五八隻四、七九一、一〇〇屯ナリ而シテ戦乱ノ

ヨ－0022　B列5　28字×10　南滿洲鐵道株式會社　（15.3.3,000冊）

结果トシテ海運界ヨリ其ノ國旗ヲ排除セラレタル独逸船舶ノ数ヲ見ルニ、一、七〇八隻三、八九〇、五四二屯、並ニ墺國船数ハ三八五隻八九一、一一〇屯ニシテ合計四、七八一、六五二屯ナリ。是ヲ世界船舶現在数二四、一三二隻四、五二四、七七二四屯(登簿二七、八五八、二六〇屯)(ロイド大正五年七月一日調)ニ照ラスニ正ニ十分ノ一ヲ越エタリ、更ニ現在船腹ノ過半ハ軍需ニ専用セラレツヽアル情態ニ於テハ極東航運ノ船舶ノ減少タルヤ瞭然タル事実ニシテ此波及スル所復タ當港ニ至リ、戦前各年度ニ何レモ十二万屯乃至三十三万屯ノ来航船舶ノ増加ヲ常トセシ當港ハ客年度ニ初メテ六十六万屯ノ減退ヲ見、本年度ハ更ニ二十万屯ノ遜色ヲ示セリ。

No.

試ミニ著埠独、仏、英船ニ就キテ観ルニ元年度前後ニ於テ三十万屯内外ノ来航セシ船舶ガ三年度ニ入リ十二万屯ニ降下シ四年度ニハ全ク其ノ影ヲ收メ、英船ハ元年度末四十三万屯ヲ越エタル船腹ノ客年度ニ入リ十一万屯減少シ、本年度ハ過半ニ近キ二一五、五〇五屯トナレリ、仏国船ノ二万屯内外ノ船舶モ亦本年度ニ入リテ皆無トナレリ更ニ茲ニ附記スルノ要アルハ戦前ニ比シテ客年度末三千屯乃至五千屯級ノ船舶ノ著シク減少シテ千五百屯級ノ増加シツツアル事実ニシテ表示スレバ下ノ如シ

	大正五年度	大正四年度	大正三年度	大正二年度	大正元年度
一、〇〇〇屯級	一、五五五隻	五八六隻	六五〇隻	三五二隻	三六隻
一、五〇〇屯級	三一七〃	二九三〃	二四〇〃	二四五〃	二六二〃
三、〇〇〇屯級	五五七〃	六〇六〃	七七七〃	七〇九〃	六九二〃
五、〇〇〇屯級	二〇〃	一九八〃	二八二〃	二八六〃	一四六〃
七、〇〇〇屯級	四九〃	五三〃	五〇〃	四一〃	三二〃

是レ大型船舶ノ欧洲ニ吸集セラレツヽアルヲ語ルモノナルベシ

今本年度並ニ前四ヶ年間ノ着埠船舶ヲ國籍別ニ示セバ

國別＼年度	大正五年度 隻数	大正五年度 屯数	大正四年度 隻数	大正四年度 屯数	大正三年度 隻数	大正三年度 屯数	大正二年度 隻数	大正二年度 屯数	大正元年度 隻数	大正元年度 屯数
日本	一、五七六	二、五三七、六八	一、六一五	二、六八九、五四二	一、八八六	三、一八六、〇六五	一、七三二	二、七七二、六三一	一、五三〇	二、一三四、八九〇
英國	一〇〇	二一五、五〇五	一三〇	三二〇、三七〇	一五五	四三五、八〇四	一五四	四三七、六三四	一八六	四三一、三二八

支那	二〇九	一五四、三三七	一九一	一二四、四五八	一六四	一二三、七五五	五七	四一、七一九	一一八	五九、八〇〇
独逸					四三	一三七、四六六	一五	三〇、一三九	九九	二九九、七九一
諾威	二	一〇、九六〇	四	一一、四六九	二二	三三、九三〇	一八	二八、二五一	二六	三九、〇四七
瑞典	六	二九、一九七	三	一一、三九六	一	四、〇一〇				
佛國			三	一八、四四〇	一	一、一三五	五	三〇、七三三	三	三、九五〇
露國	一	三、七七九	五	三三、六一三	五	一二、三三三			三	四、七五六
米國	二	七、〇四〇	一	三、三〇二	二	五、五五八			一	三、三〇二
和蘭	九	四三、九七〇	四	三、四三六	一	三、九七一			一	三、八五九
丁抹	一〇	五〇、三二八	五	二三、三二六			一	五、二九六	一	三、八七五
墺國							一	三、七七八		
計	一、九三五	三、〇七〇、〇七四	二、〇一一	三、二六七、二五六	二、二八〇	三、九二三、〇五六	二、九六八	三、六四〇、一五五	一、九六八	二、九九四、四八七

南滿洲鐵道株式會社

0003　B列5　（18. 10. 25,000冊）

No.

二、輸出入貨物

輸出入貨物並ニ焚料炭ノ本年度ニ於ケル総屯數ハ二、六五三、一二八屯ニシテ、前年度ニ比スルニ、三一〇、七九九屯、前々年度ニ比シ七二、四七六屯ノ増加ニ當リ開所以来ノ最高数量ナリ、内輸出ハ一、八三〇、三六四屯輸入ハ六〇九、〇〇一屯ニシテ、焚料炭ハ二一三、七六三屯ナリ大正六年二月二十四日ノ輸出入貨物一七、九六二屯ハ開所以来ノ一日最高作業高ナリ。

a　輸出貨物

戦乱ノ反響トシテ、船腹ノ不足ニ伴フ運賃ノ暴騰ハ戦前ノ十倍ニ近ク、加フルニ銀相場ハ銀塊ノ二十年来ノ記録タル38 1/2片（大正六年ニ

No.

月十四日）ヲ示スニ連レテ亦亢騰シ輸出ノ比較的困難ナリシニ関ラズ豆油、豆粕ハ共ニ新記録ヲ作レリ前者ハ一一六三二四屯ニシテ前年度ヨリ二七一、六四屯ノ増加ニテ、大正三年度以前即チ戦前各年度ニ比スレバ何レモ二倍ニ近キ増加ニ当レリ。

欧洲ニ於ケル食用並ニグリセリン製造原料トシテノ豆油需要ハ亜麻仁、綿實ノ不作ノ影響トシテ著シク喚起セラレテ斯クノ如ク増加ヲ来タシタルモノヽ如シ、而シテ最近欧洲向輸送経路ハ独ノ潜航艇政策以来頓ニ汽船運賃ノ高騰ヲ醸シタルニ因リ、客年度末来欧洲向新経路トシテ「シヤトル」揚大陸鉄道便ヲ経テ（通運賃屯百志）欧洲ヘ輸送スルモノヲ生シテ本年度ニ於テハ四九八六四屯ヲ

No.

算シ、豆油全数量ノ半ニ近ク、外ニ従来ノ「スエズ」経由ニテ「ゴツセンブルヒ」一四七五ニ屯並ニ「リバープール」一一、一五〇屯等輸送セラレタルモノアレドモ前経路ニ比シテ運賃ノ差、屯六十志アルヲ以テ輸送困難ナルモノノ如シ、其他ハ神戸ニ於テ船腹ヲ得ン為メ仲継セラレツヽアリテ二八、六八六屯ヲ算セリ、

豆粕ハ硫安其他化学肥料ノ輸入不如意等ノ関係ニヨリ運賃高ナルニモ関ハラズ内地向好況ヲ呈シテ五五七、八〇一屯ヲ算シ南清行一三八、六三〇屯アリ、茲ニ注目スベキハ豆粕ノ「ジヤトル」向一、六三七屯（大正六年三月九日出帆 諾威船 Neils Neilsen号 三二三、八屯積込 大正六年三月二十八日出帆 日本船第五雲海丸 八〇八屯積等）ト「コペンハーゲン」向一一三屯ノアリシコトニシテ特ニ豆粕ハ欧洲

No.

向六〇、一二六屯ヲ含ミ悉クハスカンヂナビヤ半島向ノモノナリ。

本年度中本溪湖銑鉄ノ当港経由内地輸出ニ九、八五〇屯ニ達セシハ幾分注目ニ値スベク石炭ノ輸出ハ五〇五、五〇六屯アリテ前年度ニ比スルニ一五一、六七一屯ノ増加ニ当リ運賃高ナルニ関ハラズ好況ナリシヲ語ルモノナリ、復タ山東輸出豆梁ノ青島向三七、二七一屯モ近来稀レニ見ル数量ナリ而シテ本年度ノ輸出総数量一、八三〇、六三四屯ハ大正三年度ト伯仲ノ間ニアリテ前各年度ニ比シ何レモ七十万屯内外ヲ増加シテ四十一年度ノ六六七、七四六屯ニ比スレバ二倍ニ垂ントセリ。

左ニ各國向品名別輸出貨物噸數ヲ示サン。

品別＼国別	日本	朝鮮	支那	南洋	欧州	米國	合計
大豆	四八、五三六		一〇八、六五八	一九、三三一	二〇、三三六	二五	一九六、八八六
豆粕	一五七、八〇一	一七九	三八、三三〇		一一三	一、六三七	一九八、三六〇
豆油	三、六四二	八	二、二八三		二九、六八九	一三、七〇二	二六、三三四
雑穀	五四、七三九	四六五	八一、二三四	五九	七、四一六	四、八三三	一四八、七三六
石炭	一七五、五二九	一三七、〇七〇	一〇三、一三一	一一〇、七八六			五〇五、五〇六
其他	八二、六〇九	七二、六四〇	一八九、九三三	一三二	二七四	一、一一五	一、一四、六五二
計	九五〇、八八六	二五五、二三三	五二三、〇九九	一三〇、一九七	一〇〇、〇五八	六〇、四三二	一、八三〇、三六四
大正四年度比較増減	七三、三三八	一七、六八一	一六五、〇〇七	四八、四七七	六三、九五五	四八、四七八	二五八、三三四
大正三年度比較増減	三三、四〇六	三、三三一	九、〇〇二	五二、一〇六	一、六九一	五三、〇三〇	九、三七八
大正二年度比較増減	五五、五三三	二五、七〇二	三二五、三三〇	四二、一〇八	五二、五七五	五四、四四七	三一四、四〇九
大正元年度比較増減	二〇八、四八七	一七、五八六	一四四、七七九	三四、〇七七	五七、三八六	六〇、三六九	五一七、五一二

	大豆	豆粕	豆油	雑穀	石炭	其他
大正四年度比較増減	二一、六四一	一六、三七〇	二七、一六四	五七、八四六	一五一、二七一	一六、三五一
大正三年度比較増減	一七九、八三四	三六、八三三	五七、〇四一	四二、一〇三	一五四、三二一	三四、三三六
大正二年度比較増減	五二、〇一四	一五九、八三八	一六、八五四	五七、四三九	八九、七〇五	二三、九六九
大正元年度比較増減	一九、二〇九	一九三、七一九	一三三、九〇六	二七、三九八	一三八、三六八	八五、九一二

No.

外ニ焚料炭積込ニ一三、七六三屯アリテ前年度ニ比スル二九、三六〇屯ノ増加ニ當リ大正三年度ニ十六万五十六屯ヲ除ケテハ最高數量ナリ、本年度輸出貨物船種別噸量ヲ見ルニ社外船ノ一一二一、九〇六屯ハ全体ノ六割一歩ニ当リ商船ニ三九、九四〇屯ハ之レニ繼ギ外國船ニ七八、六六〇屯當会社船一四六九四九屯郵船三九、五九三屯外ニ戎克三、三一六屯アリタリ、

次ニ本年度ノ主ナル輸出貨物品名ヲ擧ゲ其最モ多ク仕向ケラレタル港名ヲ附記スレバ左ノ如シ

豆粕　六九八、二六〇屯　京浜　二一三、六五〇屯

石炭　五〇五、五〇六屯　京浜　五八、九七四屯

コ－0022　B列5　23字×10　南満洲鐵道株式會社　（15. 3. 3.000冊 結所納）

No.

大豆	一九六、八八六屯	上海	二三、二四九屯
豆油	一一六、三二四屯	Seattle	四九、八六四屯
セメント	六、五四四屯	上海	二、三一八屯
高粱	五八、一九二屯	青島	三七、二七一屯
金物	四五、一〇〇屯	大阪	二七、五七七屯
小豆	二三、三七七屯	神戸	八、七五九屯
柞蚕	一四、六二二屯	芝罘	一〇、八九六屯
麻子	一八、一八六屯	神戸 マルセーユ	八、二四一屯 五、六八八屯
小麦	一四、一〇三屯	上海	九、四三二屯

No.

b. 輸入貨物

輸入貨物ハ六〇九、〇〇一屯ニシテ過去十年間ノ最高数量ニ位シ各年度ニ比シテ四万乃至三十万屯ノ増加ニ當リ四十一年度ニ比スレバ二倍ニ當レリ、内日本仕出ハ三二五、九三一屯ニ達シテ輸入貨物ノ過半ニ當リ前各年度ニ比スレバ二万屯乃至六万屯ノ増加ナリ、支那沿岸輸入貨物ハ一九一、八八四屯ニシテ復タ前各年度ニ比シテ二万乃至九万屯ノ増加ナリ、欧州出ニ九、三四八屯ノ前各年度ニ比シテ三万屯乃至五万屯ノ減退ヲ示シタルハ浦尼両港ノ軍需品堆積六十八万屯ニ制セラレテ積出不如意ノ許ニアル北満大豆ノ輸入ニ二、五五〇屯ノ前年度ニ比シテ減少四八、二二九屯ニ達

No.

セシ事主タル原因ヲ為セドモ戦前ニ於テ密接ナル貿易関係ヲ有セシ十数港ノ内 Antwerp Hamburg Swansea Rotterdam 等ノ諸港トハ客年度来全ク関係ヲ断絶ヲ見、現在独逸ノ強勢ナル實力封鎖ノ間隙ヲ窺フテ英ノ London Middlesbrough Liverpool Glasgow ノ四港ト瑞典ノ Gothenburg ノ間ニ僅カニ餘喘ヲ保ツニ過ギザル事実ヲ慮レバ偶然ナラザルヲ推知スルニ難カラズ

浦港輸入大豆ノ過去六ケ年間ノ趨勢ヲ指示スレバ

	大正五年度	四年度	三年度	二年度	元年度	明治四十四年度
浦港	三二、五五〇	五五、〇〇六	二九、四六六	一四、二六九	一二、八九六	三一、〇五七
ニコリスク港	一	一五、七七三	三、六三五	一	一	一

露国個人輸入貨物ノ浦塩並ニ「アルハンゲルスク」港経由禁止令ノ

ｼ－0022　B列5　28字×10　南満洲鐵道株式會社　（15.3　3,000冊）

No.

大正五年十一月二十九日（露暦十月十六日）ニ露國官報ヲ以テ發布セラル、ヤ從來浦塩両港經由ノ米國並ニ日本出露國行ノ個人貨物ハ當港及安東經由ヲ採リツヽアルモノヽ如シ

今本年度輸入貨物屯數ヲ國別ニシテ前四ケ年度ニ比較セバ左ノ如シ

ｒ－0022　B列5　28字×10　南満洲鐵道株式會社　（15.3.3.000冊）

大正五年度

國別＼期別	上半期	下半期	合計	大正四年度比較増減	大正三年度比較増減	大正二年度比較増減	大正元年度比較増減
日本	一三四、〇三〇	一九一、九〇一	三二五、九三一	五七、四〇一	七五、六四二	三三、三八	六六、一一〇
朝鮮	一二、八六八	一五、三一〇	二八、一七八	六、六四二	一〇、一三七	一二、六四七	一〇、九七四
支那	七〇、九八〇	一二〇、九〇四	一九一、八八四	一八、三八七	六五、八〇七	六七、一一三	九五、一三七
南洋	二一五	六四八	八六三	一、一九一	一、九三三	五二〇	七八五
欧州	二四、七九二	四、五五六	二九、三四八	四六、七二四	三三、三三九	三一、五〇六	三、〇五六
米國	二五、〇四三	七、七五四	三二、七九七	八、八五一	一〇、八三三	一一、八七三	一、四四九
計	二六七、九二八	三四一、〇七三	六〇九、〇〇一	四三、一〇六	一三八、一四七	五八、一八九	一四〇、七〇一
大正四年度比較増減	二、九三七	四〇、一六九	四三、一〇六				
大正三年度比較増減	三、四三七	一三四、七一〇	一三八、一四七				
大正二年度比較増減	一四、六二六	四三、五六三	五八、一八九				
大正元年度比較増減	三二、五八七	一〇八、一一四	一四〇、七〇一				

南滿洲鐵道株式會社

ヨ-0003 B列5 (14. 9. 20,000冊 [illegible])

No.

本年度輸入貨物ヲ輸送船種別数量ニ付テ見ルニ社外船、二六九、三四八屯ニシテ全輸入ノ四割五分ニ当リ商船ノ一六五、五一五屯八之レニ継ギ社船八八、七二九屯郵船三二、六一三屯外國船五二、一四六屯戎克六五〇屯アリ

次ニ本年度輸入ノ主ナル貨物品名ヲ挙ゲ其最モ多ク仕出シタル港名ヲ附記スレバ

空罐及樽	六四、五七三屯	上海	三四、五八九屯
石油	三三、六二五屯	紐育	一二、六七〇屯
鉄鋼製品	二七、五〇二屯	神戸	七、六〇八屯
野菜及果物	二六、二八四屯	大阪	六、三八〇屯

No.

食料品	二六、二四八屯	上海	一〇、七八一屯
米	二三、三〇二屯	仁川	一〇、七三二屯
大豆	二二、八四九屯	浦塩	二二、五五〇屯
木材	二〇、四五二屯	廈門	六、八八〇屯
麻袋	二〇、三二八屯	香港	七、五三五屯
枕木	一九、四二三屯	室蘭	九、三〇二屯
莨	一八、四二五屯	上海	一二、五一七屯
砂糖	一八、三九五屯	神戸	六、〇五五屯
燐寸	一六、五九六屯	神戸	一〇、四二七屯
其他金物	一六、二八七屯	大阪	四、六〇三屯

ヰ－0022　B列5　28字×10　南満洲鐵道株式會社　(15.8.3.000番)

No.

諸雑品	一四、〇七六屯	大阪	三、一〇一屯
麦粉	一三、九四七屯	上海	一〇、六一〇屯
油類	一三、一六一屯	神戸	三、七一六屯
綿布	一二、〇八〇屯	大阪	五八〇五屯
紙類	一二、〇六九屯	大阪	五、〇八七屯
セメント石灰	一〇、一三四屯	関門	九、七八三屯

三、貨車発着貨物（ホームヲ含ム）

本年度ノ発著貨車貨物八二、三七八、八四九屯ニシテ前年度ニ比スレバ四五三、二四七屯前々年度ニ比スルモ四五、〇八六屯ノ増加ニ当リ開所以来ノ最高数量ニシテ、明治四十一年度ニ比スレバ二倍ニ餘レリ。而発送貨物ハ三〇九、五一九屯ニシテ到著貨物二、〇六九、三三〇屯ナリ

a. 發送貨物

本年度ノ発送貨物三〇九、五一九屯ハ最高数量ニシテ、前年度ニ比スルニ、六五、七九二屯前々年ニ比スルモ亦八六、七一二屯ノ増加ニ當リ四十一年度ノ二倍ニ餘レリ。本年度ハ比較的農作ノ豊饒ナリシニ加ヘ銀価ノ農家購買力ヲ誘發セシモノアリシ如ク更ニ已述セシ浦塩両港ノ閉鎖ノ影響トシテ當港経由ノ露國行聯絡貨物ノ増加ハ著シキモノノ如シ

ヨ－0022　B列5　28字×10　南満洲鐵道株式會社　(15. 3. 3.000冊 局印刷)

No.

左ニ長春駅経由貨物ニ付キテ見ルニ

長春駅及東清連絡貨物	
大正五年度	七九、三八三屯
大正四年度	四〇、八八五屯
大正三年度	三七、八二七屯
大正二年度	三一、九七七屯
大正元年度	三九、〇二九屯

右ノ如リ前年度ニ比スレバ二倍ニ近キ増加ヲ示セリ

総説ニ於テ述ベシ如ク本年度ニ於テ當所ノ最モ苦痛ヲ感シタルハ東清鉄道長哈間ノ輸送力ノ不足甚ダシク右貨物ノ當港ニ堆積スルモノ大正五年十一月十八日ニハ三七九二屯ニ達シタルモ一日僅カ数十屯ノ発送ヲナサヘ意ノ如クナシ得ザリシコトナリキ、此輸送力ノ不足ヲ補ハントシテ近古運輸史ノ逆行ニ比スベキ奇観ヲ示シタルハ東清鉄道南線ニ並行シテ山口運輸公司ノ大正五

年十一月二十五日ヨリ馬車輸送（三百台）ヲ開始シ機ニ臨ンデ少カラザル貢献ヲナセシコトナリ、

三月十七日露國革命ノ報初メテ當港ニ傳ハルヤ連絡輸送ニ對シテ憂慮スル所アリシニ果然二十日東清鉄道会社ヨリ発送中止方申来リテ翌二十一日ヨリ実施シ本年度末ニ及ベリ、當日ノ仝上堆貨ハ当埠頭ニ八八七屯アリタリ、

六月十一日ノ発送貨物一六二一屯ハ開所以来ノ一日最高作業高ナリ、而シテ従来ノ記録タル大正四年五月十四日ノ一四五四屯ヲ抜クコト一六七屯ナリキ。

本年度ノ発送公衆品ノ主要ナルモノハ

No.

石油　二六、二一八屯　獸脂　一一、九〇四屯
莨　一〇、二四七屯　金物　一〇、〇三八屯
麻袋　一一、三五六屯　砂糖　六、二二八屯

等ナリトス。

次ニ本年度ノ発送貨物屯數ヲ社用品公衆品ニ区別シテ過去四ケ年度ニ比較スレバ左ノ如シ

大正五年度

	社用品	埠頭扱 公署品	埠頭扱 第二ホーム扱	合計
上半期	四四、〇六三	四四、三〇九	三七、二〇三	一二五、五七五
下半期	二五、九九五	一〇〇、九八二	五六、九六七	一八三、九四四
計	七〇、〇五八	一四五、二九一	九四、一七〇	三〇九、五一九
大正四年度 出数	五九、二一〇	一〇一、五八二	八二、九三四	二四三、七二六
大正四年度 比較増減	一〇、八四八	四三、七〇九	一一、二三六	六五、七九三
大正三年度 出数	五九、二六九	九二、三九四	七六、一四四	二二七、八〇七
大正三年度 比較増減	一〇、七八九	五二、八九七	一八、〇二六	八一、七一二
大正二年度 出数	六七、四九〇	一四九、五〇四	七三、五九八	二九〇、五九二
大正二年度 比較増減	二、五六八	四、二一三	二〇、五七二	一八、九二七
大正元年度 出数	五一、一五七	一二三、三六九	六四、九八五	二三八、五一一
大正元年度 比較増減	一八、九〇一	二一、九二二	二九、一八五	七一、〇〇八

	大正四年度比較増減	大正三年度比較増減	大正二年度比較増減	大正元年度比較増減
上半期	八、四四四	四、六六三	八、三〇五	一三、五六六
下半期	四七、三四九	七七、〇四九	二七、二三二	五七、四四二
計	六五、七九三	八一、七一二	一八、九二七	七一、〇〇八

No.

七、到着貨物

本年度ノ到着貨物ハ二、〇六九、三三〇屯ニシテ大正三年度二、一〇五、九五六屯ニ比スレバ三六、六二六屯（二歩）ノ遜色ヲ示セドモ他ノ前各年度ニ比スレバ何レモ四十万屯乃至百万屯以上ノ激増ニシテ四十一年度ニ對照スレバ二倍ニ餘レリ。

本年度ノ農作ハ南北満洲ヲ通シテ比較的豊饒ナリシモノヽ如ク加フルニ銀塊相場ノ二十年来ノ高値38片（大正六年二月十四日）ヲ示ス等農民ノ鼓腹撃壌ハ大豆勧メ特産物ノ出廻ヲ促進シテ例年ニナキ多量ノ到着ヲ見タリキ只本年度ノ寒気厳シクシテ最低氣月中華氏零下一度（攝氏零下一八、三度）ニ降下スルヤ車軸油ノ氷結

ヨ－0022　B列5　28字×10　南滿洲鐵道株式會社　（13. 3. 3,000冊 ）

No.

シテ車輌焼損スルモノ續出シ貨客車共ニ使用ニ堪ヘサルモノ全体ノ三分ノ二ニ達セシ障碍ハ最モ繁忙期ニ於ケル事故ナリシヲ以テ影響スル所鮮ナカラサリキ

本年度中本渓湖銑鉄ノ埠頭到着数量ハ二九、八五〇屯ニシテ営口着一八、〇八八屯アリ双者合計四七、九三八屯ニ達シ製鉄事業モ稍緒ニ就キタルモノゝ如シ、

已ニ縷述セシ如ク浦塩両港閉鎖ノ反動トシテ當港南下特産物ノ増加ハ著ルシク十一月十八日ハ哈市産豆粕ノ初メテ到着ヲ見、爾後引継キテ三、五一〇屯ニ達セリ右ニ東清沿線発大豆数量ヲ五ヶ年間比較スルニ、

ヨ－0022　B列5　28字×10　南満洲鐵道株式會社　(15. 3. 3.000冊 …)

	大正五年度	大正四年度	大正三年度	大正二年度	大正元年度
大豆	八一、二四八	六四、〇九六	五七、四六一	一五、六五九	一一、八四一

更ニ本年度ノ到着ヲ主ナル品名別ニ過去四ケ年ト比スレバ

	大正五年度			大正四年度		大正三年度		大正二年度		大正元年度	
	前半期	後半期	計	屯数	比較増減	屯数	比較増減	屯数	比較増減	屯数	比較増減
大豆	一八一、三八一	七〇一、九五四	八八三、三三五	七六四、九〇九	一一八、四二六	八一九、六〇〇	六三、七三五	五四八、七八三	三三四、五五二	四四四、九七七	四三八、三五八
豆粕	四九、三五五	六五〇、六五二	七〇〇、〇〇七	七〇九、七七九	九、七七二	七三五、七七七	三五、七七〇	九六、三三七	六〇三、六七〇	一三〇、〇〇七	五六九、九九〇
豆油	四〇、三五七	四一、二六一	八一、三一八	五二、九三三	二八、三八五	二〇、〇一三	六一、三〇五	四、〇八〇	七七、二三八	一、〇〇四	八〇、三一四
雑穀	二六、五〇二	一六二、〇三五	一八八、五三七	一三〇、〇九八	五八、四三九	二七八、四八七	八九、九五〇	一五五、五四四	三二、九九三	一四七、一七九	四一、三五八
石炭	三五五、四四二	三六七、五一〇	七二二、九五二	三七八、六四九	三四四、三〇三	六八五、七二八	三七、二二四	八三〇、八〇一	一〇七、八四九	五三三、九二三	一八九、〇二九
其他	六四	四一、七三六	二〇六、三五〇	一三六、三九九	六九、九五一	九四、八七二	一一一、四七八	一〇三、一七六	一〇三、一七四	九〇、七三八	一一五、六一二
計	六三五、八六二	一、四三三、四六八	二、〇六九、三三〇	一、六八一、八七六	三八七、四五四	二、〇三五、九五六	三三、三七四	一、六六五、一〇一	四〇四、二二九	一、三二四、八九七	七四四、四三三

南滿洲鐵道株式會社

ヨ-0003　B列5　(14. 9. 20,000冊 ...)

四年度 屯數	四年度 比較增減	三年度 屯數	三年度 比較增減	二年度 屯數	二年度 比較增減	元年度 屯數	元年度 比較增減
五七三、三八七	七三、四七五	五八一、一四九	六五、二一三	六二〇、九六七	二五、八九五	三四一、三〇〇	三五、五六三
一、一〇八、四八九	三三三、九七九	一、一五四、三〇七	一〇一、七三九	一、〇四四、一四四	三七八、三三四	一、〇三三、五一九	三九八、九四九
一、六八一、八七六	三八七、四五四	二、一〇五、九七六	三六一、六二六	一、六六五、二二一	四四四、三二九	一、三七四、八一九	七〇四、五二一

No.

四、埠頭集散貨物

埠頭集散貨物ノ本年度発入高ハ三、三六三、九九四屯ニシテ之モ亦開埠以来ノ最高數量ナリ、前各年度ニ比スルニ何レモ三十万乃至百万屯以上ノ増加ニ当リ港湾ニシテ且ツ市場タル當港ノ特色ヲ益発揮シツヽ在ルヲ語ルモノナリ。本年一月六日堆貨三八二、八八七屯ハ従来ノ最高数量三三七、五九三屯（大正五年三月十四日）ヲ破リ更ニ二月二十三日ノ三八六、一三六屯ハ之ヲ抜イテ最高記録ヲ作レリ。

豆粕混合保管高モ亦一月十日ニ於テ四、一六三、三五七枚ニ達シ最高枚数ナリ。

No.

大正六年七月一日ヨリ夏季ニ於ケル豆粕減量防止ノ為、例年ノ通リ混合保管受入ヲ中止シ十月一日ヨリ復活セリ、

大正四年十月社則第五号埠頭貨物取扱規則第十七條ヲ大正五年四月八日一部改正実施ス、

本年度ノ埠頭集散貨物屯数ヲ示セハ左ノ如シ

	大正五年度	大正四年度	大正三年度	大正二年度	大正元年度
繰越高	二九四、六一〇	二八〇、〇九一	一八六、九八七	一五〇、八六七	一七一、七一二
受入高	三、三六三、九九四	二、九二三、〇五三	三、〇五八、六〇二	二、六九一、九八〇	二、二三五、四二八
計	三、六五八、六〇四	三、二〇三、一四四	三、二四五、五八九	二、八四二、八四七	二、四〇七、一四〇
搬出高	三、三〇八、三二八	二、九〇八、五三三	二、九六五、四九八	二、六五五、八五九	二、二五六、二七三
年度末残高	三五〇、二七六	二九四、六一一	二八〇、〇九一	一八六、九八八	一五〇、八六七

ヨ－0022　B列5　23字×10　南満洲鐵道株式會社　（15. 3. 3,000冊 鮎川納）

No.

本年度末現在ニ於ケル埠頭集散貨物ニ對スル設備ヲ見ルニ野積場ニ七個所ニ一五、七六三、坪、倉庫四三棟四一、七三二坪計二五七、四九五坪ナリ。四十年四月一日政府ヨリ引継ギシ倉庫八十二棟四、四二〇坪七合ニシテ四十年度埠頭開所當時八十六棟六、七九一坪九合ナリ。爾後經過十ヶ年間貿易ノ進展膨脹ニ伴ッテ増加シツツ今日ニ至リ殆ンド十倍ニ近キ收容坪ヲ有スルニ至レリ。然レ共、級數的増加ノ趨勢ニ近キ當港ノ取扱貨物數量ニ對シテハ未ダ收容シ得ル貨物ハ取扱貨物數量ニ對シテハ未ダ收容シ得ル貨物ハ取扱高ノ過半ニ達セズシテ大部分ヲ野積シツツ、在リ殊ニ倉庫トシテノ建設ハ三棟四、六二〇坪ヲ除キテハ何レモ一時的假施設ニ屬シ

ヲ－0022　B列5　28字×10　南滿洲鐵道株式會社　(15. 3. 3,000冊)

No.

テ創設期ノ過去十ケ年間ヲ經過シタル當港ハ永久的施設ニ改築スベキ機運ノ充分ニ熟シツヽアルヲ見ルナリ

次ニ本年度埠頭出入貨物品名ヲ擧グレハ如下

ョ－0022　B列5　28字×10　南滿洲鐵道株式會社　(15.3.3,000冊)

品名	大正四年度繰越	受入	払出	大正五年度末残高
大豆	一三五、七八一	九一四、〇七八	九〇六、七八六	一四三、〇七三
豆粕	五八、七一八	六九八、三五四	六五七、九八一	九九、〇九一
豆油	二、四六二	一〇五、〇〇〇	一〇六、四一三	一、〇五〇
穀類	三三、一一四	二六九、四九九	二五六、九四三	四五、六七〇
木竹材	三七七	二五、二九三	二五、六四六	二四
金物	八一七	七八、一三六	七八、一七七	七七六
食料品	四八二	六三、九八八	六三、八〇一	六七〇
石油	一	三三、九六三	三一、七二六	二、二三七
石炭	四九、二二六	七一五、六六九	七三五、六五三	二九、二六二
社用品	一六七	四六、八七〇	四七、〇三七	一

南滿洲鐵道株式會社

ヨ 0003　B列5　(14. 9. 20,000冊 滿日社印)

陸揚輸入貨物ノ荷揚セラレタルモノヲ見ルニ如下

	大正五年度	四年度	三年度	二年度	元年度
輸入揚荷荷揚高	六三六、三一〇	六三五、五九七	四八四、二六五	四八六、一三〇	三九五、五九四

次ニ埠頭構内保管貨物ト市内トノ関係ヲ窺フニ当構内ヨリ八十万屯内外ノ貨物ヲ搬出シテ其ノ七割内外ノ貨物ハ再ビ搬入セラレツツアルヲ見ル

	大正五年度	四年度	三年度	二年度	元年度
市内搬出貨物	八三二、九一七屯	六九五、六〇六屯	五〇七、四七一屯	六四四、六二〇屯	五六七、四八一屯
市内搬入貨物	六一三、〇九六	五八四、一八五	四四八、八七九	四七六、〇五七	四〇二、三三八

No.

五　荷繰及改装

本年度ノ荷繰作業高ハ九九七、五五八屯ニシテ埠頭開所以来ノ最高数量ナリ前各年度ニ比シテ何レモ三十万屯乃至五十万屯ノ増加ニ当レリ、而シテ之ヲ四十一年度ニ比スレバ殆ド二倍ニ近シ、本作業ノ能力向上ト本作業ノ可能的節約ハ港湾ノ作業能力上ニ至大ノ関係アルヲ以テ日常是レノ研究ニ勉メツヽアリ混合保管制度ノ採用ノ如キハ此目的ニ竿頭一歩進メタルモノト謂フヲ得ベシ左ニ品名別作業高ヲ示セバ

		雑穀	豆粕	其他	計
大正五年度	前半期	一〇〇、九一六	一三四、八七四	五五、二九九	二九一、〇八九
	後半期	三一三、五一三	三〇〇、六八九	九二、二六八	七〇六、四六九
	合計	四一四、四二八	四三五、五六三	一四七、五六七	九九七、五五八
大正四年度	作業高	三二〇、〇一二	二五五、三三八	一一六、三七三	六九一、七二三
	比較増減	九四、四一七	一八〇、二二五	三一、一九四	三〇五、[illegible]
大正三年度	作業高	五六一、九四四	一四八、四四五	五七、〇三〇	七六七、四一九
	比較増減	一四七、五一六	二八七、一二八	九〇、五三七	二三〇、一三九
大正二年度	作業高	二六〇、九五三	一〇五、五五二	三八、〇六九	四〇四、五七四
	比較増減	一五三、四七五	三三〇、〇一一	一〇九、四九八	五九二、九八四
大正元年度	作業高	三四二、七五八	一一四、五七二	二七、九一六	四八五、二四六
	比較増	七一、六七〇	三二〇、九九一	一一九、六五一	五一二、三一二

No.

次ニ繰替作業ノ方法ニ依ル区別ヲ見ルニ貨車、苦力、電車、馬車ノ四法アリテ馬車荷繰ハ大正三年度以降全ク之ヲ用ヒズ電車ハ構内ト市内（小崗子）トノ運搬作業ヲナシ、苦力ニ依ルモノニ至リテハ「トロリー」ヲ使用シテ比較的小距離ノ間ニ小数量ノ荷繰ヲナシテ貨車荷繰作業ヲ補助ス而シテ貨車荷繰作業ハ輸出入貨物ノ七割乃至三割五分ノ割合ニ於テ作業ノ必要発生スルモノヽ如ク更ニ吾人ノ注目ニ値スベキハ輸出入貨物及埠頭堆貨数量並ニ埠頭貨物保管区域ノ膨大ニ正比例シテ（輸出入貨物数量十万屯ニ対シテ四％内外）作業必要発生歩合ヲ高メツヽアル事実ナリ

一面貨車荷繰作業能力ハ到着貨車トノ線路ノ利用上其他ノ事情

No.

ニ制セラレテ比較的向上困難ナルモノヽ如ク従来ノ最高数量ヲ見ルニ大正四年二月二十四日ノ八三六一屯ヨリ未タ新記録ヲ見ズ将来第三埠頭竣成ノ暁ニ於ケル岸壁延長一三、三五四尺ニ對シテノ荷繰作業ニ就キテ茲ニ一新機軸ヲ出スノ要タル事瞭然トシテ多ク説クノ要ヲ見ズ即チ豆粕ノ混合保管制度ノ好成績ニ鑑ミ大豆ニ此法ヲ施スモ一法ナルベク、更ニ進ンデ、輸出大豆並ニ穀類ニ相應セシム「グレーンエレベーター」ノ營設、石炭高架桟橋ノ造營ノ必要ハ作業カヨリ見タル近代的商港ノ面目上近キ将来ニ缺クベカラザルモノナルベシ

左ニ作業ノ方法別荷繰高ヲ示セバ

		貨車荷繰	苦力荷繰	電車荷繰	馬車荷繰	計
大正五年度	前半期	二二二、六四三	六一、〇三一	七、四一五	―	二九一、〇八九
	後半期	六二〇、三八五	五四、三〇九	三一、七七五	―	七〇六、四六九
	計	八四三、〇二八	一一五、三四〇	三九、一九〇	―	九九七、五五八
大正四年度	作業高	四二八、八九三	二〇四、九三四	五七、八八五	―	六九一、七一二
	比較増減	四一四、一三五	八九、五九四	一八、六九五	―	三〇五、八四六
大正三年度	作業高	五二七、六八〇	二〇三、三八〇	三六、三五九	―	七六七、四一九
	比較増減	三一五、三四八	八八、〇四〇	二、八三一	―	二三〇、一三九
大正二年度	作業高	二〇〇、五六九	一四七、〇三七	五二、三四六	四、六二二	四〇四、五七四
	比較増減	六四二、四五九	三一、六九七	一三、一五六	四、六二二	五九二、九八四
大正元年度	作業高	二三三、九二七	一六四、三五七	四〇、〇八一	五六、八八一	四八五、二四六
	比較増減	六一九、一〇一	四九、〇一七	八九一	五六、八八一	五一二、三一二

No.

外ニ本年度ニ於テ石炭荷繰作業二〇、〇一〇屯アリテ前年度ニ比スル二、八六四六屯ノ増加ナリ、

改装作業八六、一八一、二九四個ニシテ大豆雑穀ノ輸出多量ナリシ明治四十三年度（三、一一六、八六一個）並ニ大正三年度（三、四二五、五一五個）ノ何レニモ百万乃至百五十万個ノ下位ニアルヲ見レドモ、甚他ノ各年度ニ比スレバ最高數量ニアリ、最近ハ豆油ノ石油箱入輸送ニ際シテ、マーク刷込作業ノ増加ニ基因スルモノ、如シ、

左ニ本作業ヲ過去五ケ年度ニ比較對照スレバ、

タ－0022　B列5　28字×10　南滿洲鐵道株式會社　（15. 3. 3.000冊 納）

		袋物	其他	計
大正五年度	上半期	三九五、九七三	五六、二五三	四五二、二二六
	下半期	一、六八八、八四四	四〇、二二四	一、七二九、〇六八
	合計	二、〇八四、八一七	九六、四七七	二、一八一、二九四
大正四年度	作業高	一、七一三、四五六	三一六、〇二七	二、〇二九、四八三
	比較増減	三七一、三六一	二一九、五五〇	一五一、八一一
大正三年度	作業高	三、三七五、九〇八	五四、〇一一	三、四二九、九一九
	比較増減	一、二九一、〇九一	四二、四六六	一、二四八、六二五
大正二年度	作業高	一、三〇五、一四八	二九、三六六	一、三三四、四一四
	比較増減	七七九、六六九	六七、二一一	八四六、八八〇
大正元年度	作業高	一、五〇五、五七六	八四、四七〇	一、五九〇、〇四六
	比較増減	五七九、二四一	一三、〇〇七	五九一、二四八

No.

外ニ看貨作業ノ本年度ニナセシモノ左ノ如シ

大正五年度	上半期	三八四、三〇五屯
	下半期	六八〇、四六二屯
	合計	一、〇六四、七六七屯
大正四年度		九五二、二五二屯

ヨー0022　B列5　28字×10　南満洲鐵道株式會社　（15.8.3.000冊）

No.

六　石炭概況

輸出炭ハ戦前極メテ順調ナル発達ノ経路ヲ辿リテ東洋各方面並ニ南洋市場ニ其ノ声価ヲ揚クルニ至リ明治四十一年度来四ケ年間ニ渉リテ十数万台ヲ往来セシ輸出高ノ大正元年度ニ俄然三七七、一三八屯ニ上リ翌二年度ニ五九五、二一一屯、三年度ニ五二〇、九三七屯ニ達セシガ戦乱ノ不足ト運賃ノ八、九倍ニ近キ高騰ニ制セラレテ四年度ニ入リ三五三、八三五屯ニ落チ本年ハ再ビ五〇万屯台（五〇五、五〇六屯）ニ達スルヲ得タリ。

而シテ其ノ分配セラレタル範囲ヲ見ルニ日本一七五、五一九屯朝鮮五七、〇七〇屯、支那一六二、一三一屯、南洋一一〇、七八六屯ナリキ

No.

之ヲ輸送セシ船種別数量ヲ見ルニ如下

社船　五八、〇一〇屯　商船　五、九三六屯　郵船　二、〇〇〇屯

社外船　三八九、八〇屯　外国船　四九、七二〇屯　計　五〇五、五〇六屯

本年度主要ナル仕向港ヲ擧ゲレバ、

横浜	五八、九七四屯	名古屋	三七、三〇五屯
上海	三五、一五七屯	香港	五七、一一七屯
マニラ	四七、〇九六屯	廣東	二三、六六〇屯
仁川	三四、二三〇屯	武豊	一四、五八〇屯
芝罘	一九、七二六屯	シンガポール	一八、五六〇屯
セブ	一〇、三九〇屯	釜山	一六、四二〇屯

J—0022　B列5　28字×10　南滿洲鐵道株式會社　(15.3.3.000冊 納川納)

No.

打狗　一〇、五三〇屯　若松　一一、八〇五屯

德山　一〇、四四〇屯　新潟　一二、一六〇屯

次ニ焚料船積数量ヲ見ルニ二一三、七六三屯ニシテ大正三年度ニ比シテ四七、二九三屯ノ遜色ヲ示セ共其他ノ何レノ各年度ニ比スルモ一萬屯乃至二十萬屯ノ増加ニシテ明治四十一年度ニ比スレバ殆ント十倍ニ垂ントセリ。之レ来航船舶ノ多少ニ直接ノ関係ヲ有スルモノニシテ三年度ノ如キ著埠船最高数ヲ示シタル年ニ於テハ従来ノ最高数量二六〇、〇五六屯ニ達セリ。

二、

左ニ著埠船舶ト焚料炭トノ関係ニ付キ過去九年間ノ累数ヲ見ル

No.

	大正五年度	四年度	三年度	二年度	元年度	明治四十四年度	四十三年度	四十二年度	四十一年度
着岸船舶一隻ニ対シテ平均	一〇九屯	一〇四屯	一一二	九三	六二	三三	四五	三八	一一
右総屯数一屯ニ対シテ平均	・〇六八屯	・〇六五	・〇六四	・〇五五	・〇四〇	・〇二一	・〇二八	・〇二三	・〇〇八

更ニ茲ニ焚料炭積取船舶ノ船種別数量ヲ示セバ

船種	大正五年度	四年度	三年度	二年度	元年度
社船	四四、七三八屯	四六、六〇六屯	七四、八四七屯	六二、六〇三屯	三二、九四五屯
商船	三七、一四九	四四、六二四	四七、九二六	三八、七三六	二六、一七〇
郵船	三、二二九	二、〇二七	一、二二三	九七五	四四〇
社外船	九一、三一二	七一、八九三	九三、九六三	七九、六八一	五一、五八三
外国船	三七、三三五	三九、二五五	四二、一〇七	二二、六九七	二八、一五〇
計	二一三、七六三	二〇四、四〇五	二六〇、〇五六	二〇四、六九二	一三九、二八八

No.

七　船舶営業

海運界未曾有ノ変調ハ當所ノ過去十年間ニ渉ツテ経営セシ船舶営業ノ記録中ニ新シキ事実ヲ加ヘタリ即チ運賃ノ高騰ハ戦前ノ五倍乃至八倍ヲ越エタルヲ以テ輸送貨物ハ上海及南支那両航路共幾分ノ減少ヲ見タルモ運賃収入ニ於テハ五割以上ノ増加ニ当リ船舶営業開始以来ノ営業成績ヲ示セリ

a. 上海航路

本年度ノ上海航路就航船ハ榊丸往復五一航海、神戸丸往復四七航海、外ニ九月四日ヨリ二十九日ニ至ル二十六日間傭船皐月丸ヲシテ臨時貨物輸送ノ為大連上海間ニ往復二航海就航セシメ合計往

No.

復航海ヲ算シ前年度ニ比スルニ十航海半ヲ減シ大正三年度ニ比スルモ二航海少シ、而シテ其旅客取扱数ハ二〇、三〇五人ニ達シ前各年度ニ比スルモ五千人乃至一万三千人ノ増加ニシテ貨物ハ一五六、一一二屯ナリ、之ヲ前年度ニ比スレバ一六、七八二屯ノ遜色アレドモ他ノ各年度ヨリ優レモ二万屯乃至五万屯ノ増加ニシテ運賃ハ何レノ前各年度ニ比スルモ五割以上ノ増加ナリ、

大正五年五月二十日社告第十三号ヲ以テ本航路ヲ介シ、会社線ト山東鉄道トノ間ニ旅客及小荷物ノ連絡運輸ヲ開始セリ本年度ニ於テ運賃ノ改正ハ四月十三日、五月一日、八月二十四日、六年三月二十八日ノ四回ニ行ヒテ時々推移スル海運界ノ現調ニ添ヒタリ。

ヨ－0022　B列5　28字×10　南満洲鐵道株式會社　(15.3.3.000冊)

本年度内ニ於ケル取扱貨客ノ概況ヲ表示スレバ左ノ如シ

航別	航海度数	航路	旅客 一等	旅客 二等	旅客 三等	旅客 計	貨物	郵便物
往航	100	大連上海	六六四	五四四	三、一四八	四、三五六	七二、六六九屯	一、二三二個
		大連青島	三三八	五一三	三、四九〇（二一三）	四、三四一（二一三）	二、四八〇	二、三二八
		青島上海	五一二	一八七	一、三三四	二、〇三三	七、八五二	二〇
		計	一、五一四	一、二四四	七、九六二	一〇、七二〇	八三、〇〇一	三、七六〇
復航	100	上海大連	七五九	五二九	二、七七二	四、〇六〇	六九、七九四	三五、六九四
		青島大連	二一七	四〇六	二、〇四八	二、六七一	四五八	三〇〇
		上海青島	四五三	一七四	二、〇一四	二、六四一	二、八五九	一、三七五
		計	一、四二九	一、一〇九	六、八三四	九、三七二	七三、一一一	三六、三六九
合計	200	/	二、九四三	二、三五三	一四、七九六（二一三）	二〇、〇九二（二一三）	一五六、一一二	四〇、一二九
大正四年度比較増減	21		一、〇四一	七九六	四、二六三	六、九七〇	一六、七八二	二、三三七
大正三年度比較増減	2		一、四五一	一、二〇四	九、二四九	一一、九〇四	二三、六九四	二三、九三七
大正二年度比較増減	19		六四六	一、四四〇	一〇、六八五	一二、七七一	五二、二七八	一九、九七一
大正元年度比較増減	8		九三三	一、四四〇	一〇、六〇八	一二、九八〇	五一、〇九六	一五、九六〇

備考．右表旅客中ノ朱記数字ハ甲板客数ヲ示ス

今當航路本年度並ニ前二ヶ年度ノ主ナル取扱貨物品名ヲ擧グレバ

品名	大正五年度	大正四年度	大正三年度
大豆	一七、六二六	一五、五九二	二七、一六二
豆粕	二四、六七六	二四、四二〇	一〇、三三〇
豆油	一、三五二	一、二四二	五、三二六
セメント	四、六八七	一三、〇七九	九、六九四
柞蚕及柞蚕絲	二、五一二	三、六七七	一、二四四
蓆	三、二五四	二、七六八	一、〇九三
食料品	二、三五二	二、〇七六	八六二
高粱	二、七〇九	一、三六四	一、九六七

品名	大正五年度	大正四年度	大正三年度
空罐	一、二〇六	三一、四二二	二六、六四二
蓆	三、一八〇	一二、八三〇	五、〇六二
麦粉	五、八八二	一二、三五七	六、八二七
麻袋	四、五三二	四、一七四	六、七九二
綿布	二、七一二	三、四四四	二、三九〇

No.

ホ、南支那沿岸航路

本年度ノ南支那沿岸航路ニ就航船ハ皐月丸往復一〇航海、泰平丸往復一三航海、合計二三航海ニシテ、其取扱貨物ハ九二、三六八屯、便乗客三二人、輸送苦力一、九六一人ナリキ

従来會社所属船ナリシ、天潮丸、済通丸、一進丸、博進丸、隆昌丸ノ五隻ハ大正五年四月十四日ニ泰昌丸ハ五月三日ニ何レモ大連汽船会社ヘ譲渡セリ

四月二十四日傭船皐月丸ヲ大連ニテ引渡ケ直チニ泰陽丸代船トシテ翌二十五日ヨリ本航路第一次航ニ就航セシメ六年一月四日契約期間満了ニ付大連ニ於テ傭船契約ヲ解除セリ

No.

大正五年十二月八日社告第六七号ヲ以テ本航路ト会社ノ貨物列車便ニ依ル貨物ノ連絡輸送ヲ開始ノ旨発表シ同月十一日ヨリ実施ス

本年度ノ本航路取扱貨物ヲ積荷別ニ示セハ

往航

	五年度	四年度	三年度
回数	二三	二四	四七
荷積地	貨物屯数	仝	仝
大連	五六、六三九	五二、三九二	六、九二八
牛荘	一、一四五	四、六八五	九、八五九

復航

	五年度	四年度	三年度
回数	二三	二五	四七
荷積地	貨物屯数	仝	仝
青島	八、〇〇九	七、七五四	二、八七四
芝罘	四、七七五	一、九七五	四、八六三

No.

芝罘	五〇九	一三、三九六	八、九三一
威海衛	七四四	六、七五四	七、五七一
青島	八、〇四四	三、三三〇	一一、八五七
計	六七、一三一	七九、八五七	一五七、六六八

牛荘	八四四	一、七三六	二、六二一
大連	一〇、三七二	六、九二一	三六、五二五
威海衛	一、〇四七		
計	二五、二四七	二〇、三七三	一四、八九八

右取扱貨物ノ往復合計八九二、三六八屯ニシテ前年度ニ比スルニ七、八六一屯ノ減少ニ當レリ

次ニ主要ナル取扱貨物品名ヲ擧クレハ

往航

	五年度	四年度	三年度
石炭	四七、〇〇〇	四六、八三五	一四、一三一
食料品	一、二四五	二、〇六三	二、九六二

復航

	五年度	四年度	三年度
砂糖	八、四六五	六、〇二六	七、二六六
金物	二、三七七	二、二九九	一、三三〇

No.

塩	八〇〇八	六、六五九	四、九三九
落花生	一、〇八八	二、一六二	一、八三六
雑穀	八〇	一、九三九	二、五二五
大豆	三、五五二	一、〇〇八	三、一五一
木材	三八六	一、九二一	二、四七一
麻袋	七、〇八九	一、三四二	

No.

八、貨物保管

並ニ埠頭保管貨物火災保険

a、貨物保管

本年度ノ倉敷料ハ三一七、五七〇円八〇銭ニシテ之モ亦従来ニナキ最高收入ヲ示セリ

其ノ保管貨物延屯数ハ五三、二八九、四三一屯ニシテ前年度ノ二倍ニ近ク大正元年度ニ比スレバ三倍ニ垂ントス、内豆粕ノ保管延屯数一六、三八九、三三二屯ニシテ一〇三、二八四円五四銭ニ達シ全体ノ三分ノ一ヲ占ム、大豆雑穀ハ之レニ次グ

倉庫料金表甲料金計算規則第二條但書ハ大正六年二月十四日満

No.

期ニ付翌十五日ヨリ本文通リ実施ス

本年度ノ倉敷料ヲ前各年度ニ比較スレバ左ノ如シ

	有料貨物保管屯数	延屯数	料金 円
大正五年度 上半期	五九二、二〇九	二、五二五、五六九	一四一、三八九 二六
下半期	一、一五一、七〇二	二、八〇三、八六二	一七六、一八一 五四
合計	一、七四三、九一一	五、三二九、四三一	三一七、五七〇 八〇
大正四年度	一、四二六、〇八九	三一、一〇二、六三三	二四八、九〇〇 〇五
大正三年度	一、〇九九、五四四	二三、四四四、一七五	二〇二、〇〇一 九五
大正二年度	七六二、九六八	一五、九三七、八〇一	一五一、〇六九 九〇
大正元年度	六九三、二七六	一八、三二五、一七四	一四六、一七三 六〇

ﾅ－0022　B列5　28字×10　南滿洲鐵道株式會社　（15・3・3.000冊 箱川納）

No

五、埠頭保管貨物火災保険

保管貨物ノ絶対的安全ヲ保証スル本制度ノ施行ハ港湾ニシテ且ツ市場タル當港ノ特色ヲ發揮助長ノ上ニ於テハ貢献セルコトノ大ナル贅言ヲ俟タサル所ニシテ、殊ニ最近横浜大阪等ニ於テ發生セシ保管貨物ノ焼損ニ関聯セル荷主ノ危懼ノ如キハ当港ニ於テハ見得ベカラサル所ナリ。

此保証ノ為メニ掛ヒタル保険料ハ本年度ニ於テハ四七、六八七円八〇銭ニシテ一日平均一三〇円六〇銭也而シテ之ヲ前四ケ年ニ對照スレバ左ノ如シ

No.

大正五年度　四年度　三年度　二年度　元年度

四七、六六七・八〇　三五、九五〇・五六　五六、一一三、二五　七〇、三八五・七七　六六、三八六・二七

大正五年四月八日社告第三号貨物火災保険規則第一條本文ニ（石炭ヲ除ク）ヲ挿入シ附則第十條本文中ノ保険會社ニ左記三社ヲ添加シテ「十三會社」ト改正、四月一日ヨリ施行セリ

添加保険會社ハ

「東京海上保険株式會社

千代田火災保険株式會社

神戸海上運送火災保険株式会社」

茲ニ火災保険貨物屯數及其價格ノ推移ヲ前年度ト對照スレバ

月	日	火災保険貨物屯數 大正五年度	火災保険貨物屯數 大正四年度	價格 大正五年度 円		價格 大正四年度 円	
四	三〇	一九六、六七七	二二一、四九四	二一、六九一、三六八	〇	一〇、一二三、四九三	二〇
五	三一	一五八、四四一	一〇二、七九七	九、一四三、八五七	〇〇	五、八九五、九〇一	一〇
六	三〇	九四、三二〇	七四、五八六	六、三九一、七四八	七〇	四、〇九、六八六	七〇
七	三一	四三、一五一	六八、五〇四	四、三〇一、六〇九	九〇	三、六二〇、六八六	一〇
八	三一	四四、六一二	五九、八七一	三、八八六、三三五	〇〇	三、四六八、一七六	七〇
九	三〇	四二、一五〇	五〇、九二一	三、〇三三、四五五	〇〇	三、〇五二、〇一	三〇
十	三一	一〇五、三四五	六七、七七四	六、三五〇、三八九	〇〇	三、三七六、一六八	六〇
十一	三〇	二三六、〇八五	一四二、一七四	一三、五三五、三三一	〇〇	六、九八二、五九〇	〇〇
十二	三一	三〇四、九二六	二二九、九三〇	一六、六二〇、〇二九	〇〇	一二、三四〇、七二一	〇〇
一	三一	三二一、六一四	二八五、四五八	一七、九七〇、三三二	〇〇	一五、一四六、〇〇六	二〇
二	二九	三三〇、九二五	二七四、三六八	一六、九六一、五一八	〇〇	一四、七三七、六四四	二〇
三	三一	三〇〇、五五九	二四〇、七〇〇	一六、〇三七、四七四	〇〇	一四、三三六、四九二	九〇

No.

九、使役労働者

本年度ノ使役労働者延人員ハ一、八〇五、〇〇五人ニシテ、大正三年度ニ比スレハ、七六、四〇五人ノ下位ニアリト雖モ、他ノ各年度ニ比スレハ、二倍ニ近シ、労働者一人一日ノ平均作業高並ニ収入ヲ見ルニ、

	大正五年度	四年度	三年度	二年度	元年度	明治四十四年度	四十三年度	四十二年度
一人一日平均作業高	三、八六屯	三、八九屯	三、五五屯	三、三七屯	三、五二屯	三、一三屯	三、三九屯	二、六四屯
一人一日平均収入賃金	四八銭	三七銭	四一銭	四〇銭	四五銭	四二銭	五〇銭	五〇銭

作業ハ二屯六四乃至三屯八九ノ間ニアリテ、本年度ノ三屯八六ヲ明治四十二年度ニ比スルニ、一屯二二ノ増加アルヲ見、平均収入賃

No.

金ニ於テハ三七銭乃至五〇銭ノ間ニアリテ、八ケ年平均金四四銭ナリ。

總説ニ於テ已述セシ如ク戰乱ノ反響トシテ早晩来ルベキ、欧洲ニ於ケル労力欠乏ハ漸ク一時的糊塗ヲ許サザルニ至リ、東洋方面ヨリ労力ノ供給ヲ仰カントシテ、英露佛ノ各國ハ共ニ、山東直隷満州ノ各地ニ手ヲ着ケテ拾数万ヲ移送シツヽアルモノヽ如シ

当港ノ如キ施設ノ港湾ニ於テ附近ヨリ得ル労力ノ潤沢ヲ欠クハ、經営上最モ苦痛トスル所ニシテ本問題ニ関シテハ、常ニ充分ノ注意ヲ拂ヘリ

No.

一、大連埠頭大豆精選場增築工事

作業別	大正五年度	大正四年度 苦力數	大正四年度 比較增減	大正三年度 苦力功	大正三年度 增減	大正二年度 苦力數	大正二年度 增減	大正元年度 苦力功	大正元年度 增減
船舶	四八九、四六七	四八四、四〇三	五、〇六四	五三六、八七七	四七、四一〇	四五〇、一三五	三九、三三二	四三九、三九八	五〇、〇六九
貨車	三五六、二三七	三四八、五四七	七、六九〇	二九三、五〇八	六二、七二九	二四〇、八八五	一一五、三五四	三二九、〇〇二	二七、二三五
荷捌	六五、五八八	六三、六六三	一、九二五	五六、一八二	九、四〇六	五四、七五五	一〇、八三三	四七、三五七	一八、二三一
石炭	五六七、九八〇	五〇三、六四一	六四、三三九	六〇九、五三五	四一、五五五	五九六、三三八	二八、三五八	三六四、八〇四	二〇三、一七六
荷繰	二二五、四七九	二二四、一七九	七〇〇	二二八、二一七	三、七三八	一六九、四四七	五六、〇三二	一五三、五三三	七一、九四六
防舷看貫	一〇二、三五四	一四三、五五三	四一、一九九	一六五、三九一	六三、〇三七	九六、八〇四	五、四五〇	一〇五、八八五	三、五三一
計	一、八〇五、〇〇五	一、七六七、九四六	三七、〇五九	一、八八一、四五〇	七六、四四五	一、六〇八、三二〇	一九六、六八五	一、三三九、九七九	四六五、〇二六

No.

十　施設事項

大正五年度前半期分

一、大連埠頭第九號倉庫外四棟家根修繕工事

九號倉庫　六九八面坪

八號倉庫　五九八面坪

七號倉庫　五九四面坪

五號倉庫　四四八面坪

麻袋倉庫　一〇五面坪

此工事費壹千百六拾七円四拾五錢也

一、大連埠頭大豆精撰場増築工事

No.

木造平家　一二尺 五四尺　一八坪

此工事費金六百五円三拾二銭也

一、大連埠頭第四野積場三四番線増設及踏切道新設工事

軌条布設　貮鎖五

踏切新設　壱個所

此工事費　〔金額不明〕

一、大連第一埠頭岩壁線路間砕石敷コールタール塗工事

砕石敷　壱六七面坪

コールタール塗　壱七三五面坪

此工事費金六百五円参拾貮銭也

イ－0022　B列5　28字×10　南滿洲鐵道株式會社　（15.3.3,000冊）

No.

一、大連第二埠頭岩壁線路間砕石敷ニールター塗ノ事

砕石敷　四壱五・九　面坪

ニールター塗　壱七三五・八　面坪

此工事費金六百九拾四円九拾壱銭也

一、大連埠頭第六號倉庫家根葺替ノ事

此工事費金五千貳百参拾四円七拾九銭也

一、大連第二埠頭第二番線々路終端軌道移設ノ事

軌道移設　壱鎖壱。

ポテント及車止移設　各壱個所

1－0022　B列5　28字×10　南満洲鐵道株式會社　(15.3.3.000冊 納)

No.

此工事費　鐵圣不明

一、大連埠頭構内臨碼係厩舎外四棟移転工事

厩舎木造切妻平家建　一三、七五坪

炊事場煉瓦造方形平家建　七二尺 六尺 壱棟　一、五坪

馬糧庫木造切妻平家建　一四尺 一八尺 壱棟　四、九五坪

苦力小屋木造平家(貨車)　一八、四尺 九、七尺 壱棟　二〇、二七坪

合計　六四坪

此工事費金七百七円参拾七銭也

一、大連第二埠頭七、八番線一部仮撤去工事

軌条撤去(岩壁補强工事施工ノ為)　六九〇呎

ﾛ－0022　B列5　28字×10　南滿洲鐵道株式會社　(15・3・3,000冊 納)

No.

此工事費金百参拾九円九拾八銭也

一、大連埠頭第十六號倉庫ＡＢＣ倉庫前道路砕石敷コールタール塗工事

砕石敷コールタール塗延坪　二二六八坪

此工事費金参千参百〇七円九拾六銭也

一、大連第一埠頭相生十一番線々路移設工事

軌條移設　三七鎖五〇

軌條撤去　六鎖八四

ポイント及車止各移設　一個所

此工事費

鐵圣未詳

No.

一、大連埠頭第貳拾壱號倉庫柱根継工事

柱根継　貳六四個所

此工事費金貳千六百四拾七円六拾錢也

一、大連第二ホーム永久倉庫貨物取扱所移転修繕工事

木造平家建　三九坪五八

此工事費金九百五円参拾貳錢也

一、大連埠頭手荷物扱所其他移転工事

手荷物扱所　木造平家　七二尺　三九尺　七八坪

附　庇　折曲造片流　一二尺　一七尺　三九坪

事務所其他　木造平家　二四尺　三〇尺　二〇坪

No.

倉庫　木造平家　一八尺 六尺　一二坪

便所　〃　六尺 六尺　壱坪

車庫　〃　二一尺 六三尺　三六坪七五

此工事費金参千六百五拾貳円六拾銭也

一、大連埠頭事務所新築ニ伴フ支障線路移転其他

線路移設　一六鎖一六

地盤切下　巾一〇呎　深一呎乃至一呎六吋

此工事費金貳拾貳円八拾参銭也

一、大連埠頭第貳拾號倉庫口砕石敷コールタール塗ノ事

砕石敷コールタール塗　貳七四〇面坪

No.

此工事費金参千八百五拾七円貳拾貳銭也

一、大連第二ホーム倉庫内砕石敷コールタール塗　工事

砕石敷コールタール塗　五一二西坪

此工事費金七百五拾六円六拾九銭也

一、大連第二ホーム第貳拾貳号倉庫及貨物取扱事務所敷地盛土

第貳拾貳号倉庫　三一二坪

貨物取扱事務所　三九・五八坪

此工事費金壱千七百七拾六円〇四銭也

一、大連埠頭第壱号倉庫南側排水溝新設及改築工事

モルタル管下水新設　壱九・五間

ヨ－0022　B列5　28字×10　南満洲鐵道株式會社　(15.3.3,000冊 納川納)

No.

改築下水延長　参壱　間

此工事費金四百六十六円〇貳銭也

一、大連第一埠頭相生十一番線々路間板張工事

板張　中八呎　延長　壱八七間

此工事費金壱千〇拾貳円五拾九銭也

一、大連埠頭新手荷物取扱所前石張移転及側溝改築

石張取外　五〇、六坪

側溝鐵蓋及縁石取外　二一、五坪

側溝改築　一五、五坪

此工事費金貳百七拾六円六拾六銭也

ｱ－0022　B列5　28字×10　南滿洲鐵道株式會社　(15.3.3,000冊 …)

No.

一、大連埠頭第二十二號倉庫移築工事

木造平家建　此建坪　三二四坪

此工事費金貳千九百六拾八円也

一、大連埠頭調度係西側下水改築工事

モルタル下水管（内径不明）　延長　不明

此工事費金四百五拾圓六拾六錢也

一、大連西部埠頭賃付家屋西口待合所外壱棟移転工事

木造貳階建　桁行　三十九尺　梁間　二十四尺　壱棟

附　庇　流レ　四尺五寸　桁行　二十四尺　（壱個所）　貳拾九坪

木造平家建　桁行　二十四尺　梁間　十五尺　壱棟　拾坪

ヨ－0022　B列5　28字×10　南滿洲鐵道株式會社　（15. 3. 3,000冊 [illegible]）

No.

此工事費金壹千百六拾九円拾六銭也

一、大連埠頭第貳拾四號倉庫内砕石敷コールター塗工事

砕石敷コールター塗　三四三、四面坪

此工事費金五百七拾壹円八拾壹銭也

一、大連埠頭第六番線々落勾配変更工事

地盤切下　三六、八一立坪

砂利撒布及搗固　二二、〃

此工事費金参拾七円七拾四銭也

一、大連埠頭第十五、廿六、廿七號倉庫砕石敷コールター塗工事

第十五號倉庫　四八一坪六合

No.

第廿六號倉庫　四〇三坪九合

第廿七號倉庫　四一三坪八合

此工事費壱千九百三十二円十六銭也

一、大連寺児溝野積場木柵移転工事

木柵移転　四四九七尺

此工事費金参百六拾六円八拾四銭也

一、大連埠頭第弐拾號倉庫柱根継工事

柱根継　四〇一個所

此工事費金五千百四十二円四十之銭也

工事費合計金五萬八千九百弐拾六円七拾九銭也

ヨ－0022　B列5　28字×10　南満洲鐵道株式會社　(15. 3. 3,000冊)

No.

后半期分

一大連埠頭構内詰所新築工事（岩壁第六號詰所）

木造平家建　壹棟　一二坪

此工事費金八百六拾四圓四拾八錢也

一第拾八號拾九號倉庫柱根継工事

第十八號分　柱　一九三本

第十九號〃分　〃　二八二本

此工事費金壹千百九拾七圓九拾六錢也

一第拾七號倉庫各窓硝子パテ付替工事

パテ付替個所　一四八個所

ヨ－0022　B列5　28字×10　南滿洲鐵道株式會社　(15.3.3,000冊 …)

No.

此工事費六百六十三円〇二銭也

一、第十七號倉庫北側下水新設工事

モルタル管下水　長　貳壹間五分　壱

此工事費金四百四十三円九拾銭也

一、埠頭構内待合所物置増築工事

増築　堀立平屋建　五坪

此工事費金百四十四円貳拾參銭也

一、埠頭船客手荷物運搬用トロリー改築工事

トロリー改築　方八尺　貳四台

此工事費金三百五十九圓四十五銭也

No.

一、第十七號倉庫東側線路間砕石敷コールタール塗工事

砕石敷コールタール塗　面坪　壱、七八〇坪

此工事費金八百八十六円四十一銭也

一、第拾八、拾九號倉庫排水暗渠ヲ土管下水ニ改築其他

第十八號倉庫ノ部

木造暗渠撤去　七八間

泥溜桝撤去　八個所

第十九號倉庫ノ部

木造暗渠撤去　九〇間

雨水受桝撤去　一五個所

No.

此工事費金貳百拾参円廿七銭也

一、保温倉庫内書類棚取付工事

書類棚取付　壱個所

此工事費金四百九拾円〇八銭也

一、乙埠頭埋立地砂利敷工事

砂利敷及ローラー転固メ　一、三四〇面坪

此工事費金五千余也

一、乙埠頭貨物積卸用線落敷設工事

軌条布設　延長　参〇鎖一七節

ポイント取設　貳個所

ヨ－0022　B列5　28字×10　南滿洲鐵道株式會社　(15.3.3,000冊 [illegible])

No.

車上第三種　貳個所

此工事費　鐵圣、不詳

一、埠頭事務所、新築基礎工事

其礎面坪　三六三坪八八

此工事費金　諸建物　不詳

一、埠頭事務所ヨリ東門ニ至ル道路修繕工事（第一回）

道路延長　貳四八間八

道路面坪　貳參五八坪五

此工事費金貳千六百四拾圓拾錢也

一、第二埠頭西部岸壁補強壁築造工事、

補強壁　延長　五百廿尺

此工事費金六万七千四百七十五円也

一第弐拾九號倉庫新築工事

木造平家建　桁行六〇〇尺　梁間一五〇尺　壱棟　弐五〇〇坪

此工事費金七万壱千六百参拾弐円参拾四銭也

一、旧第九號倉庫新築工事

鉄筋コンクリート弐階建

桁行四五〇尺

梁間一〇八尺　壱棟　弐七〇〇坪

此工事費金弐拾五万四千五百六拾円七拾五銭也

一、埠頭之係線詰所ノ一部改造及其他修繕工事

No.

木造間仕切取除　高一二尺延長二七七尺八寸

天井取除　三六坪

床取除　三坪

周囲假柵取除　高七尺　一八〇尺

側窓取除　四個所

出入口取除　九個所

出入口取設　高七尺五寸　巾八尺　三個所

出入口枕木敷込　三個所

床板修繕　四坪

屋根修繕　十坪

ヨ－0022　B列5　28字×10　南満洲鐵道株式會社　(15.3.3,000冊 納附納)

No.

此工事費金壱百参拾八円拾壱銭也

一、第一埠頭第十五、十六番線渡り線移設工事

渡り線移設　壱個所

此工事費金四拾七弗八拾二銭也

一、埠頭構内消火栓用ホース取付設備工事

ホース格納函　九個

ホース内径2吋　ホース接合金物取付　二、二五〇尺

消火栓ノーズル口径3/4　九個

〃　鉄蓋用鍵　九個

〃　開閉器　九本

No.

〃　カップリング廻シ　九個

此工事費金壱千六百四十九円〇六銭也

一、埠頭構内ワイヤフエンス張煉瓦塀継足工事

高貳尺四寸七分　延長　七一・一尺

此工事費金参百拾七円貳拾貳銭也

一、埠頭構内中部第三詰所苦力溜所新設工事

木造平家建　一八尺 一二尺　四棟　貳拾四坪

此工事費金六百五拾壱円九拾八銭也

一、第一埠頭第十四、十五、十六番線々路内板張修繕工事

板張修繕　六拾貳間

ヨ－0022　B列5　28字×10　南満洲鐵道株式會社　(15・3・3,000冊)

No.

此工事費金壱千五百〇参円七拾銭也

一、寺児溝石油倉庫木柵新設及詰所移転工事

木柵新設　出入口共　延長

詰所移転　木造平家　壱棟

此工事費金八百六拾貳円六拾六銭也

一、第貳拾九號倉庫内假間仕切取設其他工事

間仕切取抜　三〇尺

出入口取設　貳個所

此工事費金参百九拾四円五拾六銭也

一、第貳埠頭七、八番線一部軌条布設工事

ョ－0022　B列5　28字×10　南滿洲鐵道株式會社　(15.3.3.000冊)

No.

線路延長　壱七鎖貳七節

ポイント　三個所

此工事費金五百五拾弗拾六銭也

一、乙埠頭第九、十番線踏切道假設工事

踏切道取設　壱個所

〃　假設　五箇所

此工事費金四百四拾七弗拾七銭也

一、第十八號倉庫内假間仕切継足工事

継足　高一八尺 一五尺　延長　九六六尺

此工事費金五百八拾三円拾八銭也

No.

一、乙埠頭野積场木柵新設工事

ワイヤフエンス張　壱、貳壱貳尺

門扉付　壱個所

此工事費金七百〇四円三拾五銭也

一、寺見溝線鈴木油房専用線其他敷設工事

軌条布設　八鎖四八節

ポイント移設　貳個

此工事費金百拾七円九拾八銭也

一、埠頭第四野積场相生町十一番線ヨリ第拾四番線ニ至ル終端軌

条布設工事

ヲ－0022　B列5　28字×10　南満洲鐵道株式會社　（15. 3. 3,000冊 銘川納）

No.

移設　壱貳鎖七九節

新設　貳鎖九〇節

此工事費金　鐵道經費　未詳

一、第貳拾壱号倉庫内仕切假設其他工事

總延長　貳拾五間

高平均　参〇尺五

此工事費金四百五拾六圓六拾六錢也

一、第十八号倉庫東側線路模様替工事

軌條移設　九鎖四三

軌条撤去　壱鎖六二

No.

ポイント移設　四個所

此工事費　鉄圣未詳、

一寺児溝石油倉庫野積場木柵新設工事

木柵延長　六四間

門扉付　弐個所

此工事費金四百拾弐円拾九銭也

ヲ－0022　B列5　28字×10　南満洲鐵道株式會社　(15. 8. 3,000冊 納)

大連埠頭要覧

埠頭事務所

大正五年度

種別	單位	大正五年度 數量	大正四年度 數量	大正五年度ニ對スル增減割合	大正三年度 數量	大正五年度ニ對スル增減割合	大正二年度 數量	大正五年度ニ對スル增減割合	大正元年度 數量	大正五年度ニ對スル增減割合	明治四十四年度 數量	大正五年度ニ對スル增減割合	明治四十三年度 數量	大正五年度ニ對スル增減割合	明治四十二年度 數量	大正五年度ニ對スル增減割合	明治四十一年度 數量	大正五年度ニ對スル增減割合
岸壁延長	尺	8.954	8.504	5%	8.037	16%	8.037	16%	7.051	27%	5.906	52%	5.906	52%	5.556	61%	5.556	61%
着埠船舶隻數	隻	1.925	2.011	4%	2.280	17%	2.083	8%	1.768	9%	1.753	10%	1.574	22%	1.376	40%	1.377	38%
着埠船舶總屯數	屯	3.070.074	3.267.252	6%	3.923.025	22%	3.640.165	15%	2.994.487	3%	2.759.248	11%	2.430.843	26%	2.277.673	35%	1.950.882	57%
着埠船舶總延繫長	日尺	757.520	806.356	6%	1.658.287	54%	1.351.881	45%	1.155.737	37%	971.268	22%	930.253	18%	981.592	23%	998.147	22%
着埠船舶一隻平均總屯數	屯	1.595	1.625	2%	1.721	7%	1.748	9%	1.522	5%	1.575	1%	1.544	3%	1.655	4%	1.376	15%
岸壁一尺ニ對スル船舶總屯數	〃	342.88	384.20		488.12		452.82		424.67		467.21		411.59		407.95		350.56	
――― 船舶全船長	尺	84.22	94.82		206.33		168.21		75.21		80.60		71.52		70.58		68.04	
――― 荷役屯數	屯	296.21	277.80		321.10		257.10		292.26		234.40		247.23		242.76		179.16	
輸入貨物總屯數	〃	609.001	565.896	8%	480.854	27%	550.812	11%	468.300	30%	398.508	53%	405.359	50%	298.720	104%	302.740	101%
木材	〃	20.452	39.545	48%	50.355	59%	52.062	61%	37.445	45%	48.980	58%	53.013	61%	47.928	57%	72.956	72%
麦粉	〃	13.947	24.630	43%	13.614	2%	49.920	72%	48.219	71%	21.358	34%	7.148	95%	8.739	60%	5.917	136%
綿糸布	〃	19.512	18.425	6%	20.224	3%	30.690	36%	27.406	29%	22.181	12%	17.690	43%	8.175	139%	8.503	129%
砂糖	〃	18.395	11.915	54%	8.893	107%	13.382	37%	8.593	115%	5.504	234%	6.337	190%	4.015	358%	2.398	666%
燐寸	〃	16.596	10.264	62%	5.163	221%	10.212	62%	4.346	282%	4.389	298%	1.411	1.076%	777	1.595%	1.019	1.532%
其他	〃	520.097	466.117	12%	382.605	36%	394.676	32%	342.311	52%	296.096	76%	323.958	61%	212.884	144%	211.947	145%
輸出貨物總屯數		1.830.364	1.592.030	16%	1.839.742	1%	1.515.955	21%	1.312.882	39%	920.545	99%	990.935	85%	1.013.072	81%	667.946	174%
大豆	〃	196.886	175.245	12%	376.720	48%	144.892	37%	177.677	11%	176.858	–	247.582	34%	512.801	62%	286.470	31%
豆粕	〃	698.260	681.970	2%	561.437	24%	538.422	30%	505.541	38%	451.485	55%	359.882	96%	218.260	220%	283.979	146%
豆油	〃	116.324	89.160	30%	59.283	96%	54.498	116%	52.418	122%	46.601	150%	28.797	302%	17.894	551%	5.936	1.928%
雜穀	〃	148.736	90.890	64%	190.399	22%	91.297	63%	121.338	22%	64.569	130%	87.547	66%	79.776	86%	17.892	731%
石炭	〃	505.506	353.835	43%	520.937	3%	595.211	15%	377.138	34%	112.099	351%	172.483	193%	132.131	282%	19.078	2.549%
其他	〃	164.652	180.710	9%	130.426	26%	91.683	80%	78.740	109%	48.983	236%	44.324	271%	47.022	250%	54.791	201%
船用焚料炭積込	〃	213.763	204.403	5%	260.056	18%	204.692	4%	139.288	53%	65.675	225%	62.281	243%	57.336	273%	26.276	713%
船舶給水	〃	80.217	96.938	17%	108.297	25%	99.309	20%	54.745	45%	68.468	17%	54.179	48%	44.182	82%	46.740	92%
到着貨物總屯數	〃	2.069.330	1.681.896	23%	2.105.956	2%	1.665.111	24%	1.364.814	52%	971.875	113%	1.033.864	100%	1.082.836	91%	952.498	118%
発送貨物總屯數	〃	309.549	243.726	27%	227.809	36%	290.542	7%	238.511	30%	207.803	49%	192.340	61%	160.169	93%	149.038	108%
市内搬出總屯數		832.717	695.606	20%	507.471	64%	644.620	30%	567.481	47%	546.134	68%	459.391	81%	237.168	251%	255.428	226%
市内搬入總屯數		613.096	584.183	5%	448.899	37%	476.097	29%	402.338	52%	363.866	68%	237.341	158%	120.585	408%	54.153	1.032%
荷繰	〃	997.558	691.712	44%	767.449	30%	404.574	147%	485.246	106%	358.382	178%	500.523	99%	455.751	119%	573.838	74%
改装	個	2.181.294	2.029.483	7%	3.429.919	37%	1.334.414	63%	1.390.046	57%	958.079	128%	1.513.478	44%	1.116.861	30%		
倉庫ノ總棟數	棟	43	39	10%	37	16%	31	39%	28	54%	27	59%	21	105%	20	115%	17	126%
倉庫ノ總坪數	坪	41.732	36.133	16%	33.370	25%	31.258	34%	29.226	43%	29.051	44%	26.946	55%	19.151	118%	14.293	192%
使役苦力	人	1.805.005	1.769.946	2%	1.881.410	4%	1.608.380	12%	1.339.999	35%	1.101.089	64%	1.017.862	98%	1.376.405	31%	968.916	86%
職員ノ總人員數	〃	238	233	2%	198	20%	155	54%	161	48%	159	50%	167	43%	150	59%	129	85%
傭人ノ總人員數	〃	417	409	2%	446	7%	411	1%	433	4%	414	1%	443	6%	254	64%	175	138%
日本人	〃	360	349	3%	344	5%	282	28%	261	38%	265	36%	321	12%	203	77%	173	108%
支那人	〃	57	60	5%	102	44%	159	64%	172	67%	149	62%	122	53%	51	12%	2	2.750%

整備項目	水運港湾	運営	

索引番號　14　　文書番號　21—1

備考

件名

大正六年度大連埠頭概況報告書

B列5　　(12, 7. 5,000枚 松浦屋納)

No.

大正六年度埠頭概况報告書

南滿洲鉄道株式會社埠頭事務所

目次

ヨ—0022　B列5　28字×10　南滿洲鐵道株式會社　(15.8.3.000)

No.

(ハ)埠頭着離船舶出向港別調

(ニ)埠頭岸壁利用調

(ホ)埠頭船舶給水調

(ヘ)船舶燃料炭供給調

(ト)小蒸汽船調

B. 船舶輸出入貨物

(イ)輸出貨物概要調

(ロ)輸入貨物概要調

(ハ)輸出入貨物噸數料金調

C. 貨車發着貨物

No.

(イ)發送貨車貨物概要調

(ロ)到着貨車貨物概要調

(ハ)發着貨車貨物噸数料金調

D.埠頭雜作業

(イ)荷繰(ロ)荷捌(ハ)改裝(ニ)看貫

E.埠頭貨物受拂

(イ)埠頭貨物受拂調

(ロ)豆糟混合保管調

(ハ)埠頭貨物火災保險調

(ニ)石炭、受拂調

No.

F. 使役傭人及労働者

(イ) 使役傭人調

(ロ) 使役労働者調

(ハ) 労働者荷役作業死傷調

G. 大連埠頭営業収支

H. 埠頭各般最高記録調

I. 大連埠頭要覧　大正六年度調

其弐　海運

A. 施設

B. 運輸

ヨ－0022　B列5　28字×10　南満洲鐵道株式會社　(15.3.3.000冊 ……)

No.

(イ)大連－青島－上海航路

(ロ)南支那沿岸航路

(ハ)臨時航路

C. 海運營業收支

No.

一、大連港ノ現勢

海運ノ潜艇ニ據ル破壊策ハ客年二月一日以降無制限ニ実行セラレ其ノ威力ハ本年度初頭ニ於テ一ヶ月ニ克ク八十三萬餘屯ノ船腹ヲ屠ルヲ実證シ造船力壱屯ニ對シテ潜艇ノ破壊力三屯ヲ超ユル趨勢ヲ示スヤ聯合諸國ハ之ニ策應セムカ為、輸出入貨物ノ制限ヲ施シテ所要船腹ノ節約ヲ圖リ、一面自國船舶ヲ國家ニ於テ管理シ輸送能率ノ向上、海運力ノ保存並ニ運賃、傭船料及船價ノ調節ヲ畫、シ仝時ニ造船力ノ増大ニ依リテ船腹ノ増加ヲ圖レリ更ニ潜艇ニ對シテハ商船武装電光型航路、海軍ノ警羅スル隊列航海等ノ方法ニ據リ萬全ヲ策セドモ無制限破壊実施ノ日ヨリ本年度末迄ノ四

No.

二四日間ニ撃沈セラレシモノ英船ノミニテ一、六〇〇屯以上ノ航洋船舶九三二隻、合型以下三三六隻、合セテ一、二六八隻ヲ算シ開戦以来（自大正三年八月至大正六年十二月）現在マデノ四十一ケ月間ニ聯合国並ニ中立国ノ總船腹ヲシテ二、六三二、二九七屯ノ減少ヲ来サシメタリ。

英国政府ノ発表セシ内容ニ據レハ（単位總屯数）

	英国船	聯合国及中立国船	計
喪失船	七、〇七九、四九二	四、七四八、〇八〇	一一、八二七、五七二
補　建造船	三、〇三一、五五〇	三、五七四、七二〇	六、六〇六、二七〇
又　捕拿船	七八〇、〇〇〇	一、八〇九、〇〇〇	二、五八九、〇〇〇

No.

船計　三、八二一、五五〇　五、三八三、七二〇　九、一九五、二七〇
差引増減　三、二六七、九四二、　六三五、六四〇　二、六三二、三〇二

ニシテ其喪失船舶ハ大正三年度末ノ世界船舶総屯数（内、帆五、一三四、七二〇屯、墺洪一〇五、二三四屯ヲ除ク）三八、九八四、三三七屯ノ五分ノ一ニ近ク現在ノ聯合國及中立國ノ船腹ハ三六、三五二、〇三五屯ニシテ多クハ國家ノ管理ノ許ニ在リテ軍用ニ供セラルヽモノ三分ノ二ニ達スルモノヽ如シ。

如斯船腹ノ不足ハ前述ノ如ク貿易制限令トナリ、海運節約策トナリテ従来当港ト地中海諸港並ニ英國諸港トノ間ノ海運関係ヲ断絶セシメ、継デ對敵取引禁止策ハ、スカンヂネビヤ半島諸港、和蘭諸

No.

港間トモ全ク関係ヲ絶タシメ西欧ヨリノ来航船腹ヲ皆無ナラシメシノミナラズ東洋ノ船腹ヲ招来ニ努メシ結果欧洲ニ吸収セラルヽモノ頗ニ多キヲ加ヘ、当港ハじメ東洋各港ハ著シク船腹ノ不足ヲ感ズルニ至リ之ヲ調節セムカ為ニ我國ニ於テモ船舶ノ國家管理ヲ、十月一日ヨリ実施スルニ至レリ。

是ヨリ先本年度劈頭ニ於テ米國ハ独逸ノ無制限商船破壊宣言ニ對シテ四月六日意ヲ決シテ遂ニ起ツヤ欧州ヘノ軍用船腹六百万屯ノ必要ニ迫ラレ、直チニ船舶ノ國家管理ヲ断行セシモ、湖上船舶ヲ除キテハ三百万屯ニ足ラザル米國ノ船腹ハ遣兵二百万ノ輸送力ニ應ズベクモアラズシテ一千萬屯造船計画ニ着手セシが、現在

No.

マテノ建成ハ其ノ五分ノ一ナル二百十二万屯ニ過ギズシテ船腹ノ我國ニ對スル急需ハ此ノ方面ヨリモ起リ我カ政府ハ遂ニ本年度末ニ於テ米國ニ對シ聯合国共同策略ノ意味ニ於テ二三隻一五一、一六六屯ノ船腹提供ヲ諾シ之ト前後シテ更ニ我カ造船者ト米国トノ間ニ一一隻九九一五〇屯ノ船鉄交換ノ協定ヲ見ルニ至リ前後合セテ三四隻二十五萬屯ノ船腹ハ欧米ノ間ニ軍用ニ供セラルルコトトナレリ

当港欧洲間ノ船腹ノ絶無トナルヤ従来ロンドン、アントワープロッテルダム、コペンハーゲン、ゴッセンブルヒノ諸港向大豆、豆油ハ専ラ米国向ニ轉シ当港シヤトルトノ間ニ之ノ輸送ヲ目的トスル

No.

船腹ガ本年度内ニ二一隻一〇六、三四五屯ヲ算スルニ至レリ

本年度上半期末ニ露国ニ共和政体ノ革命運動起リ九月十七日遂ニロマノフ王朝ヲ覆没シテ共和政府ヲ樹立シ再三ノ政変ト擾乱ノ裡ニ米国ノ軍需援助ノ中絶ニ遇フテ本年二月二十四日独逸ニ対スル単独講和ヲ締結スルニ至リ東部西伯利亜及北満洲ハ為ニ全ク無秩序ニ陥リシヲ以テ聯合諸国ハ協議ノ結果満洲里及ポクラニーチナヤ関ヲ閉鎖スルニ至レリ

従来浦塩ヲ通シテ輸出入セラレシ満洲大豆雑穀並ニ日用品ハ長春ヲ北満ニ於ケル中継市場トシテ当港ニ集散スルニ至リ本年度中北満物ノ本廻ハ例年ニ数倍スル二十一萬屯ヲ算セシニ一方船

No.

腹拂底ノ為当埠頭ニ堆積ノ餘義無キニ陥リ年度末二月二十五日ニハ当港未曽有ノ最大堆貨四二〇、六七〇瓲ヲ示スニ至レリ

此外背後地ニ於ケル運輸交通状態ノ変化ニ就テ見ルニ当会社ハ八月一日ヨリ朝鮮線ヲ附託管理ニ九月廿日四鄭線ノ連絡運輸ヲ開始シ十月十二日吉長線ノ改約並ニ管理ニ調印ノ運トナレリ。更ニ十一月廿五日ニハ清会線ノ開通ヲ見吉会鉄道ノ現実ノ機運ニ一歩ヲ進メタリ

此等ノ変遷ハ当港ノ培養線ノ延長ト補助海港ノ増加ヲ意味スルモノナリ

今次ノ戦乱ハ海上貿易ノ破壊泉ノ可能ヲ充分ニ経験セシメ今時

No.

ニ資源ノ自給自足主義ヲ釀成スルニ至リ本邦永年ノ懸案タリシ產鉄問題食料問題綿花及羊毛ノ問題化学工業ノ問題モ解結ノ緊要ナルヲ切実ニ感ズルニ至レリ

然而当港ノ後背地ニ於ケル鞍山ノ製鉄満洲豆粕ノ食糧問題豆油石炭食塩ノ化学工業ノ成就ハ右懸案諸問題ノ解結ニ有力ナル後援タルベク当港ニ集散スベキ右諸物資ハ吾人ガ大正四年度ノ本報告ニ於テ論ゼシ満洲特産物ノ内容ノ向上ヲ意味スルモノナリ。殊ニ鞍山工場ニ於テベッセマー級ノ製鋼高百万屯ニ達シ製機造船ニ供セラレ満洲ベンセニ油房ノバラ粕製造高一千万石（百五十万屯）ヲ算シテ食糧ヲ補給シ化学工業ニ據ル豆油ヨリノ、グリセリ

No.

ン製造可能高二十万瓩ヲ数ヘ空中窒素固定工業ニ依ル肥料豆粕ニ代ルベキ窒素肥料ノ製造トニトログリセリン用硝酸ノ製造ヲ完成ノ暁ニ於ケル当港ハ平時ニ生活上必需物資ノ集散市場タルト仝時ニ有事ニ際シテ軍需資源ノ基点トシテ極メテ重ヲ為スベキナリ

由是観之当港ノ近キ将来ヲ考察スルニ船腹不足ノ問題ハ各〃ノ戦乱ノ刺撃ニ因ル造船力ノ激増ニ拠テ海運破壊策中止以後ニハ長日月ヲ費ヤサズシテ回復ノ時期ヲ迎フルナルベク極東露西亜並ニ北満ハ運輸機関ヲ除キテハ現状ヲ継続スルモノト思料セシムル節多ク因テ起ル其ノ反響モ現在ノ情勢ヲ辿ルモノナルベク

No.

当港背後地ノ運輸交通状態ハ満蒙五鉄道ノ竣成ニ據ル培養線ノ延長吉会鉄道ノ完成ニ因ル清津港関内外鉄道ニ結ブベキ連山湾ヲ我ニ委セラレタル暁ニ於ケル海港運貨政策ノ変化ニ伴フ反響等彼此因果シテ幾多ノ推移遷轉ヲ見ルベキナルベシ

現在忖度シ得ベキ各般ノ状勢ヲ酌量シ過去ノ推移ヲ基礎トシテ十年後ノ当港ノ経営状態ヲ想察スルニ来航船舶ハ八千七百隻ヲ超エ其ノ船腹ハ一千五百万屯ニ達シテ船舶輸出入貨物ハ一千二百万屯ニ餘リ之ヲ収容スベキ繋船岸壁ハ一八、七六六尺(第四埠頭迄ヲ必要トスルニ至ルベク立体的機械作業ニ依ル荷役能力ハ岸壁一尺ニ付一ヶ年間平均六四五屯(大正六年度ハ三三九屯)ニ達スベ

No.

シ
満洲奥地トノ貨車發着貨物ハ九百万屯ヲ超エ其ノ所要貨車延数ハ三十六万輛ニ達シ輸送能力一千百三十八萬屯ヲ要スベシ
而シテ当埠頭ニ於ケル船舶貨車、荷繰、荷捌、改裝看貫等ノ作業総屯数ハ三千百八十万屯（大正六年度ノ三倍一五ニ当ル）ニ達スルナルベク埠頭堆積貨物ハ百二十萬屯内外ヲ算シ之ニ要スル貨物收容施設ハ貨物倉庫及上屋一六六、八四七坪並ニ貨物野積場十六万坪（道路線路排水渠等ヲ除キシ正味）ナルベク其ノ貨物收容力ハ一百ニ十八萬屯ナリ
之ヲ本年度ニ比スルニ何レモ三倍乃至四倍内外ノ増加ニ当レリ

ヨ－0022　B列5　28字×10　南滿洲鐵道株式會社　（15. 3. 3.000冊 [illegible]）

No.

二　大連埠頭ノ現在設備

本年度現在ノ当埠頭主要設備ヲ示セハ如下

一　当港防波堤内水面積　九四萬坪

二　埠頭構内面積　三八七、四八三坪八六

三　埠頭岸壁延長（水深二三－三六尺）　九七五四尺

四　埠頭艀舶　小蒸汽船一三隻　総屯数　一、一八〇屯

運貨艀　二七隻　〃　一、五四六屯

五　船舶給水　給水栓一八個　給水船三隻　一時間ニ付約三〇屯

六　荷役揚貨機　扛力　一、五－五〇屯　二八基

七　貨物収容施設

ヨ－0022　B列5　28字×10　南滿洲鐵道株式會社　（15. 3. 3.000冊　納…）

No.

倉庫　四七棟　五〇、〇〇八坪

　岸壁上屋、二四棟　一五、〇三七坪

　貨物倉庫、二三棟　三四、九七一坪

野積場　二九ヶ　二三四、七二三坪

計　七六ヶ　二八四、七三一坪

貨物收容能力　六四三、三〇〇屯

No.

三　埠頭業務概況

A　港湾

イ　着埠船舶

本年度ノ着埠汽船ハ二、〇七二隻三、一五四五八一屯ニシテ外ニ戎克一八〇隻アリ、前年度ト伯仲ノ間ニ在レトモ戦前ニ比スレバ百万屯ニ垂ントスル減少ナリ内本邦船ハ一、六八八隻二、七〇一、五九〇屯ニシテ総屯数ノ九割ニ近ク支那船ハ二八〇隻一八八、九五一屯英船ハ七六隻一五二、九一五屯ニシテ露蘭米諾墺佛ノ諸船ニ八隻一一一、一二五屯アリ

着埠船舶ハ戦乱以降引継キテ其ノ船型次第ニ小型トナリテ三千

No.

屯級ノ船数著シク減少シ千屯級並ニ千五百屯級船舶ハ増加ノ傾向ニ在リ

船舶給水量ハ八五、四七七屯ニシテ内一、八三九屯ハ大山通戎克埠頭ニ於ケル戎克給水高ヲ含ム

前年度末ヨリ本年度初頭ニカケテ半年間ニ亘リ旱魃打チツヾキ水道ノ水源枯渇スルニ至リシヲ以テ大正六年二月八日ヨリ七月二十三日迄ノ一六六日間ニ一一二回ニ亘リ一六、六九四屯ノ大奥溝湯水ヲ運搬シ船舶ニ供給セリ

ロ　輸出入貨物

本年度ノ輸出入貨物ハ三、〇三五、八四二屯ニシテ之ヲ前年度ニ比

No.

スルニ五九六、四七七屯ノ増加ニ当リ更ニ前各年度ニ比スルモ何レモ六十万屯乃至百五十萬屯ノ増加ニシテ明治四十一年度ノ九七〇、四八六屯ニ比スルニ三倍ニ餘レリ

本年度初頭本邦ニ於テ五月十五日ニ對敵取引禁止令ノ実施並ニ仝月十一日ニハ米小輸出入貨物調節実施アリ年度末ニハ当港ノ米麦輸出禁止令（大正七年三月十六日附関東都督府令）ヲ見テ当港ハ呑吐貨物ニ幾多ノ戦時的政策ノ反響ヲ示セリ

輸出貨物ハ二一四六、六五〇屯ニシテ内ニ本邦仕向一、三二〇、〇一七屯ヲ含ミ之ヲ前年度ニ比スルニ三一六、二八六屯ヲ増加シ前各年度ニ比スルモ何レモ三十万屯乃至百万屯ノ増加ニ当リ四十一

No.

年度ノ六六七、七四六屯ニ比スルニ三倍ニ餘レリ
豆粕ハ八七〇、四二五屯ヲ算シテ従来ノ最高数量ヲ示シ内日本向
七七七、二五八屯ヲ含メリ
石炭ハ四五七、六〇一屯ニシテ本邦及支那沿岸ニ仕向ケ豆油ハ一
五四、五六二屯ニシテ内米国向ハ一四四、一〇三屯ニ達セリ
大豆ハ一八八、四二六屯ニシテ内地向一〇一、八〇八屯ヲ含ミ年度
初頭ニ於テ欧洲向一八、五〇三屯アリタリ
本年度中輸出セシ本渓湖銑鉄ハ四二、五六三屯ヲ算シ関東州塩モ
亦三三、一九六屯ニ達セリ柞蚕ハ三二、五五七屯ニシテ殆ンド芝罘
ヘ仕向ケ高粱ハ七五、七七一屯ニテ青島向ヲ主トセリ

No.

本年度ノ輸出貨物積取船種別数量ヲ見ルニ当社船ハ一五〇、四二八屯ニシテ全体ノ七歩ニ当リ社外船中大阪商船三六五、八〇五屯日本郵船五〇、一四七屯、其他邦船ニ依ルモノ一、三二四、五六八屯ヲ算シ外国船ハ二四六、七六四屯戎克ハ八、九三八屯ナリキ

右輸出貨物ノ外船舶焚料炭ハ二〇八、四八五屯ニシテ前年度ト伯仲スレトモ戦前ニ比スレバ来航船舶ノ減少ニ伴ヒ三割方ノ減退ヲ示セリ

本年度中、船舶積込作業ノ一日最高記録ハ普通貨物一三、三七三屯石炭ハ、三八〇屯ニシテ両者ヲ合セタルモノ一七、七五一屯ヲ算セリ

ヨ－0022　B列5　28字×10　南満洲鐵道株式會社　（15・3・3.000册　納川商）

No.

輸入貨物ハ八八九一九二屯ニシテ内本邦仕出四七一、三九五屯ヲ含ミ之ヲ前年度ニ比スルニ二八〇、一九一屯ノ増加ニ当リ前各年度ニ比スルモ二倍乃至三倍ニ近ク明治四十一年度ノ三〇二、七四〇屯ニ比スレバ三倍ニ垂ントセリ

本年度ノ輸入大豆ハ浦塩仕出五二、八八五屯ヲ主トシ其外当地取引所ノ大豆受渡問題中ニ蝟集セシモノ内地ヨリ一一九屯朝鮮ヨリ二、六九九屯幸請ヨリ二八七屯、山東地方ヨリ八三三屯都合五六、八二三屯ニ達セリ

石油空罐及樽ハ豆油輸出用容器トシテ九一六〇一屯ヲ算シテ例年ニ倍シ砂糖モ亦奉天其他ニ於テ精製事業開始ニ依リ激増シテ

ヨー0022　B列5　28字×10　南滿洲鐵道株式會社　（15．3．3,000冊）

No.

前年ニ三倍スル四〇、八六六屯ニ達シ南洋台湾南清本邦ヨリ積出サレタリ

石油ハ三五、八一〇屯ニシテ内米国ヨリノ仕出三一、八七二屯ヲ含ム

ハ　埠頭発着貨車及貨物

本年度ノ埠頭発著貨車数ハ一一四、六四一輛ニシテ其ノ輸送能力ハ三五八、五一〇米屯ナリ之ヲ前年度ニ比スルニ一八、六三四輛、七八五、八二四米屯ノ増加ニ当リ明治四十一年度ノ四五、六八九輛、一一、九九米屯ニ比スレバ何レモ三倍ニ垂ントスル増加ニ当レリ

No.

本年度ノ埠頭發着貨車貨物ハ二、七六〇、九九三屯ニシテ前年度ニ比スルニ三八二、二四三屯ノ増加ニ当リ四十一年度ノ一、一〇一、五一六屯ニ比スルニ三倍ニ近シ

發送貨物ハ四二五、二五一屯ニテ前年度ニ比スルニ一一五、七三二屯ノ増加ニシテ当所開所以来ノ最大数量ナリ之ヲ四十一年度ノ一四九〇三八屯ニ比スルニ三倍ニ餘レリ

右ノ内社用品ハ一三二、八一八屯ニシテ公衆品ハ二九二、四三三屯ヲ算シ内第二ホール扱一一三、一八二屯ヲ含ム

主要貨物ヲ見ルニ砂糖ハ一六、七九九屯ニシテ莨一三、〇〇八屯石油二三、九九二屯ヲ算シ金物ハ二六四四三屯麻袋ハ一三、二六三屯

No.

二達シ社用木材モ五四六一八〇屯ヲ算セリ
埠頭發送貨物ノ哈市及東清沿線向ハ二二、八〇七屯長春向五一、八三七屯ヲ算シ営口向ハ一四、四二五屯ニシテ奉天以南各駅向ハ九一、三二〇屯ニ達シ以北ハ二九、二〇七屯ナリキ而シテ之ニ使用セシ貨車数ハ二七、四〇二輌ニシテ其ノ輸送能力ハ八二二〇五〇屯ナリ
到着貨物ハ二、三三五七四二屯ニシテ前年度ニ比スルニ二六六、四一一屯ノ増加ニ当リ四十一年度ノ九五二、四七八屯ニ比スレバ二倍半ニ近シ
右ノ内社用品ハ六四九、一四九屯ニシテ公衆品ハ一、六八六、五九三

No.

屯ナリ

其ノ主要貨物ヲ見ルニ大豆ハ九九三、五九五屯、豆粕ハ七七、六六四屯ニシテ内哈市製造ノモノ一四、七一二屯ヲ含ミ豆油ハ二〇、四七九屯ニシテ内哈市製ノモノ一五、二七九屯アリ。石炭ハ六四〇、九八九屯ニシテ内本溪湖炭三三、一一七屯ヲ含ム、高粱ハ一七七、九一二屯包米六五、九六二屯小豆二九、六九四屯青豆二九、三二三屯ヲ算シ内地工業用普蘭店食塩ノ到着モ亦三四、〇八七屯ニ達シ本溪湖産ノ銑鉄類二八、四〇〇屯ヲ算セリ

埠頭到着貨物ノ内哈市及東清沿線發ノモノ八二〇六五一一屯ニ達シ前年度ニ比スルニ一〇二、四四〇屯即チ二倍ノ増加ニシテ前

No.

各年度ノ三倍乃至十倍ニ当レリ長春ノ發送ニ係ハルモノ八四三一、三五七屯ニシテ全体ノ五分ノ一ニ当リ奉天以南各駅ノ發送ニ係ハルモノ八九二、九九三屯全以北ハ五九九、四三一屯ナリキ

而シテ之ニ使用セシ貨車数ハ八七、二三九輛ニシテ其輸送能力ハ二、七六三、〇五〇米屯ナリ

二 埠頭集散貨物

本年度ノ埠頭集散貨物ノ受入高ハ四一四、〇三五屯ニシテ搬出高ハ四四九、三一〇屯ナリ。而シテ有料保管貨物ハ二、三六四、八九六屯ヲ算シ平均保管日数ニ九日三歩ニ当リ其保管料ハ五〇四、五五四円九二銭ナリキ

ヨ－0022 B列5 28字×10 南滿洲鐵道株式會社 (15. 3. 3.000冊)

No.

之ヲ前各年度ニ比スルニ貨物受入高ハ前年度ヨリ七七七、〇四二屯ノ増加ニ当リ前各年度ノ二倍乃至三倍ニ垂トシ有料保管貨物屯数モ亦前年度ニ比シテ六二〇、九八六屯ノ増加ニ当リ前各年度ノ二倍乃至三倍ニ餘レリ

保管料ニ付テ見ルニ前年度ヨリ一八六、九八四円一二銭ノ増加ニ当リ前者ニ等シク前各年度ノ二倍乃至三倍ニ餘レリ

本年度集散貨物ニ付テ見ルニ大豆一、〇九一、一五八屯ヲ最高トシ豆粕ハ八四二、四三四屯ニシテ之ニ次キ豆油ハ一六四、〇八九屯ニシテ雑穀類ハ三九七、八二四屯ヲ算シ会社石炭七〇四、一九五屯金物一一一、二四八屯麦粉五六、六一九屯砂糖六三、七〇一屯食料品八

No.

九、八七八屯ヲ主ナルモノトス

本年度末日現在ノ当埠頭堆積高八四〇九、三五六屯ニシテ前年度末日ニ比スル二五九、〇八〇屯上位ニ在リテ前各年度ノ二倍乃至三倍ニ垂ントセリ。已ニ第一節ニ於テ述ベシ如ク幸北満穀類ノ蝟集ニ加フルニ船腹ノ不足ハ当埠頭堆積貨物ヲ激増セシメ大正七年二月二十五日八四二〇、六七〇屯（内石炭一〇、四二五屯）ニ達シテ開所以来ノ最高数量ヲ示セリ

当埠頭ノ貨物収容力ハ第二節ニ掲ケシ如ク倉庫及野積場ヲ併セテ二八四、七三一坪其ノ屯数六四三、三〇〇屯ニシテ現在ノ最高堆貨ニ対シテ猶ホ二十二万屯ノ収容餘力ヲ存スルモノト謂フヲ得

ヨ－0022　B列5　28字×10　　南滿洲鐵道株式會社　　（15.3.3,000冊）

No.

べシ

本年七月下旬ヨリ大連市場ニ賣買大豆受渡ニ関スル紛擾事件發生シ年度末マデ蔓延シテ大正七年三月三日関東都督府及当会社ノ特種調停ニ據リ賣買両者同意ノ上和解落着セリ

本件ニ於テ賣方ノ引渡大豆蒐集ノ為メ満洲産大豆ハ勿論浦塩朝鮮、并清山東ヨリ品質ヲ論セズ当埠頭ニ蝟集セシモノ頗ル夥多ニシテ之等ノ無意義ニ当所ニ堆積スルモノ年度ノ大半ヲ通シテ少ナカラザリキ

本年度ノ混合保管豆粕ノ受付数量ハ二二、四八三、一三六枚ニシテ外ニ七月一日ヨリ九月末日マテ混保受入中止中普通預扱トシテ

ヨ－0022　B列5　28字×10　南満洲鐵道株式會社　（15．3．3，000冊　総單課）

No.

受付ケシモノ一、九〇七、二六六枚計二四、三九〇、四〇二枚ナリ之ヲ前年度ニ比スルニ混保受付ニ於テ四、二七三、一九二枚普通預扱ニ於テ一、三〇七、五四六枚両者合計ニ於テ五、五八〇、七三八枚ノ増加ニ当リ右ノ内本年度ハ四歩一厘ノ不合格品ヲ出シ前年度ハ四歩二厘ノ不合格品ヲ出セリ其ノ内容ヲ示セバ

	大正六年度			大正五年度		
	受付高	合格	不合格	受付高	合格	不合格
混保扱	二二、四八三、一三六	二一、六七、五四六	八六六、五九〇	一八、二〇九、九四四	一七、五六六、七九〇	六四八、一五四
普通預扱	一、九〇七、二六六	一、八一二、六九二	九五、五七四	六〇〇、七二〇	四九三、〇〇〇	一〇六、七二〇
計	二四、三九〇、四〇二	二三、四二九、二三八	九六一、一六四	一八、八〇九、六六四	一八、〇五四、七九〇	七五四、八七四

ヲ－0022　B列5　28字×10　南満洲鐵道株式會社　(15. 3. 3,000冊 …)

No.

本年度ノ右豆粕中ニ輿地物ヲ如左含ム

	合格品	不合格品	計（単位枚）
混保数	六四六、〇〇〇	一一、〇〇〇	六五七、〇〇〇
普通預扱	六四、〇〇〇	四、〇〇〇	六八、〇〇〇
計	七一〇、〇〇〇	一五、〇〇〇	七二五、〇〇〇

混合保管豆粕在庫高客年度末日現在八、三〇二〇、五六枚ニシテ内ニ輿地物一、〇〇〇枚ヲ含ミ（外ニ検査未決豆粕二六、〇〇〇枚不合格豆粕一二九、〇〇〇枚アリ）爾後漸増ノ経過ヲ辿リテ四月十日ニ至リ本年度最高数量ナル三、三一〇、六九七枚ニ達シ以降漸減シテ仝月十四日ニ三百万台ヲ割リ次テ五月十四日二百万台ニ降リテ六月

No.

七月ニ至リ更ニ百万台ヲ割リ仝月二十四日ニハ本年度夏季受入中止前ニ於ケル最少在貨高二八九、〇一七枚ヲ示シ七月一日四五三、五一七枚ノ現在高ノ儘夏季受入中止ヲ実施シ其ノ期間三ケ月ヲ経過シテ前期物未拂本粕一一、九五一枚ヲ持越シテ再ビ混保取扱ヲ開始シ十一月七日ニハ百万台ヲ超エ本年一月八日ニ至リテ二百万台ヲ抜キ更ニ三月二十六日ニハ三百万台ヲ超過シテ仝月卅日ニハ三、二八九、一一二枚ヲ算シ夏季中止以後ニ於ケル最高数量ヲ示シ翌卅一日即チ本年度末日ニハ三、二五五、五一二枚(奥地物無シ外ニ検査不合格品一一〇、〇〇〇枚検査未決八、〇〇〇枚アリ)ヲ翌年度ニ持越セリ外ニ前期粕ノ繰越セシモノノ内一、〇〇〇枚

No.

16

八十二月二十一日ニ佛ホミ一〇、〇〇〇枚ハ翌年一月十四日ニ由佛ヒ僅ニ九五一枚ノミ次年度ニ繰越セリ

本年度当地ニ於ケル豆粕ノ製造高ハ二三、三六八、〇〇〇枚(大連一七、二三六、〇〇〇枚 小崗子六、一三二、〇〇〇枚)ニシテ前年度ノ一八、八六四、〇〇〇枚ニ比スルニ四、五〇四、〇〇〇枚ノ増加ニ当レリ

本年度ハ七棟一〇、一二〇坪ノ木造亜鉛板葺平屋建倉庫ヲ新築及改造セリ即チ甲埠頭ニ於ケル第十号倉庫七六五坪三ヲ一、五〇〇坪ニ改築(大正六年十一月十二日竣工)シ第一埠頭ノ第十二号倉庫七五八坪五ヲ九〇〇坪ニ改メ(大正六年十一月二十六日竣工)仝上第十四号倉庫三二〇坪ヲ九〇〇坪ニ改築(大正六年十一月二十六

No.

日竣工セリ更ニ乙埠頭ニ第三十一号倉庫一、五〇〇坪（大正六年十月十五日竣工）並ニ相生野積ニ第三十二号第三十三号ノ二棟各々二、五〇〇坪ヲ新築セリ仝時ニ危険倉庫トシテ旧第十四号倉庫ヲ移築十月二十五日ニ竣成シ第三号ト称呼シ従前ノ第三号第四号ノ名称ヲ順次繰下ケタリ

現在ノ倉庫使用ノ目的ニ依リ類別表示スレバ如下

倉庫用途		構造	棟数	倉庫建坪	倉庫収容坪
普通貨物倉庫	岸壁上屋	二階及平屋建	二四	一三、六八六、七坪	一五、〇三六、七坪
	保管倉庫	平屋建	一五	三二、二〇〇、四	三三、一六〇、四
危険貨物保管倉庫		平屋建	六、	一、二八九、八	一、二八九、八

No.

保温貨物倉庫　二階建　一　一二一、六　二四三、二
豆油混合保管倉庫　平屋建　一　二七、八　二七、八
計　四七　四七、五七六、三　五〇〇〇七、九

埠頭集散貨物ノ火災保険ハ本年度ノ堆積貨物激増ニ伴ヒ従来ノ保険価格ニ数倍セル四千万余ヲ算シ被保険貨物屯数モ亦三十五万屯ニ垂ントセリ
然シテ其ノ支払保険料金ハ一一四、六一六円一二銭ニシテ前年度ニ比スルニ六六、九四八円三二銭ノ増加ニ当リ三倍ニ近ク前各年度ニ比スルニ何レモ二倍乃至三倍ニ餘リ本事務ヲ開始セシ明治四十四年九月十日以来本年度末日マテノ六ケ年半ニ支払ヒタル

No.

右保険料金ノ累計額ハ四二三、二六六円七一銭ニシテ本年度分ヲ右累計額ニ比スルニ四分ノ一ヲ超エ一日平均三一四円〇二銭ナリ

右保険料ヲ前各年度ト對比スルニ左ノ如シ

大正元年度　六六、三八六円三七　大正四年度　三五、九五〇円五六
〃二年度　七〇、三八三円七七　〃五年度　四七、六六七円八〇
〃三年度　五六、二一三円二三　〃六年度　二一四、六一六円一二

次ニ本年度中ノ保険貨物ヲ前二ケ年ニ比スレバ

各月十五日現在　單位千瓩千円

保険貨物比数			貨物保険金額		
大正四年度	大正五年度	大正六年度	大正四年度	大正五年度	大正六年度

ヲ－0022　B列5　28字×10　南滿洲鐵道株式會社　(15.3.3,000冊)

No.

四月	二三六	二〇八	二六六	一〇、一八〇	二一、九一九	一五、三二九
五月	一四五	一八一	二〇八	七、三五五	二一、〇〇〇	一五、四六二
六月	九〇	一三二	一七九	四、五八四	七、七〇七	一九、九七五
七月	七四	六五	一六四	四、〇二六	四、九三九	二一、五八七
八月	六八	四六	一七四	三、九九三	四、一四八	二四、九二五
九月	五二	五二	一九八	三、二九一	三、六七三	二七、九三二
十月	五三	六一	一八七	三、五八〇	三、八二〇	一九、二二〇
十一月	一〇三	一七六	二〇八	四、八八九	一〇、〇一八	二〇、六六四
十二月	一七五	二八三	二五七	八、八九九	一五、九九〇	二四、八〇三
一月	二六五	二九二	二九五	一三、七五六	一六、二六〇	二九、二八三

ヌ－0022　B列5　28字×10　南満洲鐵道株式會社　（15.3.3.000冊 ）

No.

二月	二八、〇	三、八	三三七	一四、九七五	一八、三一〇	三四、四三六
三月	二七八	三三五	三四八	一四、〇〇四	一七、〇二三	三九、七八六

埠頭石炭取扱状況ヲ見ルニ

前年度繰越	本年度受入高	本年度払出高 輸出炭	本年度払出高 焚料炭	本年度払出高 其他	本年度払出高 計	年度末現在
二九、二六二	七〇八、五七二	四五七、六〇一	二〇八、四八六	六〇、九一二	七二六、九九九	一〇、八三五

ニシテ輸出炭ヲ前年度ニ比スルニ四七、九〇五屯ノ減少ニ当リ前々年度ヨリ一〇三、七六六屯ノ増加ナリ之ヲ積取リシ船種別数量ヲ見ルニ当社船ハ五〇、五五五屯ニシテ全体ノ一割一歩ヲ超エ社外船ハ大阪商船ノ一七、三五一屯其他ノ船腹ニ依ルモノ三四三、六一四屯計三六〇、九六五屯ニ達シテ全体ノ八割ニ当リ外小船八四

No.

五、六三七屯ニシテ戎克ハ四四屯ナリキ
輸出炭ノ主要ナル仕向港ヲ見ルニ横浜ノ八二七一一屯ヲ最トシ内地及台湾ヲ併セテ一四七、〇四五屯ヲ算シ朝鮮七六三九一屯内仁川向六四、三三五屯ヲ首位トス支那ハ一六一、九三九屯ニ達シ内上海四七、七一五屯香港四〇、六五五屯ヲ含ム南洋ハ七二、二二九屯ニシテ内ニマニラ向四三、六六〇屯ヲ含ム
船舶焚料炭ハ二〇八、四八六屯ニシテ前年度ニ比スルニ五、二七八屯ノ減少ナレトモ前各年度トハ伯仲ノ間ニ在リテ之ヲ積取リシ船種別数量ニ就テ見ルニ当社船ハ四四、五一四屯ニシテ社外船ハ大阪商船三六、七八八屯郵船二、二〇一屯其他一〇一、〇四二屯計一

ヨ－0022　B列5　28字×10　南滿洲鐵道株式會社　（15. 3. 3.000冊 結城堂）

No.

四〇、〇三一屯ナリ之レ全体ノ七割ニ当リ外ニ外小船ニ供給セシモノ二三、八四一屯アリタリ

更ニ着埠船舶ト焚料炭トノ関係ニ付テ過去十年間ノ系数ヲ示セバ左ノ如シ

	大正六年度	五年度	四年度	三年度	二年度	元年度	明治四十四年度	四十三年	四十二年	四十一年度
着埠船舶一隻ニ対シテ平均	一〇一屯	一〇九	一〇四	一一二	九三	六二	三三	四五	三八	二
全総屯数屯ニ対シテ平均	〇、〇六六	〇、〇六八	〇、〇三三	〇、〇六四	〇、〇五五	〇、〇四〇	〇、〇二一	〇、〇二八	〇、〇二三	〇、〇〇八

木埠頭雑作業

本年度ニ於ケル本作業中荷繰ハ一、四八八、五四九屯、改装ハ二、八一〇、七八六個ニシテ看貫一、二六〇、七九一屯ヲ算シ荷捌ハ九三二、三三四屯ナリキ

No.

之等ノ諸作業ヲ前各年度ニ比スルニ何レモ緊張セザルハナク艀舶揚積及貨車積卸作業ノ激増ニ伴フ現象ナリ

荷繰作業ノ一、四八八、五四九屯(含石炭荷繰一四、一一六屯)ヲ前年度ニ比スルニ四七六、八七五屯ノ増加ニシテ前各年度ノ何レモ二倍乃至三倍ニ餘レリ大正六年五月十三日ノ本作業高九五八〇屯ハ当所開所以来ノ一日作業高最高記録ニシテ従来ノ記録ナリシ八、三六一屯(大正四年二月二十四日)ヨリ一、二一九屯ヲ抜ケリ

改装作業二、八一〇、七八六仙ヲ前年度ニ比スルニ六二九、四九二仙ノ増加ニ当リ大正三年度ノ三、四二九、九一九仙並ニ明治四十二年度ノ三、一一六、八六一仙ニ継ク作業数量ナリ

No.

看貨作業一、二六〇、七九一屯ハ前年度ト殆ト伯仲シ大正四年度ヨリ三〇八、五三九屯ノ増加ニ当レリ

荷捌作業九三二、三三四屯ハ之ヲ前年度ニ比スルニ二九六、〇二四屯ノ増加ニ当リ前各年度ニ比スルニ二倍内外ノ増加ニ当レリ大正六年六月二十九日ノ本作業高九、五六三屯ハ従来ノ最高記録八、四九七屯(大正三年一月十七日)ヲ抜クコト一、〇六六屯ニシテ新シキ記録ヲ示セリ

ヘ　使役労働者

本年度ノ総延人員二、一二六、二三七人ヲ前年度ニ比スルニ三二一、二三二人ノ増加ニシテ前各年度ニ比スルニ何レモ二倍内外ノ増

No.

加ニ当レリ従事セシ作業別人員ヲ見ルニ船舶揚積五七七、四四〇人ヲ最トシテ全体ノ四分ノ一ニ餘リ石炭作業五〇九、〇三三人貨車積卸四五、九一人ニシテ之ニ続キ荷繰三四二、五九四人荷捌九三、三〇九人改装看貫ハ一四七、九〇〇人等ナリ

右労働者ノ一日平均作業高並ニ賃銀ヲ見ルニ左ノ如シ

	大正六年度	五年度	四年度	三年度	二年度	元年度	明治四十四年度	四十三年度	四十二年度
一人一日平均作業高	四、七五	四、四五	三、八九	三、五五	三、三七	三、五二	三、一三	三、三九	二、六四
一人一日平均收入賃金	六八銭	四八	三七	四一	四〇	四五	四二	五〇	五〇

便役労働者ニ対スル労銀ハ大正四年一月値下改定セシモノヲ大正五年十一月ニ金銀換算相場百貳拾元差額填補（大連取引所ニ於

No.

ケル毎月各旬間銭鈔取引平均相場金百円ニ対シ小洋銭百貳拾元ニ達セサル場合ニ之ニ該当スル期間中ニ支払ヒタル労銀額ニ應シ百ニ十元迄ノ差額ヲ補助ス――明治四十四年ヨリ大正五年十月ニ至ル六ケ年間ノ平均相場金百円対小洋銭百貳拾九元九二）ヲ実施シ本年度大正七年一月一日以降更ニ一割五歩ノ値上ケヲ実施シテ戦乱ニ伴フ経済上ノ変調並ニ生活費ノ高騰ヲ調節シテ当港ニ於ケル労力ノ保養ヲ図レリ

過去十一年間採リ来リシ当港ノ労力中心ノ原始的港湾作業モ漸ク立体的作業ノ必要ニ迫ラレ機械施設ノ充実ヲ痛切ニ感スルニ至レリ

No.

ト当港将来十年間経営方針調査

従来当所ハ十年間一期トセル大体ノ港湾経営計画並ニ方針ヲ立テ各年度ノ業務計画ヲ決定シ来リシガ本年度下半期ニ於テ当会社ハ各般ニ渉ル十年計画ヲ完成スルコトトナリ当所ニ於テハ大正七年二月二十七日以降港湾ノ根本的計画ニ付研究並ニ調査ヲ開始シ年度末ニハ概略ノ計画豫想ヲ取纏ムルノ運トナレリ其ノ内容ハ巻頭「大連港ノ現勢並ニ巻尾ニ附録セリ

大戦後ノ港湾経営問題ハ現在既ニ英米並ニ独逸ノ各列強ニ於テハ経済軍事ノ各方面ヨリ徹底シタル研究ヲ進メラレツツアルモノノ如シ当港ガ近代的港湾トシテ戦後ニ処スルノ準備ハ現在充

ヨ－0022　B列5　28字×10　南滿洲鐵道株式會社　(15. 8. 3.000冊 …)

No.

分ニ稽査ニ考究ノ要ハ贅説ヲ俟タサル所ニシテ本十年計画ノ内容充実ニ特種ノ調査機関ノ必要ヲ感スルニ至レリ

チ、施設工事概要

本年度中ニ於ケル施設主要事項ハ八十二件ニシテ建物三十四件野積四十一件雑七件ナリ

主要ナル類別ヲ示セハ

(A)建物

(イ)事務所其他―四　(ロ)詰所―九　(ハ)倉庫―二一

(B)野積場

(イ)野積―八　(ロ)道路―八　(ハ)線路―一六　(ニ)下水―九

No.

(C) 雜施設

(イ) 船舶 ― 二 (ロ) 棧橋 ― 一 (ハ) 構内測量 ― 一 (ニ) 雜 ― 一三

更ニ工事ノ内容ヲ詳細ニ類別シテ示セバ

A 建築物

(イ) 事務所其他

一、事務所電話室増設 木造平家建(建坪一二坪)一ケ所 玄関増築(建坪一坪)一棟 工事費 未詳

二、貨物係事務所一部改築 木造平家 一棟 一〇八円二七五

三、検査係事務所増築、木造平家増築(建坪一二坪) 一部模様替(建坪二四坪) 一、一二九円八〇〇

四、埠頭船客待合所増築 間仕切其他(建坪三坪) 木造平家 板塀新設(四八尺) 四八四円五九〇

(ロ) 詰所

No.

一、元中部第一詰所及残荷詰所移転　工事費　二二八円五三〇

二、岸壁第一詰所外三棟移転（建坪三六坪五）　三四六円五七〇

三、岸壁第一詰所附属便所新築（建坪二坪）一棟　一六九円四八〇

四、13号倉庫附属詰所新築　木造平家（建坪二四坪）一棟　六四九四円七五〇

五、西野積場監視詰所新築　木造平家二棟（建坪各五坪）　未詳

六、石油倉庫詰所移転　木造平家（建坪四、五坪）一棟　四六円九二〇

七、元中部第一詰所苦力溜移転木造平家（建坪六坪）一棟　九三円八一〇

八、構内苦力便所新築　十二ケ所　五九一円一三六

九、中部第五詰所物置増築　木造平家（建坪六坪）一棟　三五一円五五〇

（八）倉庫

ヨ－0022　B列5　28字×10　南満洲鐵道株式會社　（15．8．3.000冊）

No.

一、AI倉庫壁及屋根修繕　モルター及コールター塗　四五五坪　工事費四一六、〇一〇円

二、第二埠頭岸壁上屋附屬荷繰用シウート追加新設　一〇ヶ所　三九三九、九二〇円

三、自第十六号至第廿二号倉庫屋根コールター塗　二三、四一九坪　六、三九九、三九〇円

四、第六、七、八、九号倉庫側壁防護　七〇六、〇一九円

五、第廿号倉庫内仮間仕切取設　九〇三、三七〇円

六、第十六号a倉庫外六棟側窓及天窓パテ付　二、六三九、六八〇円

七、調度係用覆修理場小屋掛　丸太堀立小屋（建坪二〇〇坪）　三三九、五八〇円

八、第三十一号倉庫新築　小屋組洋式（建坪一、五〇〇坪）一棟　七〇、九一九、一六〇円

九、第十四号倉庫ヲ石油倉庫ニ移転改築　木造平家（建坪三二〇坪）一棟　七、五七三、〇五〇円

十、石油倉庫移転　木造平家（建坪一七五坪）一棟　一、六七九、一三〇円

ヨ－0022　B列5　28字×10　南滿洲鐵道株式會社　（15, 3. 3.000冊 納用品）

No.

十一、甲埠頭岸壁倉庫新築（建坪一、五〇〇坪）一棟　六八、六九三、四六二円

十二、危険物倉庫敷地地均　三、三七三、六九〇円

十三、石油倉庫周囲木柵移転及新設　移転延長　一六五K　新設〃　二二五K　一四二、二三〇円

十四、乙埠頭倉庫　砕石敷　一五〇〇坪　下水新設　一四九間二　三、七七五、〇六〇円

十五、第十二、十四号倉庫新築　木造平家（建坪一、八〇〇坪）二棟　一〇六、七二〇、三五〇円（内盛出工事費ヲ含ム）

十六、同上倉庫敷盛出工事　約三五六八立坪、

十七、第三十二、三十三号倉庫新築　木造平家（建坪五、〇〇〇坪）二棟　二六二、〇一四、六四〇円

十八、同上倉庫敷盛土　約一三〇二立坪

十九、甲埠頭倉庫敷盛土　約九〇立坪　四二三、〇五〇円

廿、第二十一ム永久倉庫附屬外階段修繕　階段板張替　外十三ヶ所延長一〇〇尺　未計

ヨ－0022　B列5　28字×10　南満洲鐵道株式會社　（15. 8. 3.000冊）

No.

廿一、第二十二十一号倉庫辛側木柵新築	木柵・延長 一八六間 門 十八ヶ所	一一五五円〇七〇

B 野積場

(イ) 野積

一、埠頭貯炭場盛出	一、三三九五坪	六一八九円一三〇
二、寺児溝野積場海岸周囲木柵修繕	四三二間五	六八五円六八〇
三、寺内溝旧方塊製造場跡地均（野積場用）		二、三四〇円〇〇〇
四、同上野積場甲子民国	二四、〇〇〇坪	未詳
五、乙埠頭周囲木柵移転及増設	移転 二一二間三 増設 一四二間九	九〇三円四五〇
六、西野積場周囲木柵新設	木柵 九一六長 門扉 十二ヶ所	三、九九八円一八〇
七、西野積場専用仮水橋新設	一ヶ所	二九〇円八六〇

No.

八、構内銑鉄置場木柵新設　木柵 扉門　一六二間八 八ヶ所　一、〇二五円三八〇

(ロ)道路

一、豆油倉庫北道路修繕　五三七坪九　一、二七四円一六〇

二、第十六号倉庫南側道路増設　新設 二六〇坪六 修繕 五四、七　一、五三〇円一一〇

三、埠頭正門ヨリ東広場ニ至ル道路修繕　一、八七四坪七　三、七九五円〇二〇

四、構内操替門ヨリ南門ニ至ル道路修繕　四六六坪九　一、〇九〇円八七〇

五、埠頭正門道路西側石敷ヲ東側ニ移転其他　移転 約七三六坪 石敷新設 三八坪九 張替 四三坪六　九、五四三円〇一〇

六、寺児溝野積場内道路砕石敷　八、〇三五坪二　二、四九九円九〇

七、埠頭事務所ヨリ東門ニ至ル道路修繕　五九〇坪八　八五二円〇七〇

八、乙埠頭及第三埠頭附近道路新設　新設 三〇八間三 改造 一四八間外　一〇、六二六円〇〇〇

ヲ－0022　B列5　28字×10　南満洲鐵道株式會社　(15.8.3.000冊)

No.

(八)線路

一、第一番線撤去　軌条撤去、二鎖二五外　未詳

二、東十四十五十六番線々路間ドテンバー取付四〇五間　四三三、二三〇円

三、同上砕石敷　四三一坪一　六二九四二〇円

四、構内中線々路間砕石敷　四六三坪　七〇四四一〇円

五、第十七号倉庫西側線路間砕石敷コールター塗一、五三五坪　二、四〇〇、九八〇円

六、西一、二番線路間路面改築並ニ修繕　改築 五七五坪九　修繕 七八二坪八　二、九四六、八六〇円

七、臭水子駅構内上取用仮線敷設（本工事費、貯炭場盛土工事費ヨリ支辨ス）約十五貞

八、寺児溝土探線敷設（本工事費、八寺児溝野積場内新設貨物倉庫工事費ヨリ支辨ス）

九、危険物保管場軽便軌条布設　約六二〇〇尺　転轍叉二二組、　二、七六七、〇〇〇円

ヲ－0022　B列5　28字×10　南満洲鐵道株式會社　(15.8.3.000)

No.

一〇、西七、八番線々路間砕石敷路面修繕　七五四坪三、　一、二八九、四七〇円

一一、第一埠頭、倉庫新築ニ伴ヒ線路模様替其他　移設 一五〇米八三、撤去 一六一、一 外　未詳

一二、第三埠頭、線路新設　新設 二九米〇九、移設 八、二一、ポイント敷設 三ヶ所　未詳

一三、寺児溝土取線撤去（本工事費ハ寺児溝野積場内新築貨物倉庫工事費ヨリ支辨ス）

一四、寺児溝石油桟橋軽便線路新設其他　新設 一〇米六〇、修理 五三、三三　一、三〇〇、八三〇円

一五、第四野積場入口線模様替（単線ヲ複線ニ変更シ分岐ニ線路移転増設等）未詳

一六、第二ホーム前野積場線路敷設　一二八、〇 五六乙　未詳

（二）下水

一、第十七号倉庫北下水新設　モルタル管下水設築 七六間　連絡モルタル管下水布設 九間 外　一、二四三、四四〇円

二、第二埠頭永久倉庫下水新設　モルタル管下水新設 二三七、一間　九八四、一九〇円

No.

三、第廿一号倉庫西側下水改築　一一九間　四五九、四〇〇円

四、豆油倉庫北側排水溝改築　モルタル下水布設一六五間外　一、六三二、四七〇円

五、寺児溝野積場内仮排水溝取設、堀放溝仮設一、三七二間外　九〇八、七七〇円

六、石油倉庫周囲下水管新設　モルタル管下水八六米　堅樋連絡　モルタル下水一二米外　三四〇、九四〇円

七、第廿八号倉庫西幹線下水新設　モルタル管下水一〇〇間余外　一、七三七、六一〇円

八、寺内通旧方塊製造場ノ排水溝新設、堀放下水四条外　未詳

九、第三十二、三十三号倉庫西側開渠仮溝蓋新設　三三ヶ所　一、八〇七、八九〇円

C 雑施設

(イ) 船舶

一、第十七号船々底修繕　二六八、七二〇円

ヨー0022　B列5　28字×10　南滿洲鐵道株式會社　(15.3 3.000冊)

No.

二、中丸第一号及第五号船艙内敷板修繕　三二六、三五〇

(ロ)桟橋

一、石油桟橋改築　表面間知石積、裏拾石定堤　三五五尺
鉄柱橋脚ニ改造　八〇尺　五四、四一七、〇〇〇円

(ハ)構内測量

一、測量隊二組編成構内一圓、石油桟橋並ニ大山埠頭等関係地域一体測量　一、八五三、一四〇円

(ニ)雑

一、電話東桟橋支線第一埠頭東電柱移転（本工事費ハ第一埠頭貨物倉庫新築工事費ヨリ支辨ス）　移転 八本　新設 三本　線条延長三四、四〇〇尺外

二、乙埠頭新設倉庫支障電話線路移転　電柱移転 九本　〃 新設 一本　一八、四三〇円

三、海西埠頭北部岸壁修繕　表面張石裏混凝土積 三三坪六二、　四、一四四、七〇六円

ヨ―0022　B列5　28字×　　南満洲鐵道株式會社　（15. 3. 3.000冊 ……）

No.

B 海運

イ 海運界ノ近勢

客年二月独逸ガ無制限海運破壊策実施以来海運界ハ有史以来ノ変調ヲ餘儀ナクセラレ之迄何等当政カ取締ル所無カリシ我海運界ハ其ノ反響殊ノ外甚シク本年度下半期初頭ニ管理令ノ施行ヲ見シマデ運賃、傭船料船價ノ高騰ハ軌ヲ脱シ最高潮ナリシ九月ハ平均A、標準運賃（門司横浜間石炭運賃也）一〇円二一銭B傭船料（遠洋航船）四一円C船價（大型新船）八八〇円ニ達シ大正三年中平均ノA、七五銭B一円八〇銭C一〇〇円ニ比スルニ八倍乃至数十倍ニ垂ントセリ

No.

管理令施行以降ハ脱線的上騰ノ氣勢ハ挫ケシモ運賃、傭船賣船ノ何レノ市場モ底力ノ強キ氣配ヲ半ケ年間續ケテ年度末ニ及ベリ

No.

ロ　海運概況ト将来

本年度ノ海運ノ概況ヲ見ルニ大連青島上海航路ハ往復九十四航海ニシテ貨物一五七、七八六屯旅客二四、六二三人ヲ取扱ヒ其ノ収入金一、八五三、五三九円ニ達セリ。北支那沿岸航路ハ貨物一一〇、六八九屯便乗旅客六〇八四人ヲ輸送シテ其ノ収入金一、一〇九、二七三円ヲ算シ臨時航路ハ貨物四九、四六七屯ヲ取扱ヒ其ノ収入金六〇〇、六四七円ニ達セリ

以上ノ成績ヲ綜合スルニ本年度ノ輸送貨物ハ三一三、九四六屯其ノ収入金三、二〇〇、一一九円ニシテ之ヲ前年度ニ比スルニ六五、四六六屯収入金八六四、五二二円ニ比スレバ貨物ニ於テハ四〇、八二

No.

三屯ノ増加ニシテ收入金ハ四倍ニ達シ大正三年度ノ三一八、七五六屯七一一、七〇五円ト比較スルニ貨物数量ハ伯仲スレトモ收入金ハ五倍ニ垂ントセリ

本年度ノ輸送旅客ハ二六、七〇七人其ノ收入金三六三、三四〇円ヲ算シ之ヲ前年度ニ比スルニ四六二二人一一五、三六七円ノ増加ニ当リ大正四年度ノ一六、七一九人一六四、八七六円ニ比スレバ何レモ二倍ニ達シ大正三年度ノ九、五〇四人一二〇、三三二円ニ比スルニ三倍ニ垂ントセリ

本年度ノ托送郵便物ハ八、一二三個ニシテ前年度ノ四〇、一二九個大正四年度ノ四二、三三七個ニ比スレバ五分ノ一ニ当リ大正三年

度ノ一六、一三七仙ニ比スルモ二分ノ一ニ当ル減少ニシテ露国行漢口茶ノ小包郵便輸送断絶ニ因ルモノナルベシ

海運ノ営業収支状態ヲ見ルニ本年度ハ収入金三、六一六、六三三円支出二、五五三、三四八円ニシテ収入一〇〇ニ対シ支出七一ニ当リ前年度ノ八八、大正四年度ノ九六、大正三年度ノ一一六ニ比スルニ何レモ順潮ナル結果ヲ示シ本業務開始当初ノ明治四十一年度収入一〇〇ニ対シテ支出二六一、ニ較ブレバ隔世ノ感アリ而シテ本年度ノ収益金八一、〇六三、二八五円ヲ算シテ前年度ノ二一三、六六二円ニ五倍シ大正四年度収益金四六、三二六円大正三年度ノ損失金六九、〇七三円ニ比スルニ何レモ霄壌ノ差アルヲ見ルベシ

No.

大正二年十月以降四ケ年半ニ亘リテ当所ノ経営シ来リシ南北支那沿岸航路及臨時航路ハ本年度末大正七年二月十二日ヨリ十六日ノ五日間ニ所属船舶三隻並ニ事務共ニ大連汽船株式会社へ譲渡シ引継ヲ了セリ

戦後ノ東洋ニ於ケル海運界ノ中心市場ガ上海香港ヲ去リテ新嘉坡ニ移リツツアルノ趨勢ガ客年度初頭ヨリ漸ク顕著ナルニ至リ該港ガ対欧洲対亜米利加、対濠洲対東洋各港トノ間ノ中継中心点タラントスルノ情勢ハ一般ニ認ムル所トナレリ

当会社ノ大鉄道策ノ第一期計画トシテ明治四十一年八月十日以降過去十ケ年間ニ亘リテ経営シ来リシ当大連上海間ノ航運事業

0022　B列5　28字×10　南満洲鐵道株式會社　(15.3.3,000冊)

No.

モ新喜坡間トノ第二期計画ニ入ル機運ノ愈々熟スルヲ見ルニ至レリ

八　大連青島上海航路

本年度ノ大連青島上海航路ハ往復九四航海ニシテ前年度ニ比スルニ六航海ヲ減セリ内ニ神戸丸四一、五航海榊丸四八航海ト外ニ臨時傭船鹿島丸四航海並ニ日勝丸ノ上海当港間一回ヲ含ム

本年度ハ已述セシ如ク戦乱ノ反響トシテ運賃界ハ高騰ヲ續ケタルヲ以テ之ニ適應センカ為ニ六月一日七月一日並ニ十二月一日ノ三回ニ亘リテ運賃ヲ改正実施セリ

本航路傭船神戸丸(総屯数二、九二三屯)ハ大正六年五月四日ヨリ長

No.

崎ニ於テ特別検査ヲ受ケ六月十一日終了仝月十三日当港帰着、十五日就航シ以降十二月廿四日ヨリ卅一日翌年一月八日ヨリ十三日二月十九日ヨリ二十五日ノ三回汽鑵掃除ノタメ当港ニ於テ入渠シ各々週日ヲ費セリ

榊丸（総屯数三四〇一屯）ハ大正六年六月十四日当港ニ於テ入渠定期検査ヲ受ケ七月九日終了即日出渠第一八三次航ニ就ケリ

傭船鹿島丸（総屯数六三五一屯）ハ大正六年五月一日横浜ニ於テ傭セ九日当港着特別受検中ノ神丸代船トシテ六月卅日迄就航仝日

勝丸（総屯数一四一二屯）ハ大正七年一月十二日上海ニテ傭ヒ神戸丸欠航ノ代船トシテ麦粉外一九七六屯ヲ積載仝日上海出帆十九

No.

日当蓬着揚荷翌廿日傭船ヲ解除セリ

本航路ノ輸送成績ヲ見ルニ貨物ハ一五七、七八六屯ニシテ前年度ト伯仲スレトモ前々年度ニ比スレバ一五、一〇八屯ノ減少ナリ然ルニ其ノ運賃ハ一、四九五、六六三円ニシテ前年度ニ比スルニ六七四、三〇七円、前々年度ニ比スレバ九五八、九六三円ノ増加ニシテ二倍乃至三倍ニ当レリ

右輸送貨物ノ内容ヲ見ルニ往航ハ七四、三五三屯復航ハ八三、四三三屯ニシテ各々伯仲シ当蓬上海相互間ハ一四三、一六四屯ヲ算シテ全体ノ九割一歩ニ達シ当蓬青島相互間ハ四、五四八屯青島上海相互間ハ一〇、〇七四屯ナリキ

ヨ－0022　B列5　28字×10　南満洲鐵道株式會社　(15.3.3,000冊 納期)

No.

取扱貨物ノ主要ナルモノヲ示セバ往航ニハ豆粕二〇、四九二屯、大豆一三、五六三屯ニシテ食料品五、二五四屯、葭五、六三七屯之ニ継キ復航ニ於テハ麦粉一四、六八八屯、葭一三、九四七屯ヲ主トシ麻袋ノ六、三〇三屯、油類ノ四、〇五八屯、米四、二二七屯之ニ次ク茲ニ注意スルニ足ルハ例年ニ其ノ類例無キ上海豆油一、九八〇屯、青島豆油一三五屯、計二、一一五屯ヲ輸送セシコトニテ漢口産ノ野菜及獣类ノ油脂ト共ニ更ニ当港ヨリ米国ヘ仕向ケラレタルモノナリ

旅客　八二四、六二三人ニシテ前年度ヨリ四、五三一人、前々年度ニ比スルモ一〇、二八八人ノ増加ニ当リ其ノ運賃収入三五七、八七六円モ亦前年度ヨリ一一二、八三五円、前々年度ニ比スルモ一九七、〇五

No.

八円ノ増加ニ当レリ
右輸送旅客ノ内容ニ付テ見ルニ往航ハ一四、一五一人復航ハ一〇、四七二人ニシテ之ヲ輸送区域別ニ見ルニ上海当港相互間ハ一一、六四七人ニシテ全体ノ四割七歩ヲ占メ青島当港相互間八、九一四人之ニ継キ青島上海相互間ハ四、〇六二人ナリ。
旅客ヲ待遇別ニ見ルニ一等三、八一〇人二等二、七五三人ニシテ三等旅客一八、〇六〇人ハ全体ノ過半ニ達セリ
郵便物ハ八、一二三個ニシテ前年度及前々年度ノ五分ノ一ニ垂ントスル減少ニシテ往航ハ四、六九三個復航三、四三〇個ナリ当港上海間ハ四、一一一個ニシテ当港青島間三、三〇八個青島上海間七〇

ヨ－0022　B列5　28字×10　南滿洲鐵道株式會社　（15. 3. 3.000冊）

No.

四回ナリ

二、華北支那沿岸航路

本年度ノ華北支那沿岸航路ハ往復二十二航海ニシテ前年度ニ比スルニ一航海前々年度ニ比スルモ二航海ヲ減ゼリ内ニ泰平丸一二航海神王丸八航海、鹿島丸二航海ヲ含ム

本航路及臨時航路ハ前項ニテ述ベシ如ク本年度末ニ大連汽船株式会社ヘ譲渡シ二月中旬ニハ何レモ引継ヲ了セリ

本航路編船泰平丸（總噸数三、四二四也）ハ大正六年六月十五日船渠ニ於テ定期検査ヲ受クル為△日一時解編シ七月十四日検査ヲ了エ当港ヘ来着再編ノ上翌十五日第三次航トシテ香港向就行シ大

No.

正七年一月二十一日臨時航路ヘ振替ヘ仝年二月十七日午前六時（残水一五屯 残炭一六〇屯）当港ニ於テ大連汽船会社ヘ引渡セリ

本船ノ本年度航海日数ハ一六六日停泊日数一一〇日ニシテ其航海里程三一、八四五浬ニ達シ焚料炭五、九四八屯五分ヲ費消シ一日平均三二屯八ニ当リ速力ハ一時間八浬ナリ而シテ其ノ積載貨物ハ六、二七六二屯ナリキ

傭船神王丸（総屯数二、一九九屯）ハ大正六年五月七日横浜ニテ傭船シ仝月十四日当港着本航路ニ就キ大正七年一月二十日船主ニ於テ定期検査ヲ受クル為一時解傭因ノ島入渠二十八日ヲ費ヤシテ二月十六日出渠再傭ノ上仝日午後二時（残水二〇屯 残炭二二七屯）仝港ニ於テ大連汽

船会社ニ引渡セリ。本船本年度ノ航海日数一一九日停泊日数八〇日ニシテ其ノ航海理程ハ二〇、九七一浬ニ達シ焚料炭六三二八屯ヲ費消シ一日平均一七屯九ニ当リ速力ハ一時間七浬四ナリ而シテ其ノ積載貨物ハ三九、三〇九屯ナリキ

傭船鹿島丸（総屯数六三五一屯）ハ大正六年五月一日横浜ニ於テ傭ヒシ以来大連青島上海航路ニ使用セシガ仝年六月三十日ヨリ臨時航路ニ振替ヘ更ニ十月二十日ヨリ十一月十日迄十二月廿日ヨリ大正七年一月廿一日迄本航路ニ振替ヘテ当港香港牛荘間ニ就航セシメ大正七年二月十二日正午（残水四〇屯 残炭九〇屯）当港ニ於テ大連汽船会社ニ引渡セリ本船ノ本年度航海日数八三一日停泊日数八一七

No.

日ニシテ航海浬数五八二〇浬ヲ算シ焚料炭ハ六四二屯一日平均一八屯七ナリ而シテ其ノ積載貨物ハ八六一八屯ナリ

本航路輸送成績ヲ見ルニ貨物ハ一一〇、六八九屯ニシテ前年度ヨリ一八、三二一屯前々年度ニ比スルモ一〇、四六〇屯ノ増加ニ当リ其ノ運賃収入モ亦一、一〇三、八〇九円ヲ算シテ前年度ニ比スルニ五〇九、二九五円前々年度ヨリ七七五、九八七円ノ増加ニシテ何レモ二倍乃至三倍ニ餘レリ

右輸送貨物ノ内容ヲ見ルニ往航ハ七四、四三九屯ニ達シ内大連積六五、四六七屯ヲ含ミ復航ハ三六、二五〇屯ニテ当港揚一八、七九五屯アリ而シテ上半期輸送数量ハ六四、六一七屯ヲ算シ下半期ハ四

No.

六、〇七二屯ナリキ
取扱貨物ノ主要ナル品種ヲ示スニ往航ハ当港並ニ青島積石炭ノ廣東揚五〇、九九七屯ヲ最トシ当港積大豆ノ香港基隆揚八、二八八屯満洲豆粕ノ基隆揚二、八九〇屯山東積食料品ノ香港揚三、六三〇屯山東塩ノ山東当港牛荘揚一〇、四八二屯ヲ主トシテ香港積麻袋ノ当港外揚七六五四屯上海積空罐ノ当港揚五〇〇〇屯ハ之ニ次グ

旅客　八二、〇八四人ノ便乗客ヲ取扱ヒ前年度一九九三人大正四年度ノ二三八四人大正三年度ノ一一〇三人ニ比スルニ何レモ一長一消ナリ而シテ其ノ運賃収入八五、四六三円ニシテ前年度ノ二、九

No.

三二円大正四年度ノ四、〇五八円、大正三年度ノ一、一三五円ニ比スレバ何レモ二倍乃至数倍ニ近シ
右便乗客ハ山東苦力ノ甲板扱ニテ満洲ヘ渡ルモノヲ主トシ勢ヒ復航ニ多ク一、八八三名ヲ算シ往航ニハ一九八人ノミナリキ本年度上半期ハ一、六三六人ニテ過半ヲ占メ下半期ハ四四八人ナリ。

ト、臨時航路

本航路ハ華北支那海運界ノ戦乱ニ因ル急激ナル変調ヨリ生ズル船腹ノ餘剰ヲ臨時ニ利用スルノ策トシテ本年度初頭ヨリ営ミシモノニシテ三隻ニテ往復十航海半ヲ為セリ。内鹿島丸ハ往復六航海半神王丸往復三航海泰平丸往復一航海ヲ含ム

No.

本航路所屬傭船ノ就航狀態ヲ示セバ如下（右側日附入港 左側日附出港 朱記他航路）

鹿島丸 大連 大正六年六月三〇日 神戸 七—一五 七—一〇 大連 七—一四 七—一八 横浜 七—二五 七—二六 小樽 七—三〇 七—三〇 止別 七—三一 八—二 小樽 八—四 八—四 函館 八—五 八—六 名古屋 八—一〇 八—一二 唐津 八—一三 八—一四 直江津 八—一七 八—二〇 伏木 八—二二 八—二二 浦塩 八—二四 八—二七 請水 九—二 九—五 門司 九—九 九—八 大連 九—一二 九—一三 横浜 九—一九 九—二三 小樽 九—二七 九—二八 猿拂 九—二九 十—四 小樽 十—五 十—五 神戸 十—一二 十—一三 門司 十—一四 十—一五 大連 十—一八 十—二〇 —香港航路— 牛荘 十一—一〇 十一—一四 大連 二—一五 二—一六 神戸 二—二三 二—二四 因島 二—二五 二—二九 門司 一二—二二 一二—二四 大連 一二—二六 二—二六 —香港航路— 大連（大正七—一—一）一—二三 横浜 一—三〇 二—四 大連着大正七年二月十一日翌十二日大連汽船会社ヘ引継グ

本船ノ本年度航海日数八一〇。〇日停泊日数六五日ニシテ航海里程一九、二三四哩ニ達シ速力ハ一時間八哩ナリ焚料炭八二、四二九

No.

也ヲ費消シ一日平均一八也七歩ニ当リ其ノ貨物積載高ハ二七、七
一九也ナリ
神王丸 大連 大正六-九-四 九-一五 浦塩 九-一二 九-二六 大連 九-一三 九-二七 — 香港航路 — 牛荘 一〇-八 一〇-一二 大連 一〇-一三 一〇-一三 横浜 一〇-一三 二-八 大連 二-一五 二-七 — 香港航路 — 大連 大正七-一-五 基隆 一-九 一-一五 因島 一-二〇 大正七-二-一 入渠安検
ヽ大連汽船会社ニ引継グ
本船ノ本年度航海日数ハ四一日停泊日数一八日ニシテ航海里程
七、七〇四浬ニ達シ速力ハ一時間七浬八歩ナリ焚料炭ハ八七.五也
ヲ費消シ一日平均一九也二歩ニ当リ其ノ貨物積載高ハ九五九六
也ナリ
泰平丸 大連 大正七-一-一三 基隆 一-一六 一-一九 打狗 二-一三 一-二七 大連 二-一三 大正七-一-二七 ヽ大連汽船会社

ター0022　B列5　28字×10　南満洲鐵道株式會社　(15.8.3,000冊 …)

No.

ヘ引継グ

本船ノ本年度航海日数ハ一二日停泊日数一三日ニシテ航海理程八二、一二五浬ニ達シ速力ハ一時間七浬八歩ナリ焚料炭ハ四九八屯五分ヲ費消シ一日平均三五屯六ナリ而シテ其ノ積載貨物ハ八、一五二屯ナリ

本航路輸送成績ヲ見ルニ其ノ取扱貨四五、四六七屯ニシテ運賃收入六〇〇、六四七円ニ達セリ内往航ハ二五、八七〇屯ニシテ内ニ大連積二二、六三〇屯ヲ含ミ復航ハ一九、五九七屯ニテ大連揚一〇、八四九七屯ヲ含ム

取扱貨物ノ主要ナル品種別数量ヲ見ルニ往航ニハ当港及牛荘積

No.

豆粕二二、二七一屯ヲ最トシ当港積横浜揚石炭二、七二六屯之ニ次ギ復航ニハ浦塩積当港並ニ清水揚大豆五、五九一屯ヲ最トシ打狗並ニ本邦積当港揚砂糖四、八六七屯止積名古屋揚木材三、〇〇〇屯唐津積直江津揚石炭二、九〇〇屯ハ之ニ次グ

整備項目	水運港灣—建營		
索引番號	15	文書番號	21—1

備考	件名
	大正七年度大連埠頭概況報告書

B列5　　(12. 7. 5,000枚 松浦屋納)

No.

大正七年度大連埠頭概況報告書

南満洲鉄道株式会社

埠頭事務所

大正八年五月二十日

目次

附図　大連埠頭図ー大連埠頭要覧ー大連青島上海航路調

No.

b 施設工事　三二頁

(ロ) 埠頭着離船舶　三三頁

(ハ) 船舶輸出入貨物　三五頁

(ニ) 埠頭着発貨車貨物　三八頁

(ホ) 埠頭集散貨物　四二頁

a 埠頭貨物収容施設－b 埠頭豆糟検査

c 豆糟混合保管　d 貨物火災保険ト埠頭火災

e 埠頭石炭取扱状況　五〇頁

(ヘ) 埠頭雑作業　五一頁

(ト) 埠頭従業員及使役労働者　五二頁

No.

3. 海運

(イ) 海運界ノ近勢　五四頁

(ロ) 海運（上海青島大連航路）概況　五五頁

以上

No.

一　大連港ノ現勢

星霜ヲ閲スル事五個年地域ハ殆ンド全世界ニ亘リ契ノ動員四千三百五十万人戦費ニ千九百四拾億円ヲ算スル世界未曽有ノ大戦ハ軍備ノ競ニ其ノ端ヲ発シテ物質ノ闘トナリ駈腹ノ争ト化シ了テ本年度後半期即チ大正七年十一月十一日ヲ期シ休戦條約ノ締結ヲ見茲ニ一段落ヲ告ケタルモ争闘ハ更ニ思想上ニ展ビテ今日ニ及ベリ

大正三年八月開戦ヨリ二閲年軍備ヲ中心トシテ競ヒシ時代ハ欧洲ニ於ケル聯合対協商側ノ戦闘ニ過ギズシテ極東ニ位置スル當大連港ハ大正三年八月二十三日本邦ノ山東問題ニ付キ参戦聯合

側ニ参加同年十一月七日青嶋ヲ我カ手ニ収メテ以降戦時状態ヨリ来ル特種ノ影響ヲ感ズルコトサナク対独逸トノ貿易関係ノ断絶ガ「スカンジネービア」半嶋諸港並ニ北海ニ面スル中立国諸港トノ間ニ著シキ大豆輸出貿易ノ増進ヲ来セシ位ニシテ外ニ毎年入港セシ三拾万噸内外ノ独逸船腹ヲ失ヒシニ過ギザリキ然ルニ戦闘ノ経過ガ英国ノ募兵動員次第ニ整ヒ軍国トシテノ準備成ルニ、及ンデ対立持久戦トナリテ延ヒテ戦争ノ関係方面ニ著シキ展開ヲ見其ノ争闘ノ中心ガ戦争資源ノ多寡ト需給継續ノ期間ノ長端ニ置ルルニ至リ物資ト船腹トガ中心トナツテノ争闘時代ヲ生シ聯合国ノ北海封鎖ハ独逸ノ諸艇ニ據ル無制限商船撃沈策ヲ以テ呼

ヨ－0022　B列5　28字×10　南滿洲鐵道株式會社　（15．3．3．000冊　処用紙）

No.

應セラレ茲ニ交戦諸国ハ物資動員並ニ戦時節約令ヲ実施シテ後シテ船舶ノ国家管理策行ハレ輸出入貨物ノ制限令ハ聯合諸国ノ間ニモ断行シ対敵取引禁止令ノ徹底ハ黒表制《ブラックリスト》ヲ生ジ之ヲ実行スルニ至レリ茲ニ当港ト西欧諸港殊ニ「スカンヂネービヤ」半島並ニ北海ノ中立国諸港トノ貿易関係ハ英国ノ実力封鎖ニ拠リ中断セラレ仝時ニ其他ノ欧洲諸国トノ貿易及ビ海運関係モ輸出入貨物禁令並ニ船舶国家管理令ト潜艇商船破壊策ニ因リテ全ク断絶スルニ至レリ

爾後漸ク戦争ノ中心ハ船腹ノ争闘時代ニ入リ大正六年二月一日独逸ノ無限商船破壊策ヲ宣言実施スルヤ一ヶ月ニ克ク八十餘万

噸ノ船腹ヲ屠リ得ルヲ実證シ聯合国ノ造船力壱噸ニ対シテ獨逸ノ商船破壊力ハ参屯ヲ超エルノ趨勢ヲ示シ聯合諸国ハ之ニ策應セムガ為メニ海上輸送貨物ノ制限船腹ノ節約輸送能率ノ向上並ニ運賃傭船料船價ノ調節ヲ画シ潜艇ノ被害ニ対シテハ商船ノ武装並ニ保護色電光型航路海軍ノ警邏スル隊列航海等ノ方法ヲ案ジ更ニ造船ニ関シテハ諸国共ニ凡有ル方策ヲ講シテ其ノ造船能力ノ増大ヲ図リテ海運力ノ保存ト増進ニ努メタリ

這回ノ間戦争ニ基因スル聯合国ノ船腹ノ滅失ハ八千五百五万三千七百八十六屯（英国商務院調査自大正三年八月至大正七年十月迄ヲ算スルニ加エ米国ガ独逸ノ商船無制限破壊策ノ実施ニ対シテ

No.

大正六年四月六日意ヲ決シテ起ツニ及ビ遣兵二百万噸数一千万
也ノ船腹ノ急需ニ遭ヒ海洋ノ航船舶ノ三百万噸ニ満タサル末也
八百万ニ造船壱千万也計画ニ着手セシモ緊急ノ要ニ応シ難ク極
カ東洋及ビ西欧ノ船腹ノ吸収ヲ企テ本邦モ聯合ス共同策挙ノ意
味ニ於テ米ガ政府ノ切望ヲ容レ同年度末ニ二十三隻十五万千百
六拾六也ノ船腹ヲ提供シ之ト前後シテ更ニ本邦造船業者ノ米ガ
ニ対スル一隻九万九千百五拾也ノ船鉄交換ヲ見東洋ノ船腹ノ
大部分ガ西欧ノ軍用ニ供セラレツツアル際トテ同年拾月一日実
施セシ本邦ノ船腹ガ所管理モ其ノ効果数ナク当地ノ如キモ不鮮
船腹ノ不足ヲ感ズルノ餘義無キニ遇ヘリ

如斯交戦国勝敗ノ数ハ船舶ノ建造力ト破壊力ノ消長ニ決スル事トテ協商国ハ大型ノ潜艇建造ニ努力シ聯合諸国ハ一斉ニ造船ニ力ヲ傾ケテ米国ノ如キ従来造船ニ経験乏シキ国ニ於テ一ケ年ニ克ク二百万屯ヲ建造シ本邦ノ如キモ十倍ニ餘ル造船力ヲ十有餘万屯ヲ算スルニ至レリ

斯クテ昨年夏来ニハ漸ク破壊作業ガ造船力ニ一籌ヲ輸スルニ至茲ニ船腹ノ争闘ハ聯合国ニ勝算ヲ見本年夏来休戦条約ヲ締スル迄ニ聯合国側ハ百八拾壱万千五百八拾四屯ノ船腹ノ減退ヲ来シテ落着スルコトヲ得タリ

英国政府ノ発表セシ戦時中聯合国船腹増減趨勢ノ内容ニ據レバ

No.

（大正三年八月以降大正七年十月迄）単位総屯千屯

年次	喪失船	補缺船 建造船	補缺船 拿捕船	補缺船 計	差引増
大正三年	七〇九千屯	一〇一二千屯	七三三千屯	一、七四五千屯	一、〇三六千屯
〃四年	一、七二四	一、二〇二	一〇五	一、三〇七	四一七
〃五年	二、七九七	一、六八七	四四二	二、三〇七	六六八
〃六年	六、六一九	二、九三七	一、一一二	四、〇四九	二、五七〇
〃七年	三、一九八	四、〇〇八	—	四、〇〇八	八一〇
交戦中総計	一五、〇五三、七八六	一〇、八四九、五二七	二、三九二、六七五	一三、二四二、二〇二	一、八一一、五八四

而シテ現在ノ世界船腹ハ戦前ノ四千三百八拾七万二千噸ニ比シテ三百九拾八万屯ノ減少ヲ来シ三千九百八拾九万一千屯トナルヲ

No.

示セリ

茲ニ主要海運國ノ船腹ヲ戰前後ニ比較スルニ（遞信省調査單位現在 數ハ千噸）

國籍	戰前	戰後	比較增減
英國	二〇、五二三	一六、〇二三	三、五〇〇
米國	四、三三〇	七、七七七	三、四四七
獨逸	五、一三四	三、六四五	一、四八八
日本	一、七〇八	二、二〇〇	四九一
諾威	一、九五七	一、五〇二	四五〇
佛國	一、九二二	一、四九八	四二四
伊國	一、四三〇	一、四八八	五八

ヨ－0022　B列5　28字×10　南滿洲鐵道株式會社　（15. 3. 3,000冊）

No.

和蘭　一、四七一　一、三二八　、一四二

漁場ノ如ク本邦並ニ米伊両ホヲ除キテ世界ノ何レノ地モ甚ノ船腹ニ多少ノ減退ヲ示セリ、

而シテ本邦ノ戦時中ニ於ケル船腹ノ推移ト当港ヘ来航船腹ヲ見ルニ

年次	隻数	総屯数	大連港来航船腹 隻数	大連港来航船腹 総屯数
大正三年	二、三三二隻	一、八五三、四二五屯	二、二〇〇隻	三、八三八、〇七八屯
〃四〃	二、三二五〃	一、八七二、八五九〃	二、一二三〃	三、四六一、五三〇〃
〃五〃	二、三四五〃	一、九九九、七九九〃	一、九四二〃	三、〇九五、二五七〃
六〃	二、三五三〃	二、〇二一、〇三六〃	二、〇一九〃	三、一八七、二五五〃

ヲ－0022　B列5　28字×10　南滿洲鐵道株式會社　(15・3・3,000冊 旅順製)

No.

大正七年	二、八〇五隻	二、四八二、三三五屯	二、五一六隻	二、四七三、三九七

ニシテ大正三年八月ヨリ大正七年十一月ニ至ル戦時中ノ本邦船舶総屯数二千屯以上ノモノノ増減セシ内容ヲ見ルニ其ノ増加船腹ハ

（船舶総屯数）

新造船	八七八隻	一、三三六、三五一屯
外国買船	七八隻	二二、四〇八屯
其他	五〇隻	一二、六七九屯
合計	一、〇〇六隻	一、三七一、四三八屯

ヨ－0022　B列5　28字×10　南満洲鐵道株式會社　（15. 8. 3,000冊）

No.

而シテ其ノ減少船腹ハ

戦禍喪失船　三一隻　一二八、四一七屯

海難喪失船　一六〇隻　一六五、二〇〇屯

外国賣船　二八四〃　三九二、〇九四〃

其他　一八二〃　二一、六八九〃

合計　五六二〃　七〇七、四〇〇〃

ニシテ差引四百四十四隻其ノ総屯数六拾六万四千三拾八屯ノ増加ニ当レリ而シテ本年度末（大正八年三月三十一日現在総屯数一千屯以上ノ船舶現在ノ我管理令下ノ船腹ハ六百七拾八隻其ノ総屯数ハ二百五万三千百六拾壱屯ヲ算シ近海航路三百七拾二隻七拾五万八千

No.

百三拾七屯ニシテ遠洋航路ハ二百八拾六隻百二拾四万二千六百五拾八屯外ニ入埠中ノモノ拾七隻四万四千五百四拾二屯坐礁中ノモノ三隻七千八百二拾三屯アリ

而シテ本年度当港来航船腹ハ二千七百二拾九隻三百六拾四万一千九百三拾三屯ノ内其ノ九割ハ邦船ニシテ二千三百三拾四隻三百二拾三万七千百九拾壱屯ヲ算セリ

如斯船腹ヲ中心トシテノ争闘ノ苦ニ處シテ本邦ノ海運界ハ世界第四位ノ海運力ヲ保持シ其ノ間昨年度末ヨリ本年度ノ如ク遠洋航路大型船ガ戦前ニ二拾五倍スル一重屯四拾五円ノ傭船料ヲ得テ世界至ル所ニ新航路ヲ開拓シ「ピーオー汽船」「青島汽船」「ローヤ

ヨ－0022　B列5　28字×10　南満洲鐵道株式會社　(15. 3. 7,000冊 …)

No.

ルメール汽船「ペンライン」「モーガル汽船」「北独逸ロイド汽船」「漢米郵船」等ノ世界一流ノ大汽船会社ノ経営セシ対欧米東洋航路並ニ世界一巡航路ニ殆ンド邦船ノ加ハラザルモノ無ク日本郵船大阪商船其他何レモ相当ニ固キ根底ノ上ニ立ツヲ得ルニ至リ加フルニ船價一噸也九百円台ヲ超エタル戦時ノ特種ナル刺激ニ遭ツテ著シク増進ヲ来セシ本邦ノ造船力ハ現在三拾七箇所ニ千噸以上ノ造船壱百三拾二台ヲ算シ戦後ノ詢沐ニ遇フモ数十万屯ノ建造能力ヲ有シ得ベシ「船腹」「航路」「造船」共ニ世界海運界ニ対シテ一個ノ権威タルニ至レリ

惟レ戦後ノ世界経済戦ニ処セムトスル本邦ノ一個ノ大ナル強味

ョ－0022　B列5　28字×10　南滿洲鐵道株式會社　（13. 3. 3.500冊 納吋）

No.

タルヲ失ハズシテ当港ガ戦前ニ有セシ外ケ船腹ニ據ル対欧米間ノ貿易並ニ海運関係ヲシテ或程度近邦ニ代ヘ得ベク更ニ此関係ノ發展ニ貢献スル所鮮少カラザルベシ

之等船腹ヲ中心トシテノ争闘ニ前後シテ天然資源即チ各民ノ生活必需物資ト戦争資源ノ需給分配ヲ中心トスル争闘ヲ生シ英ケ初メ佛伊ノ諸ケハ聯合側ノ共同策謀ニ據リ辛シテ其ノ海運力ヲ保持シ從来ノ需給関係ヲ保ツテ其ノ渦中ヨリ脱スルコトヲ得タリシモ露ケハ先ツ之レニ遭ヘ前年度上半期末ニハ共和政体ノ革命運動ヲ生シ大正六年九月十×日ニハ遂ニロマノフ王朝ヲ覆没シテ共和政府ヲ樹立シ再三政変ト擾乱ノ裡ニ更ニ米ケノ軍需援

No.

助ノ中絶ニ遭ヒ資源ノ窮乏ハ過激派政府ヲシテ大正七年二月廿四日「ブレストリトウスク」條約ヲ締セシムルニ至レリ茲ニ当港ノ後背地経済状態ノ開戦以来三箇年ノ平静ヲ破リ初メテ戦時ノ変態ニ移ラシムルニ至レリ即チ対独逸単独講和ハ聯合也ノ満洲里及「ポクラニーチナヤ」関閉鎖トナリ過激派ノ跋扈ハ東漸シテ東部西伯利亜ヨリ極東露西亜北満洲ニ及ビ此ノ地方ノ中心的物資ノ集散市場ナル哈爾浜モ奪掠徴發盛ニ行ハレ為ニ市場ノ中心ハ長春ニ移ルニ至リ一面浦塩両港ハ大正五年輸入軍需品ノ堆積ニ港湾トシテノ機能ノ半ヲ失ヒ加フルニ右擾乱ノ厄ヲ蒙リ更ニ「ポクラニーチナヤ」関ノ閉鎖ヲ見テ全ク北満東露ノ物資呑吐

No.

港トシテノ用ヲ爲サザルニ至リ當港及釜山港ハ之ニ代ハルニ至レリ於茲聯合國ハ本年ノ初即チ四月五日浦港ニ陸戰隊ヲ上陸セシメ過激派一味ノ跋扈愈々加ハルヤ接壤ノ秩序回復ノ爲八月二日西伯利亜出兵ヲ宣言シ翌月五日ニハ巳ニ皇軍ノ手ニハ「ハバロフスク」ヲ八日ニ「チタ」ヲ收ムルニ至レリ

其後ニシテ本年度中半九月四日ヨリ月餘ニ亘リ東清鐵道全線ハ同盟罷業アリテ開戰未着ハシク麻痺シツツアリシ運輸機能ヲシテ全ク爲ス無キニ至ラシメ時恰モ穀類ノ收穫期ニシテ爲ニ東清沿線ハ滿洲特産物ノ堆積スルモノ本年度末ニ懸ケテ五拾五万噸ニ達セリ。

4-0022　B列5　28字×10　南滿洲鐵道株式會社　(14. 8. 3.000冊 納所納)

No.

由来当港ノ背後地タル東三省及東蒙四盟ハ穀類其他ノ農産物ヲ例年壱千五百九拾八万屯内外産出シ内高粱四百四拾万屯粟三百万屯ハ満洲山東並ニ朝鮮ニ於ケル支鮮人ノ糧食ニ供セラレ百四拾四萬屯ノ包米四拾三万屯ノ大麦九拾五万屯ノ小麦其他ハ多ク満洲内地ニ消費セラレ南北満洲経済上ノ原動力ナル二百五拾八万屯内外ノ大豆ハ奉天省ニ百弐拾万屯吉林省ニ六拾九万屯黒龍江省ニ三拾九万屯其ノ他ハ東蒙四盟ニ産シ天然ノ分界ハ更ニ松花江ニ於テ南北ニ分レ南部及東蒙ニ二百万屯北部黒龍江平野ニ五拾余万屯ヲ産セリ而シテ例年東清沿線ヨリ浦港並ニ尼港ニ流出スル大豆ハ松花江以北産四拾万屯ニシテ江南産豆ハ大連ニ百

No.

貳拾万屯營口ニ四拾万屯ニシテ彼ハ滿洲内地ニ種子其他ニ消費
セラル然ルニ開戰後ニ関シ前述セシ如ク浦塩両港ハ未ダ軍需品
ノ壓倒スル所トナリテ商港トシテノ機能ヵ麻痺スルヤ四拾万屯
ノ江北大豆ハ次第ニ南下当港ニ集散スルニ至リ仝时ニ生活必需
物資モ亦当港ヲ経由スルモノ多ク加フルニ輸出船腹ノ潤沢ナラ
ザルガ原因シテ本年度初頭五月十六日ニハ当埠頭ニ四十五万八
千三百五拾八屯（内含石炭一九五〇屯）ノ保管貨物ノ堆積ヲ見本年度ヲ通
シテ二拾五万屯内外ノ堆貨ヲ擁シテ年度末ニ至リ此ノ间変態経
済状態ヨリ来ル取扱貨物ノ激増ト冬季中ノ貨車焼損軍事輸送等
ガ因果スル社線輸送力ノ低下ハ年度末ニ於テ当会社鉄道沿線ニ

ﾀ－0022　B列5　28字×10　南満洲鐵道株式會社　（15.3.3,000冊 ……）

No.

百貳拾万屯ノ堆積貨物ヲ生シ東清沿線ノ五拾万屯ヲ加フレバ大部分社線ニ據リ当港ニ輸送セラルベキ満洲特産物ノ堆貨百八拾万屯ニ達シ之ニ対スル会社ノ應急策ハ夫々施サレタリ
本年度八月一日浦塩貨物輸出入委員会ヲ同地領事團税関沿海洲ゼムストウオ」参事会ノ三者ニテ組織シ臨時輸出入取扱規則ヲ制定シ港湾機能回復ニ盡ス所アリシガ本年度末迄何等見ルベキモノナカリキ
此ノ外大勢ノ推移ニ伴フ背後地ノ運輸交通状態ノ変化ニ就テ見ルニ昨年度大正六年八月一日当会社ノ附託管理セシ朝鮮線ハ本年七八月初旬来軍事特別大輸送ヲ為セシガ九月廿六日ヨリ平調

ヨ－0022　B列5　28字×10　南滿洲鐵道株式會社　(15.3.3,000冊)

No.

ニ複シ鮮線経由満洲輸入貨物ヲ取扱ヲ見ルニ至リ昨年度十月十ニ日管理セシ吉長線ハ大正七年七月十六日ヨリ貨客運賃五割方ノ値上ゲヲ実施シ我ガ吉会鉄道借款像備契約ハ六月十九日締セラレ更ニ本邦ノ京奉鉄道ニ千万円借款モ七月一日締結セラレタリ而シテ西伯利亜出動ノ我軍ハ本年九月十八日ニハブラゴエスチエンスクヲ占領シ仝月二十二日ニハ黒龍江鉄道全線ヲ掌握スルニ至リ十月十六日西伯利亜鉄道管理委員ノ商議ノ結果一時仮ニ仝線ヲ我ガ手ニ管理スルコトトナリ大正八年三月十四日仝委員会ハ更ニ管理区域ヲ協定シ本邦ハ哈市長春間「ニコリスク」「ハバロフスク」「チタ」間ヲ米セハ「ニコリスク」哈西「チタ」「オムスク」間ヲ管

理シ「浦潮」「ニコリスク」間ハ日米両国管理ニ決定セリ

昨年度末露ノ軍独講和ヲ成スヤ聯合国ノ要求ニ據リ閉鎖セシポクラニーチナヤ及満洲里、刺哈蘇々ノ三税関ハ本年六月二十日再ビ之ヲ開キ十月ニ入リテ露支北邊モ我軍ノ出動ニ因リ秩序ヲ回復セシヲ以テ仝月七日仝方面ノ税関ヲ再会セリ

本年度初頭ニ於テ黒龍江及松花江ノ河船ヲ邦人ノ手ニ買収スルモノ不鮮ザリシガ之ニ対シテ大正八年三月十八日黒龍洲軍憲ハワノ「コ」ハ軍令ヲ以テ同汽船ノ外人ニ賣却ヲ禁シ賣却セシモノハ其ノ取引ヲ無効トスル旨ヲ發布セシガ実施セラレズシテ年度末ニ及ベリ

No.

然リ而テ這次ノ世界大戦ニ於テ等シク吾人ノ受ケシ幾多ノ教訓中ノ一ハ國トシテ存立スルニ基礎産業ヲ國内若シクハ其ノ勢力圏内ニ確立並ニ維持スルノ極メテ重要ナル事ハ主要ナル一項ニシテ嶋母七ニ於テハ天然資源ノ需給関係ニ制セラレテ所詮企業ノ不可能ニ至リ困難ナル基礎工業ヲ当該ノ後背地ニ於テ解決セムトスルノ趨勢ハ益々年来漸ク瞭トナリ関東洲ノ食塩電化曹達工業鞍山本渓湖製鉄工業満洲産石灰石ノセメント工業満洲バリユームマグネサイドタルク工業撫順其他ノ炭坑撫順ノ石炭及空中窒素固定工業豆油グリセリン分解工業グリセリン硝化工業豆油ノ脂肪酸石鹸工業豆糟ノ蛋白質系工業満洲ノ木材及パルプ工業満

No.

蒙産麻綿羊毛柞蚕ノ動植物繊維工業等ガ大戦ノ後半期物資ノ争闘ヲ目睹スルニ至リテヨリ勃興企画セラルルニ至リ其ノ製品ノ当港ヨリ呑吐シツツアルハ斯ノ間ノ消息ヲ語ッテ餘蘊ナキモノニシテ惟レ吾人ガ大正四年度並六年ノ本報告ニ於テ論ゼシ満洲特産資源ノ高度加工策ノ実現ト謂フヲ得ベク一噸ノ價格三、四十円ヲ出デザル原料級ノ満洲特産大豆雑穀並ニ石炭砿石ヲ例年十月以降半ケ年間ニ亘リシ極メテ繁忙ノ裡ニ取扱フ当港ヲシテ高度加工製品ヲ一ケ年間通ジテ緊張セル平均作業ヲ為シ得ル商港ニ次第ニ向上セシメントスルノ傾向ト視ルヲ得ベク十年前廉價ナル原料品取扱港ノ故ヲ以テ収支辛シヲ償ヒ得ルノ程度迄極度

No.

ニ低下セシ当埠頭ノ港湾諸料金モ取扱貨物ノ負擔能力ノ向上ニ應シテ改メ大勢ニ添フヲ得ルニ至ルナルベシト信ズ

由是觀之当港後背地ノ現勢ノ由ヲ来ル所ヨリ推シテ其ノ近キ将来ノ推移ヲ考察スルニ外門即表門ヨリ来ルベキ来航船腹ノ不足ハ人為的破壊作業ガ大正七年十一月九日「ホーヘンツオレルン」三家ノ覆没ヲ見ルニ及デ仝月十一日全ク停止セラレ一面造船力ハ戦時中ノ急需ニ應シテ異常ノ激増ヲ来シ現在全世ヲ通シテ五百万屯ニ達スルヲ以テ此ノ建造力ハ克ク一兩年ヲ出デズシテ戦前ノ船腹ニ復シ更ニ戦時中ニ激増スベカリシ船腹モ亦補フテ餘リアルニ至ルナルベシ

ヨ－0022　B列5　28字×10　南滿洲鐵道株式會社　（13. 3. 3.000冊 盤谷版）

No.

内部即チ裏門ヨリ来ル当港後背地二十一万方里ノ運輸交通並ニ産業ハ幾多ノ迂餘曲折ヲ経テ推移進展スルモノナルベク殊ニ前者ハ極東大陸現在鉄道獨六千八百八十四哩ノ背髄ナル「ニコリスク」「オムスク」間ノ内千八百三拾二哩ヲ米国ガ其手ニ收メシ事トテ本問題ノ曲折ヲシテ将来一層繁多ラシムルナルベシ惟レ米国ガ「バリマン」ノ世界一週鉄道計画以来ノ歴史的慾望ヲ充タシタルモノナレバナリ

而シテ当港後背地ノ北部ニ於テ本邦ノ優先権ヲ收メシ「ニコリスク」「ハバロフカ」「チタ」間ノ壱千八百哩ノ鉄道ハ黒龍江系烏蘇里江系松花江系ノ河運二千七百五十哩トトモニ「ニコラエウスク」港或ハ

将来「キチ」湖運河ヲ開鑿シテ「デカストル」港ヲ修メ齊黒鉄道並ニ満蒙四鉄道洮昂線ニ連絡スベキ「アレキセーフカ」尼港鉄道ヲ建設スレバ黒龍沿海西洲ノ経営ハ比較的容易ナルニ以タリ

然レトモ北緯四十二度ヨリ五十七度ニ亘ル寒冷地七万千七百十四方里ニ百万ニ足ラサル人口ヲ容シ一方里僅カ二十三人ニ過ギズシテ八十二万町歩ノ耕地ヨリ裸麦小麦燕麦馬鈴薯ヲ六十二万石内外獲ア生活ノ資料トシ漁業ト砂金採集ヲ生業トスルノ現状ガ将来如何程近進ミ得ルヤ頗ル疑問トスル所ナリ

当港後背地タル北満洲ニ於テハ大正三年十月四日露亜ノ借款権ヲ得シ齊黒鉄道三百哩ヲ本年一月十五日黒龍江省督軍「鮑貴卿」ガ未

No.

山ノ後盾ヲ獲テ布設セムトスルノ報傳ハリシガ我洮争熱河線ニ接續ノ上ヨリ見テ優先権ヲ我手ニ収メ置クコトト否ハ将来ノ満蒙鉄道綱政策上ニ於ケル我纒張ノ消長ニ大ナル関係アルハ贅説ヲ俟タザル所ニシテ「黒龍江鉄道」ヲ収メ「尼港」アレキセーフスク「黒河」ノ豫定線ニ着目スルモノハ更ニ痛切ニ之ヲ感スルナリ

吉会線ノ完成ハ清津或ハ羅津湾乃至ポシエツト湾ニ当港ノ後背地ニ対スル補助的海港ヲ開クニ至ルベク満蒙四鉄道中洮争熱河線ガ成ルノ暁ニ於テハ更ニ連山湾ニ并着ト同一ノ性質ノ海港ヲ修ムルニ至ルナルベシ

現在極東大陸二十一万方里ノ海岸線ニハ秦皇島ヨリ以北反港ニ

No.

至ル間ニ十有八ノ港湾ヲ有シ殆ンド一千万屯ノ貨物ノ呑吐ヲ八百万屯ノ船腹ニシナシ其ノ貨物ノ三分ノ一ナル三百万屯ノ取扱ハ当港ガ之ヲ負擔シツツアリ而シテ満洲ノ産業界ガ現在ノ趨勢ヲ以テ進マバ更ニ補助海港ノ二、三ニ其ノ繁栄ヲ頒ツテ補助港トシテ全キ発達ヲ遂ゲシムルノ餘裕充分ナルベシ

然レトモ十八ノ港湾ガ各々全キ発達ヲ遂ゲ更ニ後進諸港ヲ開發助長セムトスルニハ繁栄ノ分堺線即チ後背地ノ縄張ヲ明瞭ナラシメ互ニ運賃其他ノ策ヲ弄シ合ツテ相互ノ繁栄ヲ阻止スルノ弊ヲ避ケ各自分野ノ産業ノ開發ニ努メ繁栄ノ継續ト増進ヲ図ラザルベカラス

No.

於茲吾人ハ極東大陸（満洲三省東蒙四盟、朝鮮極東露西亜三洲）ニ於ケル主要諸港ノ後背地ノ分野ヲ定ムルノ意味ニテ哈市ヲ中心トスル「哈清」「哈浦」「哈連」間ノ適当ナル此際的海港運賃政策ヲ施シ厥ノ妙諦ヲ利用セムトスルハ斯ノ現勢ニ添フニ最モ当ヲ得タル策ナリト信スルモノナリ

No.

一

貳　大連埠頭ノ現在設備

本年度末現在ノ当埠頭主要設備ヲ示セバ　下

一、当港防波堤内水面積　九四万坪

二、埠頭構内面積　四三七、四八四坪八六

三、埠頭岸壁延長（水深二三―三六）　一〇、五五四尺

四、埠頭船舶　小蒸汽船一三隻　総屯数　一、一八〇屯

運貨船二七隻　〃　一、五四六屯

五、船舶給水　給水一六〇栓　給水船三隻　一時間ニ付約三〇屯

六、荷役揚貨機　扛力　一七五―五〇七　二八基

七、貨物収容施設

ヨ－0022　B列5　28字×10　南滿洲鐵道株式會社　（15．3．3.000冊）

No.

倉庫　岸壁上屋　二七棟　一八、五五七坪
　　　貨物倉庫　二七棟　四二、七七一坪　五四棟　六一、三二八坪
野積場　　　　　　　　　三九五　六三、七八四坪
計　　　　　　　　　　　一九三五　一二五、一一二坪
貨物収容能力　　　　　　　　五六一、七七六屯

No.

参、埠頭施設並業務概況

A 港湾

イ 埠頭施設

a. 施設工事

本年度ノ普通施設工事ハ新築セシ倉庫七棟一万一千三百二十坪ヲ主トシテ内岸壁上屋ハ第三十四、五、六号三棟三千五百二十坪ヲ甲埠頭ニ一棟並ニ第二埠頭ニ二棟営築シ貨物保管倉庫ハ第三十七号乃至第三十九号三棟七千五百坪ヲ埠頭構内東堅積場ニ新設シ危険物倉庫第六号一棟三百坪ハ寺児溝危険物保管場ニ増築セリ其他倉庫内部ノ補繕貨物ノ野積保管場所ノ拡張土盛排水渠、木

ォ―0022　B列5　28字×10　南満洲鐵道株式會社　(15.3.3.000冊)

No.

柵、鉄道線路道路ノ新築並ニ補繕ニシテ外ニ係員詰所ノ新築ニ棟増築ニケ所其他港内北西港口防氷材ノ設置埠頭繋船自第一至第二一迄ノ防腐材三十四個調製石油桟橋繋船柱模様替大山通成定埠頭荷揚場補繕工事ヲ営ミタリ

本年度ノ非常施設工事

昨年度末大正七年三月廿一日以来本年度末日ニ至ル迄ニ厳重ナル警備ノ許ニ在リテ前後十四回ノ出火事件續出シ之ガ應急非常施設工事トシテ

(一)野積場警備塔

工費額　金一、一九三円〇四

板木造　六個　大正七年七月八日竣工

ヨ－0022　B列5　28字×10　南滿洲鐵道株式會社　(15.3.3,000冊)

No.

永久鉄造　三個　仝　七年九月十二日竣工

(二)水道消火栓新増設　工費額　金一〇〇、七〇二円〇八

西部野積場　八ケ所　大正七年十二月十七日竣工

乙埠頭　二ケ所　同上

東部野積場　一九ケ所　大正八年三月三十一日竣工

(三)労働者喫煙所増設　工事額　金一〇、六九七円六四

埠頭構内各所二十ケ所　大正七年七月二十一日竣工

(四)消火水槽貨車装置　費額　金七三二円九五

鉄槽(二十屯容)一輛　大正七年六月六日竣工

木槽(二十屯容)一輛　仝　年六月十五日竣工

No.

（五）埠頭貨物保管野積場火災警羅木柵新設　金一八、三九四円八九

東部野積場西界線　大正七年六月廿二日竣工

仝上　分画線　仝　年九月二十日竣工

西部野積場　界線　仝　年十二月三日竣工

（六）倉庫内防火隔壁新設　工費額　金一二8.000円00

（七）火災警羅直通電話新設　大正七年六月廿一日竣工

（八）防火警報電鈴新設　大正七年八月廿五日竣工

（九）防火用自動車購入（大正七年七月購）一輛　金四四六九円00

（十）防火用具貨物取扱詰所備付　大正七年七月実施

大正七年六月実施

（十一）防火道路設定　大正八年一月設定

ヨ－0022　B列5　28字×10　南滿洲鐵道株式會社　（15.3.3.000冊 …）

No.

(十二)埠頭監視支部詰所新設　工費　金五〇三一円四七
二棟(東西両野積場各一棟)大正七年八月廿三日

(十三)事務消防隊新設

丙．施設事項

本年度中ノ主要ナル施設事項如下

(一)埠頭豆糟混合保管條件中ヘ第五項トシテ夏季六月ヨリ九月ニ至ル四ケ月間ハ受入中止スベキ旨挿入本年度ヨリ実施ス
(大正七年二月四日社告第一三九号)

(二)倉庫保管料金中發送預ノ料金拂戻制ヲ改メ特定料金率ノ適用ヲ入庫後三十日以内ニ改メ大正七年十月一日ヨリ実施ス

イ－0022　B列5　28字×10　南満洲鐵道株式會社

No.

(大正七年八月二日社告第四十八号)

(三)埠頭料金表中第九條再輸出貨物ノ十四日分假置料免除規定ヲ廢シ大正七年十月一日以降実施ス(大正七年八月十四日社告第四十九号)

(四)埠頭貨物火災保険会社ハ従来十三社ナリシガ神戸海上運送社外一社ヲ加ヘ大正七年四月一日ヨリ実施ス(大正七年四月二十四日社則第三号)

ロ、埠頭著岸船舶

本年度ノ著埠船舶ハ二、七二九隻其ノ総屯数三、六四一、九三三屯ニシテ戦前大正三年度ニ比スルニ隻数ニ於テハ四四九隻ノ増加ナレトモ総屯数ハ却テ二八一、〇九二屯ノ減少ニ当リ以降ノ各年度ヨリ何レモ七百隻四十万屯内外ノ増加ニシテ本年度ノ船腹ヨリ

ォ－0022　B列5　28字×10　南満洲鐵道株式會社　(15．3．3．000冊)

No.

六五七隻四八七、三五二屯上位ニアリタリ

右ノ内本邦船ハ九割ナル二、三三四隻三、二三七、一九一屯ヲ占メ支那船三二一隻二二四、七五八屯ハ之ニ継キ英蘭露米ノ諸船腹ヲ合セテ満タズ

戦前三十万屯内外ノ船腹ヲ有セシ独逸ハ其ノ跡ヲ断テヨリ本年度ニテ漸ク四星霜ヲ閲セリ

本年度ハ前半期ノ一、二三三隻一、六五八、六三四屯ノ船腹ニ対シテ後半期ニ一、四九六隻一、九八三、二九九屯ニ達シ戦前常ニ見シ現象ニ近ツキツツアルヲ示セリ

本年度末現在ノ埠頭繋船岸壁ハ一〇、七五四尺ニシテ一ケ年前ニ

No.

二二五日ヲ使用セシ割合ヲ示セリ之ヲ前年度ノ一七七日並ニ前各年度ニ比スルニ著シク利用率ノ高マリシヲ見ルナリ而シテ繋船壁一尺ガ本年度内ニ収容セシ船舶總屯數ヲ見ルニ三四五屯ニシテ前年度三二三屯並ニ前々年度ノ三八四屯トハ殆ンド伯仲ノ間ニ在レトモ大正三年度ノ四八八屯ニ比スレバ甚シキ遜色ニシテ以降累年百屯内外ノ低下ヲ見ツツ本年度ニハ一、五二二屯トナリシニ因ルモノナリ

船舶給水量ハ一三九、二九五屯ニシテ前年度ノ八〇二一七屯ニ比スルニ六割三歩ノ増加ニシテ前各年度ニ比スルニ何レモ四割内外ノ増加ナリ

No.　　タイプライター原稿用紙

八、船舶出入貨物

本年度ノ船舶輸出入貨物ハ三、五六八、〇九一吨ニシテ前年度ノ三、〇三五、八四二吨ニ比シテ一割六歩前々年度ノ二、四三九、三六五吨ヨリ四割六歩ノ増加ニ当リ未曾有ノ最大数量ヲ示セリ

輸出貨物ハ二、五四一、七一〇吨ニシテ前年度ヨリ一割八歩前々年度ニ比スルモ三割九歩ノ増加ニシテ大正元年度以前ノ何レモ二倍ニ餘レリ

本年度ノ本作業ハ荷役繋船壁一尺ニ付三六一吨ノ作業能率ヲ示シ前年度ヨリ二十八吨ヲ増加セリ

右貨物ノ内大豆ハ三八七、二〇三吨ニシテ前年度ノ二倍ニ餘リ豆粕ハ一、〇五六、七〇三吨ニシテ二割一歩ヲ増加シテ内本邦向九六四、四五七吨ニ達シ豆油モ亦前年度ヨリ二割内外上位ニ在リテ一八六、九〇六吨ヲ算シ殆ント米国ヘ仕向ケ何レモ大正五年度以前ヨリ五割内外ノ増加ヲ示セリ

石炭ハ出炭量ノ需要ニ伴ハザルニ加ヘテ船腹潤沢ナラザリシ為前々年度ニ比シテ一割五分内外ノ減少ヲ示シ四〇二、四四四吨ナリキ

本年度ノ輸出貨物ヲ積取船種別ニ見ルニ他人船腹ニ據ルモノ一、九四五、五

南満洲鐵道株式會社

ヨ－0024　B列5　32×17　全面打字ヲ要スル原稿ハ五、六頁乃至一〇頁ニテ區切ルコト　(15. 5. 3,000冊　共和謹製)

No.　タイプライター原稿用紙

八〇屯大阪商船ニ七〇、七二二屯外七社一九一、四七三屯之ニ継ゲリ本年度ノ船舶積込作業ノ一日最大記録ハ大正七年五月二十一日一八、四二八屯ニシテ従来ノ記録タル一七、七五一屯（大正六年五月一五日）ヲ僅ニ超過セリ

輸入貨物ハ一、〇二六、三八一屯ニシテ前年度ヨリ一割五歩前々年度ニ比スルモ六割九歩ノ増加ニ当リ大正四年度以前ノ何レニ比スルモ二倍以上ニ当リ従来ノ本作業高ノ記録ヲ破レリ内本邦内地ヨリ五〇四、六〇九屯ニシテ半ニ近ク支那ヨリ四二六、六一一屯之ニ継ギ欧洲トノ間ニハ年度末ニ僅カニ三九〇屯ノ輸入アリタリ

内砂糖ハ七〇、八〇二屯ニシテ前年度ノ二倍ニ近ク奉天ノ製糖会社ノ原料糖ナリ綿糸布ハ四八、四九七屯麦粉ニ九七四九屯木材三一、七二六屯ナリ

本作業ノ本年度ニ於ケル一日最高作業記録ハ大正七年五月五日ノ七、八五六屯ニシテ従来ノ本記録ハ昨年度ノ七、三二三屯（大正六年八月一四日）ナリ

船舶揚積作業高総体ノ一日作業最高記録タリシ昨年度ノ二一、〇二三屯（大正六年五月一五日）ヲ抜クコト二四四屯ナリ

二埠頭発着貨車貨物

南満洲鐵道株式會社

ヨ—0024　B列5　32×15　分割打字ヲ要スル原稿ハ五、六頁乃至一〇頁ニテ區切ルコト　（15. 5. 8,000番）

No.　タイプライター原稿用紙

本年度ノ埠頭發着貨車貨物ハ三、〇九七、一〇七屯ニシテ前年度並ニ前々年度ニ比シテ一割ニ歩ノ増加ニ当リ其ノ一日最高作業記録ハ大正七年十一月十六日ノ一七、五八九屯ナリキ

埠頭發送貨車貨物ハ五四五、二八九屯ニシテ前年度ノ四二五、二五一屯ヨリ二割八歩ノ増加ニシテ大正五年度以前ノ何レノ各年度ニ比スルモ二倍ニ近キ増加ニ当レリ本年度ノ一日作業最高記録ハ大正七年一月六日ノ六、二八五屯ニシテ昨年度ノ六、四三九屯（大正六年一〇月二五日）ニ一籌ヲ輸セリ

右ノ内奉天以南各駅向發送一四二、一九四屯奉天以北各駅宛ニ五、五三六屯長春駅七四、四五〇屯哈市及東清沿線向ニ四、五四九屯ニシテ営口宛一六一ニ五屯ヲ發セリ

右ノ内満洲奥地ニ發送セシ砂糖ハ三八四九一屯ヲ算シ奉天以南各駅ヘ一五、二四五屯長春駅宛一七〇八五屯哈市ヘ三、一五二屯ヲ仕向ケタリ。

外ニ巻煙草ノ一〇、四二七屯葉煙草ノ四、三五五屯綿布一四、八八四屯編糸ノ三、三〇四屯及ビ石油一六、九六八屯麻袋一四、四一六屯ヲ主要ナルモノトシ

外ニ社用品ハ一六二、三六一屯ニ達シ軍需品ハ二一、六一九屯ヲ算セリ

南滿洲鐵道株式會社

ヨー0024　B列5　32×15　◎分割打字ヲ要スル原稿ハ五、六頁乃至一〇頁ニテ區切ルコト　（15. 5. 3,000冊　共和謄納）

No.　タイプライター原稿用紙

埠頭到着貨車貨物ハ二、五五一、八一一八屯ニシテ前年度ニ比シ九振ノ増加ニシテ前々年度ニ比スルモ二割三歩ノ増加ニシテ大正四年度ノ二倍ニ近シ本年度ニ於ケル本作業ノ一日最高記録ハ大正七年五月十四日ノ一六、一四二屯ニシテ従来ノ記録タル昨年ノ一八、七四七屯（大正七年二月一二日ニ比スルニ遥ニ遜色アルヲ見ル

右ノ内社用品五八五、八四四屯ヲ含ミ内五六四、六八四屯ハ会社石炭ナリ奉天以南各駅ノ発送ニ係ハルモノ八六一、六五一屯ニテ奉天以北ヨリ六〇三五五六屯長春駅ヨリ五二五、四一五屯ニシテ東清沿線ヨリ第二松花江北ノ大豆穀類二九四、一七六屯内哈市ヨリ一五一、二三三屯ノ到着ヲ見営口ヨリ豆粕小麦等二一、一二五屯安奉線ヨリ本渓湖ノ銑鉄三五、二五二屯併セテ七、七七七屯到着セリ

右ノ内貨車到着大豆、一、一八〇、三一八屯ニシテ長春発送ノ四十五万ヲ最トシ東清沿線及哈市ヨリ二十一万屯奉天以南ハ十万屯奉天以北ハ四十万屯ナリ

本年度中埠頭到着満洲奥地産豆糟ハ一、一七三、二四九屯ニシテ哈市産五万屯

南満洲鉄道株式会社

ヨー0024 B5 32×15 ◎全部打字ヲ要スル原稿ハ五、六頁乃至一〇頁ニテ區切ルコト （15. 5. 5,000冊 共和謄寫）

No.　タイプライター原稿用紙

ヲ最トシ奉天以南各駅ヨリ六万屯以北ヨリ五万屯発送セラレタリ
埠頭ニ到着セシ満洲奥地豆油ハ一七、七八二屯ニシテ重ナルハ哈市発送ノ一万屯ナリ

其他ノ主要穀類ハ高粱一一八、〇六四屯小米四〇九五三屯包米三八、〇二五屯小豆三二、八九〇屯等ニシテ工業ノ原料品ニハ臭水子ノ「セメント」一、六一四屯本渓湖ノ銑鉄三七、三四二屯撫順其他ノ石炭五六七、八七六屯関東州ノ食塩一七、六一三屯等ノ到着アリタリ

大埠頭集散貨物

本年度末現在ニ於ケル当埠頭ノ貨物収容施設ヲ示セバ

摘要	倉庫収容力				野積収容力	
	岸壁上屋	保管倉庫	特種倉庫	計	野積場	計
棟及区数	二七	一八	九	五四棟	一三九区	一九二
保管坪数	一八、五五七	四〇、六六〇	二、一一一	六一、三三八坪	六三、七八四坪	一二五、一二二
一坪保管坪数	三、二	六、〇	二、〇	五、〇屯	四、〇屯	四五
現在保管能力	五八、四六〇	二四三、九六〇	四、二二二	三〇六、六四二屯	二五五、一三六屯	五六一、七七六

南満洲鉄道株式会社

ヨ－0024　B列5　32×15　全角打字ヲ要スル原稿ハ五、六頁乃至一〇頁ニテ区切ルコト　(15. 5. 8,000冊 共和謄写)

No.　タイプライター原稿用紙

倉庫八六一、三二八坪貨物保管野積場六三、七八四坪ニシテ其ノ貨物收容力ハ大凡五十五万屯内外ナリ

本年度初頭五月十六日ハ当埠頭未曾有記録ナル四五八、三五八屯ノ堆貨ヲ見タレトモ遺憾ナク之ヲ收容スルコトヲ得タリ

前年度ヨリ繰越サレタル埠頭集散貨物ハ四〇九二五六屯ニシテ本年度中ノ受入高ハ四、七三五、六七六屯搬出高ハ四、八六〇、四五〇屯ニシテ堆貨ハ次第ニ其ノ量ヲ減シ年度末ニ至リ二八四、五八二屯トナレリ

而シテ本年度中大豆ノ最大堆積高ハ四月十八日ノ一七二、八五五屯ニシテ従来ノ最大堆積量一八七、五〇二屯（大正五一一一二六日）ニ比シテ著シク遜色アレトモ豆粕ノ堆積高ハ年度初頭ナル五月十八日ニ一八四、三一五屯ニ達シ従来ノ最大レコード一三三、九三七屯（大正六一二一日）ヲ五万屯餘抜キタリ

埠頭混合並ニ普通預保管豆粕ノ検査ハ本年度ノ受付枚数二五、七四六、〇六三枚ニシテ之ヨリ四歩ノ不合格品一、〇二六、九二〇枚ヲ出セリ而シテ内ニ夏季（六月ヨリ九月ニ至ル）四ケ月間混保取扱ノ停止中ノ普通預扱五、七三二、

南満州鉄道株式会社

ヨー0024　B列5　32×15　◎タイプ打ヲ要スル原稿ハ五、六頁乃至一〇頁ニテ區切ルコト　(15. 5. 3,000冊 共和謄納)

No.　タイプライター原稿用紙

三六三枚ヲ含ム

此ノ内容ヲ示セバ

扱別	大正七年度 受付高	大正七年度 合格品	大正七年度 不合格品	大正七年度 受付高ニ対スル不合格品%	大正六年度 受付高	大正六年度 合格品	大正六年度 不合格品	大正六年度 受付高ニ対スル不合格品%
混保扱	九、八三二、七〇〇	九、一一五、〇〇〇	七一七、七〇〇	三%	二二、四八三、一三六	二一、六一七、五四六	八六五、五九〇	四%
普通預扱	五、七三二、三五三	五、四三三、一四三	二九九、二一〇	五%	一〇、九〇七、二三六	一〇、八一一、六九二	九五、五四四	五%
計	一五、五六五、〇五三	一四、五四八、一四三	一、〇一六、九一〇	四%	三三、三九〇、三七二	三二、四二九、二三八	九六一、一三四	四%

右調表中ニ奥地物ヲ左ノ通リ含ム

	混保扱	普通預扱	計
合格品	一、八二九、〇〇〇	九七、〇〇〇	一、九二六、〇〇〇
不合格	四四〇、〇〇〇	一五、〇〇〇	四五五、〇〇〇
計	二、二六九、〇〇〇	一一二、〇〇〇	二、三八一、〇〇〇

本年度当地ニ於ケル豆粕ノ製造高ハ二三、八一六、〇〇〇枚ニシテ前年度ノ二三、三六八、〇〇〇枚ト伯仲ノ間ニ在レトモ前々年度ノ一八、八六四、〇〇〇枚ニ比スレバ四、九五二、〇〇〇枚ノ増加ナリ

南滿洲鐵道株式會社

ヨー0024　B列5　32×15　原稿ハ五、六頁乃至一〇頁ニテ區切ルコト　(15. 3. 5,000冊)

埠頭豆糟混合保管状態ニ付テ見ルニ本年度中受入レタル混合保管豆粕数量ハ五八一、八二七屯ニシテ前年度ニ比スルニ一割三歩ノ減退ニシテ其ノ拂出高ハ六二三、六一八屯ナリ之ヲ表示スレバ

	前年度繰越	受入	拂出	年度末現在
混保粕	九八、九六八屯	五八一、八二七屯	六二三、六一八屯	五七、一七七屯
前期粕	一八、一一二	一	一六、一五二	一、九六〇
奥地粕	一	一五二	一五二	一
普通扱	一	一八七、六四七	一八七、三四一	三〇六

埠頭集散貨物火災保険ト埠頭火災

当埠頭ニ於ケル集散貨物ノ安全ヲ期シ当地市場ノ不慮ノ災厄ニ対スル危険ヲ保證スベク明治四十四年九月十日会社ハ荷主ニ代リ保険料ヲ負担シテ其ノ保管貨物ニ保険ヲ附シ以降継続シテ本年度末ニ及ビ其ノ間八箇年ニ亘リテ会社ノ負担セシ火災保険料金ハ五一〇、三六二円五八銭ニ達セリ而シテ客年度末迄七ヶ年間曽テ祝融ノ災禍ニ遭ハザリシヲ以テ当埠頭ニ於ケル火災保険制度ノ無用論ヲ唱フルモノ有ルニ至リシニ突然大正八年三

No.　タイプライター原稿用紙

月二十一日午前八時四十分東部野積場第八区ニ出火大豆外四十八車ニ損害ヲ蒙ラシメ全十時三十分頃鎮火セリ此ノ損害金四五、二六八円〇二銭ニシテ以降本年度ニ入リ五月ニ三回続ヒテ六月ニ四回発生スルヤ保険団ハ野積貨物ニ対スル保険契約ヲ解除セリ其後引継イテ七、八、九、十一月ニ各一回ニシテ越年シ大正八年二月七日ニ保険団ハ野積保険契約ノ復旧ニ應スルヤ又モヤ二月十九日更ニ一回発シテ月越シ三月初日ニハ危険物荷揚場ノベンゼン油爆発ノ厄ヲ生シ前後十四回其ノ直接損害金額八八六、〇〇五円一三銭ニ達シ九月二十三日ニ及ビ三月一日ノ特種火災ヲ除キテ十二回五七五車ノ大豆ヲ焼損セシメ年末ニ及ベリ

此ノ顛末ヲ表示スレバ如下

回次	月日	時刻 発火 時分	時刻 鎮火 時分	場所 名称	区	損害貨物概数	損害貨物概数	風向及風速 変
第一回	大正七年三月廿一日	前八、四〇	前一〇、三〇	東八	一四三〇	四八車	四五、二六八、〇二	[illegible]
第二回	五月十九日	、二、四〇	后一、三〇	東五	二一一二	三九八	二六〇七四九、七三	[illegible]
第三回	五月廿三日	、九、五〇	前一〇、三〇	東十五	二六一三九	・八	五、三六九八	[illegible]

南満洲鐵道株式會社

ヨー0024　B列5　32×15　●分割打ネヲ要スル原稿ハ五、六頁乃至一〇頁ニテ區切ルコト　(15. 5. 8,000冊　共和謄納)

No.　タイプライター原稿用紙

第四回	五月廿日	二、二〇	后一、〇〇	東	十一	四一五	六四	五六、五八、九七	十二时 辛東 廿八
〃五	〃六月十二日	后〇、三五	〃〇、五五	西	二十二	八	四	一九二、八九	十二时 〃 廿三
〃六	〃六月廿一日	前六、一	前六、四五	東	十二	二一二	五	二五六、二八二	[illegible] 十八
〃七	〃六月廿五日	〃六、一五	〃六、四五	東	四	一〇一二	九	三二五、六三	五时 〃 東 十七
〃八	〃六月廿七日	〃一〇、〇〇	〃一〇、二五	東	九	三一四	八	二五四〇、六三	六时 辛 西 四七
〃九	〃七月十五日	〃二、三五	〃二、五〇	西	三	六	一	六九、九	六时 〃 八、七
〃十	〃八月廿四日	后二、三〇	后三、〇〇	東	十二	一四一五	一九	一四七三、五四	九时 辛 四、一
爆ヲ火災	九月廿一日	〃五、四〇	〃五、五〇	西	八	一	一〇	四〇、〇〇〇	十时 南東 三、四
第十一回	十月八日	前九、一五	前九、三〇	西	二十一	一六	三	四九九、五三	三时 〃 七、七
〃十二回	大正八年二月十九日	后六、四五	后八、一〇	中		一	八	一六八四五、六二	二时 西北西 六、七
揮発油火災	三月一日	〃三、〇〇	〃一〇、〇〇	危険物積場 勝野積場			九〇	一三三、三 [illegible]	二时 辛 東 五、六
									十时 辛 東 二、七
									一时 北 東 四、九
									八时 〃 二、八

而シテ本年度ノ保険料金ヲ前各年度ニ比スレバ

年次	大正七年度	六年度	五年度	四年度	三年度	二年度	元年度
保険料金	八〇、九五八、七四円	二四、二六、二一円	二四、一六、七八六円	三五、九〇〇、五六円	二六、二三円	二七、〇三八、七七円	二六、三六八、六六円

次ニ本年度中ノ埠頭火災保険賠償ノ推移ヲ前三ケ年ニ比較スレバ

南満洲鐵道株式會社

No.　タイプライター原稿用紙

各月十五日現在　単位千屯千円

月次	保険貨物屯数 七年度	六年度	五年度	四年度	保険貨物金額 七年度	六年度	五年度	四年度	備考
四月	三七七	二六六	二〇八	二三六	四〇、〇三八	一五、三三九	二、九一九	一〇、一八〇	
五月	三九四	二〇八	一八一	一四五	四一、四三三	一五、四六二	一一、〇〇〇	七、三五五	
六月	三四七	一七九	一三二	九〇	三七、六六八	一九、九七五	七、七〇七	四、五八四	
七月	二八九	一六四	六五	七四	三〇、六六四	二一、五八七	四、九三九	四、〇三六	大正七年六月廿八日保険団ハ輸積貨物保険解約
八月	一三三	一七四	四六	六八	一五、九八四	二四、九二五	四、一四八	三、九九三	
九月	一〇六	一九八	五二	五二	一四、一五三	二七、九三二	三、六七三	三、二九七	
十月	九四	一八七	六一	五三	一三、五四〇	一九、一二〇	三、八二〇	三、五八〇	
十一月	九三	二〇八	一七六	一〇三	一三、六九七	二〇、六六四	一〇、〇一八	四、八八九	
十二月	八二	二五七	二八三	一七五	一八、三三三	二四、八〇二	一五、九九〇	八、六九九	
一月	一〇二	二九五	二九二	二六五	一六、六五九	二九、〇八三	一六、三六〇	一三、七五六	
二月	九三	三三七	三一八	二八〇	一八、五一三	三四、四三六	一八、三一〇	一四、九七五	大正八年二月首埠頭輸積保険契約復旧
三月	九一	三四八	二三五	二七八	一五、七三五	三九、七八六	一七、一二二	一四、一〇四	

南満洲鐵道株式會社

ヨー0024　32×15　分割打字ヲ要スル原稿ハ五、六頁乃至一〇頁ニテ區切ルコト　(15. 5. 9,000冊)

No.　タイプライター原稿用紙

埠頭石炭取扱状況ヲ見ルニ

年度次	前年度繰越	本年度受入高	本年度拂出高 輸出炭	焚料炭	其他	計	年度末現在
大正七年度	一〇、八三五	七〇五、八三一	四〇二、七四四	二四三、七三一	四二、二四三	六八八、七一八	二七、九四八
大正六年度	二九、二六二	七〇八、五七二	四五七、六〇一	二〇八、四八六	六〇、九一二	七二六、九九九	一〇、八三五

上掲ノ如ク本年度ノ埠頭石炭受拂作業ハ前年度ト伯仲シ輸出炭ハ四〇二、七四四屯ニシテ稍々下向ナリシガ船舶焚料炭ノ増加ニテ之ヲ補フコトヲ得タリ。

船舶焚料炭ハ二四三、七三一屯アリテ大正三年度ヲ除キ前各年度ヨリ一割五歩内外ノ増加ニ当レリ

之ヲ積取船種別ニ見ルニ仏人船舶ヘノ一六〇、七二二屯ヲ最トシ大阪商船ノ三五、二一四屯当社船ノ三四、三七〇屯等之ニ次ギ外ニ外山船ノ一一、五二九屯日本郵船ノ一、八九六屯アリタリ

更ニ著埠船舶ト焚料炭トノ関係ニ付テ過去十年間ノ累数ヲ示セハ如左

No.　タイプライター原稿用紙

摘要	大正七年度	六年度	五年度	四年度	三年度	二年度	元年度	明治四十四年度	四十三年度	四十二年度	四十一年度
著埠船舶一隻ニ対スル平均	八九	一〇一	一一九	一一四	一一三	九三	六二	三三	四五	三八	二十
全従业人数一人ニ対スル平均	0、0一七	0、0一六	0、0一八	0、0一三	0、0一四	0、0一五	0、0四0	0、0二一	0、0二八	0、0二三	0、00八

ヘ　埠頭雑作業

本年度ノ本作業荷繰ハ二、〇一七、〇三二屯ニシテ前年度ヨリ三割七歩ノ増加ニ当リ大正五年度以外ノ各年ノ二倍ニ餘レリ改装作業ハ三六一、七三〇屯ニシテ前年度ニ比スル三割内外ノ増加ナリ

看貫作業ハ一、〇七〇、九七八屯ニシテ前年度ヨリ一割五歩方減退ヲ示セシガ大正五年度以外ノ各年度ニ比スレバ何レモ一割内外ノ増加ニ当レリ

本年度ノ本作業ノ一日最高記録ヲ徴スルニ荷繰作業ハ大正七年三月廿日ノ一二、九九八屯ニシテ従来ノレコード一〇、〇六四屯（大正七ー三ー八日）ヲ破リ改装作業記録ハ本年五月十五日ニ八三三屯ニシテ従前ヨリノ記録ナル三、八四三屯（大正三ー一二ー二三日）ニ及ハサルコト遥カナリ

看貫作業記録ハ大正七年五月二十四日ノ九、五九九屯ニシテ従前ノ最高記録タル昨年度ノ八、七五五屯ヲ遥カニ越エタリ

南滿洲鐵道株式會社

ヨー0024　B5　32×15　◉分割打字ヲ要スル原稿ハ五、六頁乃至一〇頁ニテ區切ルコト　（15. 5. 5,000冊 共和謄写）

No.　タイプライター原稿用紙

ト埠頭従業員及使役労働者

本年度末日現在ノ埠頭従事員ハ職雇員三一二人傭人一、一一三人ニシテ内支那人四三五人ヲ含メリ傭人数ノ前年ニ比シテ著シキ増加ヲ見シハ防火警羅人員ノ必要ヲ充タセシニ因ルモノナリ

本年度ノ使役労働者延人員ハ二、二一四、二九一人ニシテ前年度ヨリ一割内外ノ増加ニ当レリ

本年度初頭民国七年四月二十一日北京政府ハ教令第十六号ヲ以テ苦力出稼取締令並ニ苦力募集取締ノ規則ヲ制定発布シ為ニ当港ノ如キモ幾何ノ反響ヲ感ジタリキ

使役労働者ニ対スル物価及銀ノ暴騰ノ調節策トシテ金銀換算相場百ニ十元差額填補金（大正五年十二月一日）並ニ一割五歩補助金（大正七年一月一日）ヲ作業請負者相生由太郎ヲ経テ給与今日ニ及ベリ

右労働者ノ一日平均作業高並ニ賃銀ヲ見ルニ左ノ如シ

摘要	一人一日平均作業高
大正七年度	四、九〇
六年度	四、七五
五年度	四、四五
四年度	三、八九
三年度	三、五五
二年度	三、三七
元年度	三、五二
明治四十四年度	三、一三
四十三年度	三、三九
四十二年度	二、六四

南満洲鐵道株式會社

ヨー0024　B列5　32×15　分割打字ヲ要スル原稿ハ五、六頁乃至一〇頁ニテ区切ルコト　(15. 5. 8,000冊 共和謄写)

No.　タイプライター原稿用紙

收入日平均賃金
一〇五銭
六八
四八
三七
四一
四〇
四五
四二
五〇
五〇

B 海運

イ 海運界ノ近勢

客年度末来漸ク世界ノ造船力ハ破壊力ヲ超過スルニ至リテ英米ノ食糧問題ニ安堵ノ曙光ヲ與ヘ海運界ハ茲ニ引キ緩ミノ色ヲ呈シ初メ十一月十一日休戦ノ締約セラルルヤ全世界ニ亘リテ運賃傭船料船價共ニ急轉直下ニ推移シテ年度ニ及ベリ

ロ 海運概況

本年度ノ大連青島上海航路ハ往復九十乂航海ニシテ其ノ輸送旅客ハ三二、五二〇人貨物ハ一五〇、一四六屯ニシテ郵便物ハ一一、五九九個ナリキ旅客ハ未曾有ノ数字ヲ揚ケ得タルモノニシテ前年度ニ比スルモ二割四歩ノ増加ニ当リ貨物ハ前年並ニ前々年度ト伯仲ノ間ニ在リ大正四年度ニ比スレバ幾分ノ遜色アレトモ戦前ニ比スレバ其ノ成績ニ霄壌ノ差アルヲ見ルベク茲ニ航路別概況調ヲ掲ケテ贅説ヲ省略セントス

南滿洲鐵道株式會社

ヨ―0024　B列5　32×15　◎分割打字ヲ要スル原稿ハ五、六頁乃至一〇頁ニテ區切ルコト　(15. 5. 3,000冊 共和謄写)

202

整備項目	水運港灣	運營	
索引番號	11	文書番號	21—1

備考

件名

大連、營口、安東船車連絡貨物費用請（大正七年）

B列5　　(12. 7. 5,000枚 松浦屋號)

No.

二月廿三日

埠頭事務所

文書課御中

船車連絡ニ関スル貨物費用ノ件

別紙仁川税関ヨリ問合セノ大連埠頭其他港湾ニ於ケル船車連絡ニ要スル貨物費用左記之通ニ御座候

左記

大連

単位噸銭（但噸ハ四〇才又ハ一、五一三ケトシ會社ノ撰擇ニヨリテ定ム）

汽船運賃ニ含マルヘキ船内仲仕賃（普通貨物噸一五銭）並鉄道運賃ニ含マルヘキ鉄道発着手数料（噸三〇銭ニシテ大連ニ

ヨ－0022　B列5　28字×10　南満洲鐵道株式會社　（15.3.3,000冊）

No.

於ケル費用トシテハ発若クハ着ノ一方即チ半額一五銭ナリ
但連絡貨物ニ對シテハ發着手數料額一五銭ナルカ故大連ニ
於ケル発若クハ着手數料ハ無料トナル譯ナリ）ハ計上セス

輸入

	陸揚賃	荷捌賃	計
一級品	10	10	40
二級品	28	10	18
三級品	25	10	35
四級品	23	10	33

外ニ小口貨物ニ對シテハ噸一五銭ノ荷繰料ヲ要シ大口貨物
ニ對シテハ特ニ陸揚ト同時ニ場所替ヲ要シタル時ニ限リ噸

一〇銭ノ荷繰料ヲ要ス

陸揚ト同時ニ場所借ヲ要スル貨物ニシテ陸揚後四日以上埠頭ニ留置ク時ハ残荷取扱料噸一〇銭並ニ貨物保置料一日一噸ニ付二銭五厘乃至四銭ヲ要ス

輸出

	船積料	荷繰料	計
一級品	30	25	55
二級品	28	25	53
三級品	25	25	50
四級品	23	25	48
豆粕 混保管粕	21	11.六	32.六
豆粕 普通粕	21	23	44

No.

豆類	20	20	40
雑穀及種子	21	20	41

貨車荷卸後七日以上埠頭ニ留置ク時ハ倉敷料（一日一噸ニ付一級品七戔ニ厘四級品一戔八厘、豆粕六厘六毛、豆類五厘乃至七厘五毛（但庫内保管）、雑穀及種子七厘五毛乃至一戔二厘（但庫内保管）ヲ要ス

以上ハ普通ノ取扱ノ場合ニシテ連絡貨物トシテ取扱フ場合（大阪商船、日本郵船、大連汽船、阿波共同汽船並ニ社船トノ船車連絡輸送規定ニ依ル貨物）ハ左ノ如シ

No.

		接續費	計
輸入	一般貨物	36	36

		接續費	計	
輸出	一般貨物	24	24	外ニ荷繰ヲナスル時ニ限リ三〇錢ヲ要ス
	大豆雜穀	20	20	
	豆粕	20	20	合上 一一錢五厘（混合保管粕）二五錢（普通粕）ヲ要ス

營口

單位噸錢（但噸ハ四〇才若クハ一、六九三斤四四ニシテ會社ノ撰擇ニヨリテ定ム）

No.

船内仲仕賃及銭道発着手数料ハ大連ノ場合ト同ジ但船内仲仕賃率ノミハ大連ト異ナリタルノ如シ

	普通貨物	雑穀豆粕	木材
輸入船内仲仕賃	15	12	17
輸出 〃	15	5	17

		陸揚賃	計
輸入	一般貨物	35	35
	穀類豆粕	30	30
	木材	40	40

No.

但右ハ本船埠頭横付ケ荷役ノ場合ニ於ケル費用ニシテ沖荷役即チ沖取ノ場合ニ於ケル艀賃（艀積及艀積揚賃ヲ含ム）ハ常ニ一定セズト雖モ前記本船横付ノ場合ニ於ケル陸揚賃ヨリ概シテ一二割方高率ナリ尚陸揚後四日以上留置シタル場合ノ料金ハ大連ニ於ケル場合ト同シ

		船積賃	計
輸出	一般貨物	35	35
	穀類豆粕	18	18
	木材石材	40	40

但右ハ本船埠頭横付荷役ノ場合ニ於ケル費用ニシテ沖

No.

荷役ノ場合ニ於ケル費用即チ埠頭貨車卸ヨリ沖合本船迄ノ運搬賃（艀積揚賃及艀賃ヲ含ム）ハ左ノ如シ

	撫順線、安奉線及渾河以南各駅発貨物	奉天以北各駅発貨物
一般貨物	90（小洋銭）	82
穀類豆粕	38（〃）	38
木竹材	98（〃）	30

尚本貨車荷卸後七日以上埠頭ニ留置キタル場合ノ料金算ハ大連ニ於ケル場合ト同シ

以上ハ普通ノ取扱ノ場合ニシテ連絡貨物トシテ取扱フ場合（日本郵船トノ船車連絡協定ニ依ル）ハ左ノ如シ

ｧ－0022　B列5　28字×10　南満洲鐵道株式會社　（15.3.3,000冊）

No.

（但此場合ノ噸ハ四〇才又ハ一、五一二斤ニシテ會社ノ撰擇ニ依ル）

		接續費	計
輸入	一般貨物	70	70

		接續費	計
輸出	一般貨物	70	70
	大豆雜穀豆粕	40	40

（輸出入共沖荷役ニシテ埠頭横付荷役ノ場合ナシ）

No.

安東

單位噸銭（但噸ハ四〇才又ハ一、五一二斤トシ會社ノ撰擇ニヨリテ定ム）

社内仲仕賃及鉄道発着手数料ハ総テ大連ノ場合ニ同シ、

但安東ニハ船車連絡規定ニ依ル貨物ナシ

輸入

埠頭岸壁ニ本船ヲ横付ケスル事殆トナク本船ノ大小ニヨリ沖合錨地ヨリ艀ニヨリ江岸ニ運搬シ夫レヨリ安東驛迄ハ一車以上ノ貨物ノ場合ハ一車金参圓（一噸一〇銭ニ当ル）ノ引込線貨車料ヲ要シ小口貨物ハ貨主ニ於テ馬車小車等ニヨリ一旦引取リノ上驛迄運搬スルカ故ニ其費用判明シ

No.

難シ

沖合錨地ハ本船ノ大サ（吃水ノ関係）ニヨリ異ナリ大体ニ於テ

(1) 五六百屯級迄　鉄橋附近

(2) 千二三百屯級迄　三道浪頭

(3) 二三十屯級　多獅島

ニシテ右ノ錨地ニテ本船ヨリ艀ニ荷卸シテ江岸ニ至リ艀ヨリ陸揚スル迄ノ費用左ノ如シ

(1) 桟橋附近江岸間

艀賃　艀揚積賃　計

No.

	艀賃	艀揚積賃	計
一般貨物	45	28	73
穀類	40	28	68

(2) 三道浪頭江岸分

	艀賃	艀揚積賃	計
一般貨物	100	28	128
穀類	100	28	128

尚ホ小型汽船ニシテ江岸横付ケ荷役ヲナシタル場合(実際ハ殆トナシ)ノ料金左ノ如シ

	陸揚賃	計
一般貨物	38	38

ヨ－0022　B列5　28字×10　南滿洲鐵道株式會社　(15.3.3.000)

No.

穀類豆粕　30　30

輸入貨物ニシテ陸揚後四日以上留置キタル場合ノ料金ハ

大連営口ニ同シ

輸出　安東ニテハ鉄道到着貨物ヲ其儘船積輸出スルコトナク市

、内若クハ上流方面ヨリ貨主自ラ江岸附近艀溜場迄運搬シ

来シヨリ艀ニテ錨地本船迄運搬ス錨地ハ輸入ノ場合ニ同

シ

江岸附近艀積ヨリ本船積込迄ノ費用左ノ如シ

(1)江岸附近／鉄橋下(附近)迄

艀賃

艀積場賃

計

No.

	一般貨物	豆粕	穀類	木材	繭
	35	01(枚)	34	35	30(箇)
	28	00 4/10	13	25	22(箇)
	63	01 4/10	47	60	52

(2)江岸附近／三道浪頭間

	一般貨物	豆粕	穀類
艀賃	50	01 5/10(枚)	45
解積揚賃	28	00 4/10(枚)	13
計	78	01 9/10	58

No.

木材	45	25	70
繭	60(箇)	22(箇)	82

尚ホ小型汽船ニシテ江岸横付ケ荷役ヲナシタル場合(実際殆トナシ)ノ料金左ノ如シ

	船積賃	計
一般貨物	33	33
穀類	24	24
木材	10	10
繭蚕糸	24	24

料金ノ算出ハ大連営口及安東共何レモ貨物ノ負担力ト作業ノ難

No.

易ニ依リ大体ノ標準ヲ定メ尚木保護ヲ要スヘキ特種貨物並大量貨物ハ適当ノ程度迄之ヲ割安ナラシメ船車連絡規定ニ依ル貨物モ亦一般貨物ニ比シ多少割安ナラシメタリ

以上

ヨ－0022　B列5　28字×10　南滿洲鐵道株式會社　（15．3．3．000冊）

受入番号No27

整備項目			
索引番號		文書番號	

件名

埠頭料金表・他改正認可

（大正九、一一、一五）

備考

三－三－八七

水運港湾－運営

（一枚）

B列5　　（12. 7. 5,000枚 松浦屋納）

No

拓第六一三九號

南満洲鉄道株式會社

大正九年十月二十二日附満鉄運八〇第一五三號ノ一申請其ノ社埠頭貨物取扱規則、埠頭料金表埠頭船舶取扱規則並充斯殺鼠船殺鼠規程中改正ノ件認可ス

大正九年十一月十五日

内閣総理大臣　原　敬

鉄道大臣　元田肇

ヲ-0022　B列5　28字×10　南満洲鐵道株式會社

(22)

受入番号 10544

C

整備項目	水港	運營	
索引番號	118/2	文書番號	20

備考

件名

大正十年大連港貿易概況

（大連商業會議所編）

B列5　　(12. 7. 5,000枚 松浦屋納)

No.

大正十年大連港貿易概況

大連商業会議所　調査

大正十年大連港貿易額ハ二億二千百六十九萬両（海関両以下全シ）ニシテ前年ノ二億一千八百十三萬両ニ比シ、一分六厘ノ増進好調ヲ示シ、之ヲ輸出入別ニ対比セシカ輸出一億二千百六拾萬両ニ対シ、前年一億二千五百六萬両、輸入一億九萬両ニ対シ前年九千三百六万両デアルカラ輸出ニ於テ三分二厘ノ減退ヲ示セルニ反シ、輸入ニ在リテハ七分ノ増展ヲ告ケタコト、ナリ、九年同称四、五対五、五ヲ以テ輸出超過ヲ示シテ居ル。而シテ大連埠頭事務所調査ノ貿易噸量ニ依ルト前年ノ四百三萬八千噸ニ対スル

ヨ-0022　B列5　28字×10　南滿洲鐵道株式會社　（13.9.10,000冊 鮎川納）

No. ……………

三百九十四萬五千噸デ二分三厘ノ減退ヲ告ケタ。然レドモ之ヲ輸出入別ニ対比スルト輸入ハ七十七萬二千噸ニ対シ、九年九十七萬四千噸、輸出三百十七萬三千噸ニ対シ、九年三百六萬四千噸ナルガ故ニ輸入ニ於テハ二割ノ激減ヲ示シタルニ反シ、輸出ニ在リテハ三分五厘ノ増進シ、而カモ二対八ノ輸出大超過ヲ告ケタ譯デアル

如斯價格ヨリ観レバ輸入ハ前年ヨリ増大シ、輸出ハ減退セルニ反シ、噸量ハ輸入ニ於テ減退シ、輸出ニ於テ増進ヲ示シタルハ比較的軽量高價ナル外國産品タル一部ノ綿布、麻袋、薬類、紙巻煙草、建築材料ヲ始メ稍重量ナル軌條、米、砂糖等ノ輸入増

ヲ-0022　B列5　28字×10　南滿洲鐵道株式會社　(13. 9. 10,000冊 鮎川納)

No.

進セルニ反シ、輸出ニ在リテハ比較的低價ニシテ多量ナル豆粕大豆、雑穀等ノ原料品ノ外國仕向ケ増大セルト石炭ノ外國向輸出前年ニ倍加セル等ニ基因スル

輸出

輸出貿易ハ前述ノ如ク一億二千百六十萬両テ前年ニ比シ三分二厘ノ減退ヲ示セルハ支那各港向雑穀、種子ノ需要旺盛ノ為メ、二千四百五十萬両ニ上リ、前年ノ一千六百八十萬両ニ比シ、四割四分ノ激増ヲ告ケタルモ対外國貿易就中米國、瑞典、獨逸、蘭領及英領印度、比律賓、香港向輸出ハ豆粕、雑穀、石炭等稍稍殷盛ヲ告ケタル為メ、其噸数ニ於テ前年ニ比シ、各増進セル

ヨ-0022　B列5　28字×10　南滿洲鐵道株式會社　(13. 9. 10,000冊 鮎川納)

No.

ニ拘ラズ、日本、朝鮮、米國、佛國、和蘭、伊太利、露國向輸出減退ノ為メ前年ノ一億ノ百二十萬両ニ対シ、九千七百三十萬両デ即チ一割ノ減退ヲ告ゲタルニ基因スル右主要輸出品ニ就キ前年ニ比較対照スレバ左ノ如シ

主要品輸出比較（△ハ減）

品名	大正十年	大正九年	比較増減
豆粕	一七六七四、五七六担	一六八五六、六六三	八一七、九一三
黒豆	八三、七八一	二五、六三六	五八、一四五
緑豆	八八、四六九	二一七、〇六三	△一二八、五九四
小緑豆	三三四、三七〇	九六、七八三	一三七、五八七

ヨ-0022　B列5　28字×10　南滿洲鐵道株式會社　(13. 9. 10,000冊 結川納)

No.

小豆	二五六、三〇七	一一三、五四九	一四三、七五八
白豆	一〇六、九一九	七二、七二〇	三四、一九九
大豆	八、一八三、七九三	八、一一二、二六〇	七二、五三三
歆滑	一二九、五四〇	一〇四、三三八	二五、二〇二
セメント	四五、一七二	一三六、〇〇五	△八九、八三三
高粱	一、八七四、五三八	一、二六八、六八三	六〇五、八五五
玉蜀黍	五八六、六三六	三三五、一二一	二五一、五一五
粟	三三一、七九四	六〇七、二一六	△二七五、四二二
小麦	三、四四七、五三七	六、六三九、八九一	△三、一九二、三五四
石炭	八八四、七五三	三四三、七〇五	五四一、〇四八

ヨ-0022　B列5　28字×10　南満洲鐵道株式會社　(13. 9. 10,000冊 鮎川納)

No.

落花生	一六〇、八六二	一一三、八〇八	△四七〇五四
牛皮	三六〇	一、二二九	△八六九
馬皮	四九八六	六一五六	△一、一七〇
豆油	一、三二三、〇九六	一、七五四、九四三	△四三一、八四七
土酒	五、四一六	六七七五	△一、三五九
草麻	七二、九〇五	四二、三三八	三〇、五六七
麻子	一七九、三〇七	二一五、三五九	△三六〇五二
瓜子	一八四六五四	一二五、一一〇	五九、五四四
蘇子	二四八、九〇五	三九四、八〇〇	△一四五、八九五
胡麻	一〇一、六七八	二四五、三七〇	△一四二、六九二

サ-0022　B列5　28字×10　南滿洲鐵道株式會社　（13. 9. 10,000冊 鮎川納）

No.

野蚕糸	四、〇九八	六、四六七	△	二、三六九
野蚕繭	五九、三一一	六二、六二二	△	三、三一一
屑繭	二、一三七	二、八六二	△	七二五
屑糸	五、一八五	六、八六二	△	一、六七七
葉煙草	一、一一〇	一、〇六五		四五

右表ニ依ルト主要移出品二十九種中減退セルハ豆油、小麦、粟等十大種、増進セルハ豆粕、大豆、石炭等十三種ニ過ギサルモ比較的低價ニシテ重量ナル石炭、獣骨ヲ含ムガ故ニ噸量ニ在リテハ前年ニ比シ、三分五厘ヲ増進セルニ拘ラズ、價格ニ於テハ前述ノ如ク減退ヲ告クルニ至ツタ。次下増進ノ主ナル各品種別ニ

ョ-0022　B列5　28字×10　南満洲鐵道株式會社　(13.9.10,000冊 鮎川納)

付キ概述スレハ如左
豆粕ハ春以来銀價低落ノ為メ上半期間ニ於ケル当地相場ハ前年同期ニ比シ、二三割ノ安値ヲ唱ヘシヲ以テ内地当業者ハ当地安ヲ見越シ、注文手控ヘタルト加ルニ大連取引所建値変更問題等其残料勃発ノ為メ阻碍セラレタルコト尠ナカラサルヘク観測サレタルカ、一方内地農家ノ需要購買力ハ米價高ニ依リ依然衰退セラレシ為メ既ニ上半期ニ於テ約一割弱ノ増進ヲ告ケタルニ基因スルモノデ下半期ニ於テハ朝鮮及台湾向前年ニ比シ減退セルニモ拘ラズ前年ノ一千六百八十五萬担百十二万噸ニ対スル一千七百六十七萬担百十七万噸ヲ示シ、結局五分弱ノ増加進展ヲ告ク

南満洲鐵道株式會社

ルニ至ッタ

大豆ノ輸出額ハ八百十八万担デ前年ニ比シ、僅カニ一分弱ノ増進ニ過ギザルモ前述ノ如ク、満洲各地ニ於ケル産額ハ前年ニ比シ減退セルニ拘ラズ、斯ク増進ヲ告ケタルハ上半期ニ於ケル出廻リ高ノ増加ニ伴ヒ日本内地及支那諸港ニ於ケル需要増加ト船腹増加運賃下落ニ依ル欧洲方面向輸出ノ進展ガ因ルモノデ其他特種ノ原因ヲ認メズ、極メテ順調ノ進展ヲ告ケタモノデアル

黒豆、小緑豆、小豆、白豆ハ何レモ前年ニ比シ二倍乃至三倍ノ増加進展ヲ告ケタノハ当年産額ノ増加ニ依ル出廻高ノ増進ハ価格低落トナリ、為メニ需要各地トノ商談円滑ニ進ミテ需要漸次減ノ結果デ就中黒豆、小豆、白豆ハ菓子原料トシテ日本内地ヲ主トシ支那各港ニモ仕向ラレ、小緑豆ハ主トシテ支那山東

No.

方面ニ粉條子原料トシテ仕向ケラレタルモノデアル

高粱、玉蜀黍ハ前年来北支那及山東地方ニ於ケル農作物不作ニ依リ需要引続キ旺盛ニシテ既ニ上半期ニ於テ（前年同期ニ比シ）何レモ増進ヲ告ゲ下半期ニ至ッテハ船腹其他ノ関係ニ依リ、家畜飼料トシテ欧米各地ノ需要漸次増大セル為メ、前者ハ前年ニ比シ約五割、後者ハ七割ノ増加進展ヲ告ケタ

石炭ハ撫順ニ於ケル出炭高ノ増加ニ伴フ満鉄会社ノ海外販路ノ拡張ニ依リ、支那、印度、比律賓其他外国向輸出増進ニ依リ、八十八萬五千噸ニ達シテ居ルカラ前年ニ比シ約二倍半ノ増大ヲ告ゲタ。

ヨ-0022　B列5　28字×10　南満洲鐵道株式會社　（13. 9. 10,000冊 鮎川謹）

No.

落花生、草麻、瓜子モ前年ニ比シ四割乃至七割ノ増進ヲ告ゲタノハ前二者ハ近時製油原料トシテ日本内地ノ需要漸ク多ク、瓜子ハ食用トシテ南支那方面ニ仕向ケラレ、之又需要増加ノ為メ満洲ニ於ケル産額ノ増加ト出廻高俟テ増進ノ結果デアル

獣骨ハ冬期ニ至リ肥料及器具製作原料トシテ主ニ南支那諸港ニ仕向ケラルルモノナルガ、昨年下半期ニ於テハ日本内地ニ移出セラレタルモノ若干ヲ算シタ結果前年ニ比シ約二割餘ノ増進ヲ告ゲルニ至ッタ

次ニ九種ニ比シ不振ヲ告ゲタルハ日本朝鮮ヲ主トシ、英國、瑞典、独逸ヲ除ク欧州諸國及米國、極東露西亜、新嘉波海峡植民

ヨ-0022　B列5　28字×10　南滿洲鐵道株式會社　(13. 9. 10,000冊 鮎川納)

No.

地デ之等諸國向輸出貨物ノ減退ガ著シキモノハ豆油、小麥、粟、蘇子、胡麻、牛皮、馬皮等デアルガ豆油ハ欧州各國向輸出ハ前年ニ劣ラザルモ米國仕向ハ同國ニ於ケル輸入関税ノ増率棉實油ノ生産多ク廉売セラレタルニ對シ滿洲産豆ハ生産費ノ割高ニ依ル輸出不引合ナル結果デアル（即チ其ノ主因ガアル所ニシテ輸出貨物中減退ノ）

小麥ハ前年中欧米各地ノ凶作ニ依ル需要増加ノ為メ、九年五月以降同方面仕向俄然増加シ、斯クテ満洲小麥ガ世界的市場ニ出現スルコトヽナッタノデアルガ、同年満洲各地作柄不良減收ノ為メ、相場漸次向上セルト之ニ反シ欧米其他各産地ハ豊作ナリシ為メ、十年上半期迄ハ欧米向需要若干アリタルモ次後運賃及為替関係ノ不利等ニ災セラレ、取引出合ハズ且ツ假令大口注

No.

丈来ルモ之ニ應ズベキ輸出能力ナキ為メ、前年ノ六百六十四萬担四十四萬ニ対シ三百四十五萬担ヲ示セルニ過ギズ。即チ約二分ノ一ノ減退不振ヲ告ゲタ

粟前年ニ在リテハ支那諸港及朝鮮仕向ケノ殷盛ナリシニ反シ本年ハ相場低落ノ為メ当港出廻リ少ナク、朝鮮仕向ハ安東経由支那諸港ニ於ケル需要ハ専ラ営口ヨリ移出スルモノ多キニ因ルモノデ前年ニ比シ二分ノ一ノ減退デアル

蘇子及胡麻ハ前年ニ於テハ食用油ノ原料トシテ欧洲各地ニ於ケル需要相当ノ高ニ上リタルモ本年ハ該地方物價低落ノ経済滞ヨリ大ナルト加フルニ運賃等ノ関係上自然需要減退セルニ因リ

No.

モノデ牛皮、馬皮ハ價格低落ノ爲メ出廻リ少ナキト、対日本輸出貿易ノ不振ニ職由スル

輸入

輸入貿易ハ一億九萬両デ前年ノ九千三百六萬両ニ比シ即チ七分ノ増加進展ヲ告ケタ。之ヲ外國品及支那品ニ大別セバ外國品ハ前年ノ八千十一萬両ニ対シ、八千四百二十三萬両デ五分、支那品ハ一千二百九十五萬両ニ対シ一千五百八十五萬両デアルカラ二分ノ各増進ヲ示セル譯デアル

外國品ノ輸入ガ其數量ニ於テ前年ニ比シ、不振減退ヲ示セルニ拘ラズ價格ノ増加セルハ対外國関係ニ於テ香港、印度、比律賓

ヨ-0022　B列5　28字×10　南滿洲鐵道株式會社　(13.9.10,000冊 鮎川納)

No.

米國、伊太利、埃太、独逸、和蘭、白耳義、丁抹、濠洲等ノ諸國ハ出輸入品ノ高廣ナルニ依ルモノデアル。今主要外國品五十九種ニ付キ前年トノ対照ヲ表示スレバ左ノ通リデアル

外國品輸入比較（△ハ減）

品名	称呼	大正十年	大正九年	比較増減
阿片	斤	二九、五五〇	一三、五〇〇	一六、〇五〇
生金巾	反	一六六、〇〇〇	二一八、九三七	△五二、九三七
粗布	〃	二五〇、〇〇〇	四〇六、三八一	△一五六、三八一
晒金巾	〃	七五、〇〇〇	一四〇、二一八	△六五、二一八
綾木綿	〃	五三〇、〇〇〇	一〇七、八九〇	五四八九〇

No.

細綾木綿	〃	二二〇、〇〇〇	三〇五、五八三	△八五、五八三
天笠	〃	一八、三四七	三六、三一四	△一七、九六七
金布及粗布	〃	一七、一〇三	二五、五七〇	△八、四六七
色綾木綿	〃	四九、九〇五	一五、二一八	三四、六八七
緋木綿	〃	七三、六四八	三四、四三五	三九、二一三
綿ネル	〃	三七、五〇七	四〇、三六四	△二、八五七
日本綿布	〃	二七一、七九五	一五四、五七三	一一七、二二二
大尺巾	〃	五六四、五三三	一、〇四六、四八一	四七六、九四八
綿毛布	〃	八八、一五五	一一九、八七七	△三一、七二二
各種タオル	打	五七、三三五	一五八、四二四	△一〇一、〇八九

No.

印度綿糸	担	一二九	一、四七六	△一、三四七
日本綿糸	ヶ	五七、二六三	六四、三九七	△七、一三四
銅塊及錠	ヶ	二〇、〇〇〇	一三、七六六	六、二三四
銅板	ヶ	四四八	一、一〇六	△六五八
銅線	ヶ	七〇四	六、四二六	△五、七二二
鉄棒	ヶ	三五、〇七二	一四四、五六七	△一〇九、四四五
鉄アングル、チャンネル	ヶ	二〇四、八〇四	七二、八〇〇	一三二、〇〇四
鉄釘	ヶ	三七、九〇九	五〇、五三二	△一二、六二三
鉄塊及錠	ヶ	二、五一六	六二、三二二	△五九、八〇六
鉄板及管	ヶ	四〇、〇〇六	八三、四四一	△四三、四三五

ヨ-0022　B列5　28字×10　南滿洲鐵道株式會社　(13. 9. 10,000冊 結川納)

No.

軌條	〃	三五二、三四九	二四、七一七	三二七、六三二
鉄板	〃	八〇、四四五	一〇七、九六七 △	二七、五二二
亜鉛引鉄板	〃	六、六〇一七	四五、三四五	二〇、六七二
亜鉛引鉄線	〃	一、六七六	一三、四三五 △	七五九
鋼鉄條	〃	一八、五七八	一九、四四六 △	八六八
鋼鉄板	〃	二三、四二六	五、八七〇	一七、五五六
鉄力板	〃	四九、七一四	四三、三二五	六、三八九
新麻袋	枚	四、八六〇、七一八	兲、三四二、四四五	一五、五一八、二七五
古麻袋	〃	七三六、四〇四	一、〇三四、六二四	二九八、二二〇
豆類	担	六、二五九	五、八四三	四一六

ヨ-C022　B列5　28字×10　南滿洲鐵道株式會社　(13. 9. 10,000部 鮎川納)

No. ....

大豆	担	一、六一〇	一、四七三	一三七
麦酒	打	一五三、四三二	二〇五、六五一	△五二、二一九
セメント	担	四七一、七三八	四七八、七〇四	△六、九七六
紙巻煙草	千本	一、八八四、四九八	一、四二四、〇六七	四六〇、四三一
電氣材料	円	一、九五三、〇七六	一、五二三、一七九	四二九、八九七
干魚及塩魚	担	九二、九三七	一七六、八七五	△八三、九三八
鮮魚	〃	一九、〇九二	一五、一六七	三、九二五
小麦粉	〃	七一、五七三	四九、八四四	二一、七二九
果実	〃	六三、四二二	一四五、三三三	△八一、九一一
窓硝子	箱	六三、七四八	五四、一五八	八、五九〇

No.

燐寸	グロス	八九二、三九九	一、三〇九、五四六	△四一七、一四七
藥類	函	二六八、五四四	三六八、一〇五	△九九、五六一
機械油	ガロン	三五七、八〇二	一、三四四、八七八	△九八七、〇七六
米國石油	〃	八、六六七〇一〇	八、二二〇、〇一〇	四四七、〇〇〇
日本石油	〃	六五四三五	三〇九、五四五	△二四四、一一〇
鉄道材料	函	八五三、七九九	二、五四五、六一八	△一、六九一、八一九
枕木	本	三九〇、九〇〇	三六五、七五二	二五、一四八
米	担	四一七、四〇八	一二九、五二六	二八七、八八二
日本酒	〃	三二、九一〇	二八、七七六	四、一三四
石鹸	函	三九五、七五〇	三〇六、〇六八	八九、六八三

ヨ-0022　B列5　28字×10　南滿洲鐵道株式會社　(13. 9. 10,000冊 鮎川納)

No.

醬油	担	一四、三六一	二一、八八六	△七、五二五
赤砂糖	〃	七四、九六〇	七七、〇四四	△二、〇八四
白砂糖	〃	三二三、九〇七	一一二、六七九	二一一、二二八
軟木	平方呎	八、八六六、七三五	三三、二五四、〇二二	△二四、三八七、二八七

則チ主要外國品中大部分ハ其ノ數量ニ於テ減退ヲ示セルモ比較的輕量ニシテ高價ナル二十五種ノ輸入價格増大セルニ基因スル。而シテ増進ノ主ナルモノハ日本綿布、色綾木綿、緋木綿、靭條鉄アルミングルケヤン果ル、電氣材料、新麻袋、小麦粉、紙巻煙草窓硝子、石油、米、白砂糖等デ之等ハ少クモ三四割多キハ十倍若クハ二十倍ノ著シキ増進ヲ示シテ居ル、之蓋シ前年末継続セ

No.

ル世界ノ不況ハ十年ニ及ビ、或ル程度ノ安定ヲ得、従来毎年上調子ナリシ一般経済界ノ秩序稍々整ヒ、實需品ノ輸入漸次増加セル為メデアル。今更ニ次上増進ノ主ナル各品ニ付キ、其状況ヲ概述センニ

日本綿布、色綾木綿、緋木綿ハ逐年本部ニ於ケル企業ノ發達、生産額ノ増加ハ漸次滿洲市場ニ於ケル外國產品ヲ驅逐シ、邦品ノ販路擴大ト共ニ需要モ亦増進セルコトハ勿論デアルガ、前年ニ於ケル價格ノ暴落ハ阪地方面ニ不尠停滞セシメ、引續ク世界ノ不況ニ依リ投売続出シタルモ沿海ニ於ケル需要之ニ伴ハサル為メ当地當業者ノ多クハ何レモ注文手控ヘタルガ、十年ニ至リ銀

No.

安ノ為メ青済各地トノ取引ハ三、四月頃ニ於テ若干出合ヒタル外久シク商談杜絶セルカ九月以後漸次増セル為メ阪神方面ヨリノ輸入俄然増加セル結果、前年ニ比シ日本綿布ハ七割五分、色綾木綿ハ三倍、緋木綿ハ二倍強ノ著シキ進展ヲ告クルニ至ツタ

軌條、鉄アングル、チヤンネル　電氣材料等ハ満鉄会社ハ前々年頃奥地工場其他ノ拡張用トシテ注文セルモノ十年ニ至リ漸次輸入セラレタルト又好況時代欧米ヨリ日本ニ輸入サレタルモノニシテ財界不況ノ為メ其儘停滞セルモノカ日本ニ於テ輸入ヲ見タル結果軌條ハ前年ニ比シ約十五倍、鉄アングル、チヤンネルハ約三倍、電氣材料ハ三割ノ各増進ヲ告ケタ。而シテ次ニ上三者ハ米

No.

國ヲ主トシ、独逸及英國ヨリ輸入セラレタルモノデアル

紙巻煙草ハ英、米トラスト及ペイジス等外商ノ活躍ハ遂年満洲各地ニ其販路ヲ拡張シ、伊太利、埃太及米國方面ヨリノ輸入増加セルカ為ノデ前年ニ比シ、三割餘ノ増進ヲ告ケタ

新麻袋ハ従来主トシテ特産物輸送ノ包装用ニ供セラルヽモノナルカ当地株式商品取引所調設後同市場ニ上場セラルヽニ至リタルト同時ニ之カ輸入高モ俄然増加シ、従テ相場ノ仕手関係ヨリ需要ハ前年ニ比シ、寧ロ減少セルニ不拘、産地(カルカッタ)ヨリノ直接輸入俄然激増ヲ告ケタル結果、前年ノ二千六百三拾四萬枚ニ対スル四千百八拾六萬枚ニ達シ、則チ約六割ノ増進ヲ示シタ

ヨ-0022　B列5　28字×10　南満洲鐵道株式會社　(13. 9. 10,000册 鮎川納)

No.

從テ
右麻袋ハ前年ノ百萬枚ニ対スル七十三萬枚デ三割五分ノ減退ヲ告クルニ至ツタ。而シテ從来新麻袋ノ輸入ハ船腹関係モアルヘケレドモ多クハ神戸経由デ産地直輸入ハ稀レナリシカ十年以降一変シ、輸入量ノ過半ハ産地ヨリ直接輸入セラルヽニ至リ、此現象ハ今後永ク継続サルヽモノト観測サル
小麦粉ハ満洲奥地小麦ノ現象ニ伴フ同製粉工場ノ不振ト物価ノ下落ニ依リ外國粉ノ割安ナリシ為メ、下半期ニ至リ日本及香港ヨリノ輸入増加ノ結果、前年ニ比シ四割ノ進展ヲ告ケタ
窓硝子ハ従来久シク欧洲品ノ輸入杜絶セルモ土木建築界ノ不振

No.

ニ依リ新規需要起ラサル為メ、前年ニ於テハ五萬四千箱ニ過ギサリシガ、近時欧洲各地ニ於ケル一般工業界ノ恢復企業ノ発達ハ早クモ製品ノ増加トナリ、上半期ニ於テハ白耳義ヨリ、下半期ニ至リ丁抹及独逸品ノ輸入ヲ見タル結果、六萬三千箱ニ達シ則チ一割六分ノ輸入増進ヲ告ケタ

米國石油ハ品質良好價格割安ナル為メ、各種工業用ニ使用セラルヽ外、大部分ハ滿洲各地支那人ノ燈火用トシテ需要スルモノデ十年ニ於ケル輸入量ハ百六十六萬ガロンデ前年ニ比シ約五分ノ増進ヲ示シタ。蓋シ九年ニ在リテハ銀價ノ暴落ニ依リ價格低價セルニ不拘、戦界不景気ノ為メ、需要購買力ノ衰退及同年四

No.

本石油ノ輸入増進ノ為メ、八年ニ比シ約七分ノ減退ヲ告ケタル
ニ由ルモノデアル
米ハ満洲産米ノ増加ニ依リ輸入減退ノ傾向ヲ来シテ居ルカ十年
ノ外國米（主トシテ朝鮮米）総輸入額ハ四十一萬七千担デ前年ノ十
三萬担ニ比シ、約三倍余ニ増進シタカ一方支那米ノ輸入カ前年
ニ於テハ三十八萬担余リヲ算シタルニ反シ、十年ハ僅カニ十三萬
担デ約三分ノ一ニ減退セルヲ以テ彼我相対照スルト当年大連
港移入総数量ニ於テハ前年ニ比シ三萬担余ノ増進ニ過キナイ。
然レドモ前年ニ在リテハ朝鮮米ノ價格石当リ平均四十五、六円
ヲ唱ヘタルニ対シ、支那米ハ其ノ約半價ヲ以テ取引サレタルヲ以テ

No.

貿易價格ニ於テハ著シキ増進ヲ呈スヘク思考サレル。蓋シ当年朝鮮米ノ輸入激増セルハ米價ノ下落ト代用支那米ノ減退ニ依ルコト勿論ニテ其結果需給関係ガ常態ニ復スルニ至ツタノデアル

白砂糖ノ輸入ハ大部分日本糖デ外國糖ハ二、三割ヲ占ムルニ過キナイ。然シテ十年ノ輸入数量ハ三十二萬四千担デ前年ノ十一萬二千担ニ比シ、約三倍ニ増進シタ。蓋シ前年ハ財界ノ恐慌、銀價暴落ニ依ル需要購買力ノ激減ト前々年ノ「ストック」ニ依リ輸入業者ガ輸入ヲ手控ヘタルニ由ル。之ニ反シ十年ニ於テ西比利亜地方向若干輸送アリ、相場モ前年ニ在リテハ最高三十四円ヨリ最低二十四ヲ唱ヘタルガ、十年ハ最高二十四円ヨリ最低十四、五円ニ低

ヨ-0022　B列5　28字×10　南満洲鐵道株式會社　(12. 9. 10,000冊 結川納)

No.

下セル為メ需要従テ増加セル結果デアル
次ニ、前年ニ比シ増進セルハ銅塊及條亜鉛引鉄板、鉄力板、銅鉄板、豆類、鮮魚、松木、日本酒、石鹸等アルモ何レモ一割乃至二割ノ増進ニ過ギズ、順調ノ進展ト見ルベキデアラウ。
次ニ前年ニ比シ下振リ告ゲタルハ日本ヲ主トシ、支那、新嘉坡海峡植民地、英國、佛國等デ之等諸國仕出シ、輸入貨物ノ減退ハ則チ其主因デアル。而シテ輸入貨物中減退ノ著シキモノハ別于其需要大ナル金巾、粗布、綾木綿等ノ各種綿布綿製品、綿糸及鉄鋼材料銅鉄板、鉄道材料軟木等デ之等諸品ハ總シテ一般財界不況ニ伴フ満洲各地ノ需要購買力減退ニ依ルモノデアルカ続

ヲ-0022　B列5　28字×10　南満洲鐵道株式會社

No.

中前者各種綿糸布類ノ減退ハ対日本貿易ノ不振ニ依ルコトヲ論ナルモ満鮮國境ニ於ケル関税三分ノ一減及三線聯絡鉄道運賃割引ノ有利ノ為メ満洲輸入ノ大部分ガ常ニ安東ヲ経由スルガ為メテマ逐年支那各地ニ於ケル斯業ノ発達モ見逃スベカラサル原因デアル

後者鉄鋼其他ノ材料品ハ一般工業界ノ不況ト満鉄会社ノ事業収縮ニ依リ土木建築界ノ不振ニ基因スルモノデアル

支那品ノ輸入ハ近年如何ニ好況ヲ告クルモ外國品輸入額ノ四分ノ一ニ達セサルヲ例トスル、然ルニ前年ニ比シ二分ノ進展ヲ告ゲタルハ左表ノ如シ

No. ……………

支那品輸入比較（△ハ減）

品名	呼称	大正十年	大正九年	比較増減
金巾	疋	九、九三九	三、一六〇	六、七七九
粗布	〃	二一〇、六三〇	一五六、〇一八	五四、六一二
綾木綿	〃	七、四一七	三、四二〇	三、九九七
縞土布	〃	一七、〇二九	六三二	一六、三九七
土布	担	一二、四六八	八、四四八	四、〇二〇
綿糸	〃	二一、八二七	二五、三四二	△三、五一五
牛	頭	一、三一五	一、三八一	△六六
蝋燭	担	三、一一九	四、九三四	△一、八一五

ヨ-0022　B列5　28字×10　南満洲鐵道株式會社　（13. 9. 10,000冊 鮎川納）

No.

紙巻煙草	担	一三、九四八	一一、三四七	二、六〇一
棉花	〃	六、七四二	五〇〇〇	一、七四二
鶏卵	個	二〇五、四九六	二六三、六五五	△五八、一五九
小麦粉	担	三五一、九六八	二〇四六八六	一四七、二八二
果実	〃	六五、七二九	五七六二九	八一〇〇
紙(上)	〃	六、一六七	三、七七一	二、三九六
仝(並)	〃	九、七七三	一三、四七四	三、七〇一
仝(三)	〃	一〇、五〇〇	七、二五二	三、二四八
襯拌紙	〃	六五二	一、一八一	五二九
米	〃	一三〇、四一一	三八二、五三〇	△二五二、一一九

靴	足	一二三、八三八	一五五、八三七	△三二、〇〇六
野蚕糸	担	四一	一	四〇
絹織物	〃	一、二八六	八六一	四二五
絹紬	〃	六五六	二五六	四〇〇
茶	〃	九、〇八一	三、四八七	五、五九四
葉煙草	〃	三一、四九七	五七、六六七	△二六、一七〇
刻煙草	〃	一、九二一	二、四四六	△五二五

主要支那品二十五種中十五種ハ其数量ニ於テ少ナクモ二、三割

及ヤハ三、四倍乃至十倍ノ著シキ増進ヲ示シ減退セルハ僅カニ

十種ニ過ギザルニ由ルノデアル。而シテ増進ノ著シキモノハ各

ヨ-0022 B列5 28字×10 南满洲鐵道株式會社 (13.9.10,000冊 鮎川納)

No.

種綿布類、小麦粉、紙類、紙巻煙草、絹紬、茶等デ就中各種綿布類ハ主トシテ上海、青島等ヨリ輸入セラル、モノデ未ダ其ノ数多カラサルモ日本及外國産ノ精製品ガ比較的高價ナルト支那各地ニ於ケル斯業ノ発達ニ依リ逐次代用的需要旺盛ヲ告ケタル結果デアル

小麦粉ハ三十五萬担テ輸入外國粉ノ五倍ニ相当シ、品質價格ニ於テ坊汾粉及外國粉ノ競争品タルガ故ニ侮ルベカラサルモノデアル。以下ノ諸品ニ在リテモ其輸入額未タ多量ナラサルモ需要額逐年増進シツ、アリ。之ヲ要スルニ一般支那品ノ入増ハ漸次自給自足ニ傾キツ、アル現象ト観測シ得ルノデアル

ヨ-0022　B列5　28字×10　南満洲鐵道株式會社　(12. 9. 10,000冊 鮎川納)

No.

次ニ減退ノ著シキモノハ米、鷄卵、蠟燭、禮拜紙、葉煙草等デ米ハ前年ニ於ケル輸入数量ノ約三分ノ一ニ減退セルハ前項ニ記述セル如ク外國米ノ入増ニ依ル当然ノ結果デアル

海関収入

大正十年大連海関収入ハ五百十六萬八千両ニシテ前年ノ四百九十萬二千両ニ比シ、二十六萬六千両（五分四厘）ノ増収ヲ示シタ。然レドモ之ハ十年ニ於テ賦課実施ノ附加税ヲ加算セルガ故ニシテ之ヲ除外セシカ前年ニ比シ、三萬一千両（六厘）ノ減収ヲ示シテ居ル。更ニ各税目別対照スルト輸入税ニ於テ一割五分、子口税一割増収ノ外、輸出税（九分五厘）沿岸貿易税（三厘）噸税二分ノ一減

No.

収デアル。蓋シ輸入及子口税ノ増収ハ輸入貿易ノ進展輸出税ノ減退ハ輸出貿易不振ニ基因シ、噸税ハ当港ニ於テノ納税船ノ僅少ナリシモノデ沿岸貿易税ノ減退ハ甚タ僅少ニシテ言フニ足ラズ、要スルニ減収ノ主因ハ輸出貿易ノ不振ニ基クモノデアル則チ左表ノ如シ

	大正十年	大正九年
輸入税	二、〇三三、〇六四	一、七七五、一一五
輸出税	三、七六三、二六四	三、〇五五、九五三
沿岸貿易税	三一、三九三	三一、二〇七
子口税	四三、〇三九	三九、二四〇

No.

噸税	五二一	一、一九九
計	四、八七一、二八一	四、九〇三、七一四
附加税	二九七、五八一	—
合計	五、一六八、八六二	四、九〇三、七一四

受入番号1629

(231)6

整備項目			
索引番號		文書番號	

件名

埠頭船舶取扱規則・料金表中改正認可の（大正一〇、六、二五）

備考

三ー三ー一二九

水運港湾ー運営

B列5

(12.7.5,000枚 松浦屋納)

No.

拓庶第六三二號

南満洲鉄道株式会社

大正十年四月六日附満鉄運八一第二號ノ一申請其ノ社埠頭船舶取扱規則、埠頭貨物取扱規則ヲ営口及安東両駅ニ準用ノ場合ニ於ケル別表並料金表中改正ノ件認可ス

大正十年六月二十五日

内閣総理大臣　原　敬

内閣総理大臣之印

ヲ-0022　B列5　28字×10　南満洲鐵道株式會社　(13.9. 10,000 P 結川納)

（54）

受入番号7028

整備項目			

索引番號	文書番號

件名

埠頭貨物取扱規則中改正認可

（大正一一、五、二九）

備考

三－三－一六〇

水運港湾－運営

（一枚）

B列5

（12.7.5,000枚 松浦屋納）

No.

拓一第一、七九二號

南満洲鉄道株式会社

大正十一年四月二十八日附満鉄運貨第二二第一號ノ三申請其ノ社埠頭貨物取扱規則中改正ノ件認可ス

大正十一年五月二十九日

内閣總理大臣子爵　高橋是清

鉄道大臣　元田　肇

内閣總理大臣之印　鉄道大臣之印

ヨ-0022　B列5　28字×10　南満洲鐵道株式會社　(13. 9. 10,000.)

整理号No030

整備項目			
索引番號 54		文書番號 9/4	

備考	件名
	埠頭貨物取扱規則及埠頭船舶取扱規則中改正ノ件

B列5

(12. 7. 5,000枚 松浦屋納)

第二七一六号

南満洲鉄道株式会社

大正十三年十月二十一日附満鉄鉄貨二四第一号ノ三申請埠頭貨物取扱規則及埠頭船舶取扱規則中改正ノ件認可ス

大正十三年十二月六日

鉄道大臣 仙石 貢

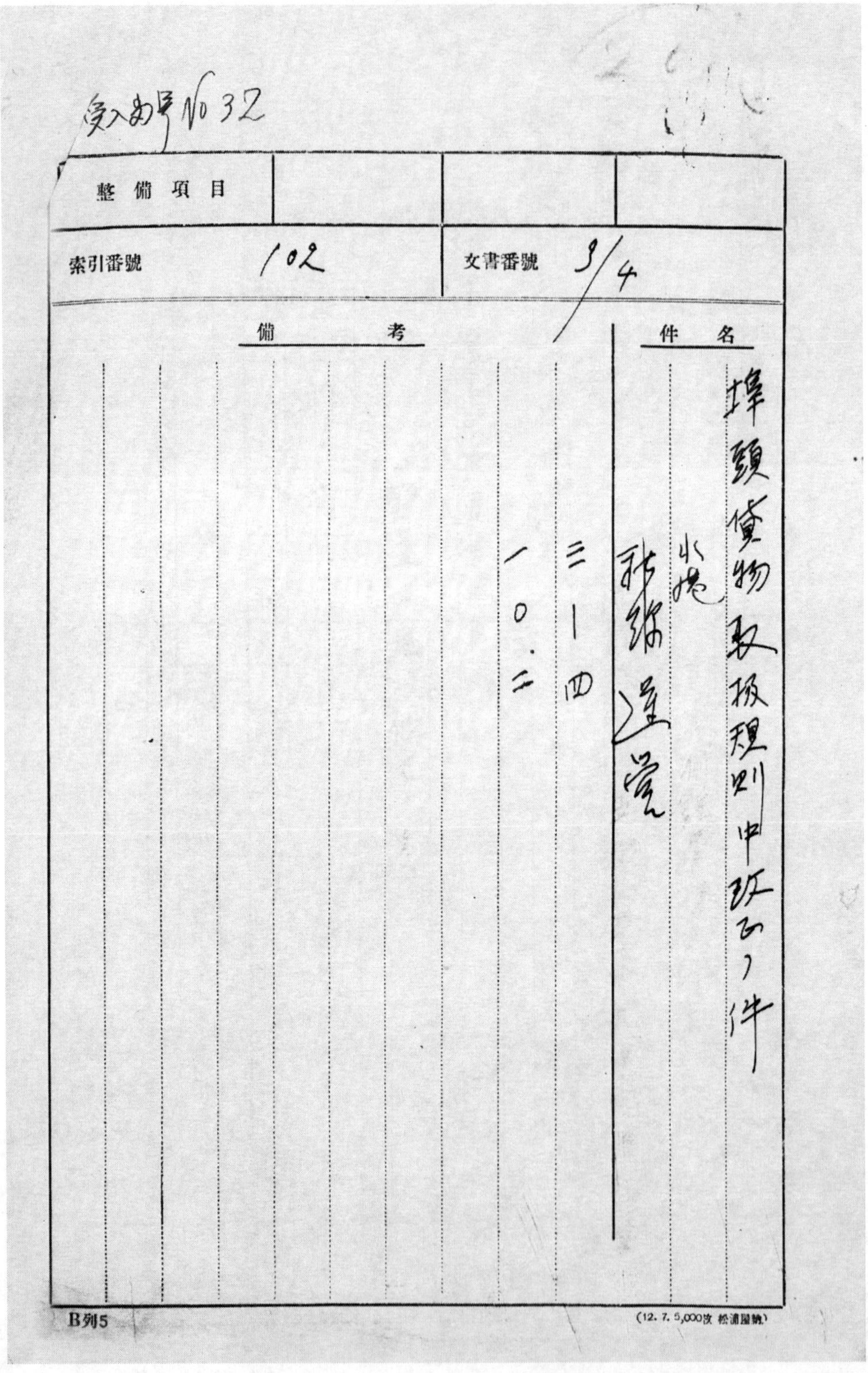
受入番号 No 32

整備項目			

索引番號	102	文書番號	3/4

備考　件名

埠頭貨物取扱規則中改正ノ件

三一四

一〇・二

B列5

(12. 7. 5,000枚 松浦屋納)

No.

監第三一一九号

南満洲鉄道株式会社

大正十四年十二月二日附満鉄鉄貨二五第一号ノ九申請埠頭貨物取扱規則中改正ノ件認可ス

大正十四年十二月廿二日

鉄道大臣　仙石　貢

ヨ—0022　B列5　20字×10　南滿洲鐵道株式社會　(13.9.5.000冊 通用紙)

受入番号 No 33

整備項目			
索引番號 101		文書番號 3/4	

備考	件名
三一四 一〇三	埠頭船舶取扱規則中改正ノ件 水運 港湾 運営

B列5　　(12.7.5,000枚 松浦屋納)

No.

監第一五二号

南満洲鉄道株式会社

大正十四年八月一日附満鉄鉄貨二五第一号ノ四申請埠頭船舶取扱規程規則中改正ノ件認可ス

大正十五年一月二十七日

鉄道大臣　仙石貢

(20)

C

[illegible]号No 31

整備項目			
索引番號		文書番號	

件名

埠頭船舶取扱規則中改正ノ件

港湾運営

三一四

一四〇

備考

(12. 7. 5,000枚 松浦屋號)

B列5

No.

監第六〇一号

南満洲鉄道株式会社

昭和二年一月二十六日附満鉄鉄貨二六第一号ノ四申請埠頭船舶取扱規則中改正ノ件認可ス

昭和二年三月十七日

鉄道大臣　子爵　井上匡四郎

南満洲鐵道株式會社

受入番号No637

整備項目			
索引番號		文書番號	

件名：大連第二埠頭五、六号倉庫改築ノ件

水港　計課　運営

三、一四

一二六

備考

B列5

(12. 7. 5,000枚 松浦屋納)

No.

拓一第二一九五

南満洲鉄道株式会社

昭和二年七月三十日附満鉄鉄務二七第八号ノ四四申請大連市ニ埠頭五、六号倉庫改築ノ件許可ス

昭和二年九月七日

内閣総理大臣　男爵　田中義一

ヨ—0022　B列5　南満洲鐵道株式會社

30

簿冊番号NO35

整備項目			
索引番號		文書番號	

件名

大連第一埠頭変電所増築ノ件認可

港湾運営

三一四

二〇六

備考

B列5　　(12. 7. 5,000枚 松浦屋納)

No.

拓一第四五〇九号

南満洲鉄道株式会社

昭和三年十月十八日附満鉄鉄務ニ八第八号ノ一二四申請大連第一埠頭変電所増築ノ件許可ス

昭和四年一月十八日

拓務大臣男爵　田中義一

ヨ—0022　B列5　字×行　南満洲鉄道株式會社　(13.9 2,000)

（31）

受入番号No 34

整備項目			
索引番號		文書番號	

件名

大連第二埠頭五、六号倉庫改築工事設計

変更認可

北港[illegible]運営

三—四

二〇八

備考

B列5　　(12. 7. 5,000枚 [illegible]屋號)

No.

一

拓一第四六二六号

南满洲鉄道株式会社

昭和三年十月三十日附満鉄鉄務二八第八号ノ一五一申請大連ガ
二埠頭五、六号倉庫改築工事設計変更ノ件許可ス

昭和四年一月二十四日

内閣総理大臣男爵　田中義一

ヨ—0022　B列5　二十字×10　南満洲鐵道株式社會　(13.9.5,000 …)

受入番号 No 36

整備項目			
索引番號		文書番號	

件名

大連第一埠頭西側及甲埠頭岸壁並倉庫改築ニ関スル件

水運港湾課

三十四

二一五

備考

B列5　(12.7.5,000枚 松浦屋納)

No.

拓秘第六四〇号

昭和四年三月七日

内閣拓殖局長　成毛基雄

南満洲鉄道株式会社社長　山本条太郎殿

大連第一埠頭西側及甲埠頭岸壁並倉庫改築ニ関スル件

昭和三年十二月八日附満鉄鉄務二八第八号ノ一六〇ヲ以テ許可申請ニ係ル首題ノ件ニ関シテハ別紙ノ通許可相成候処本件実行ニ当リテハ左記事項御遵守相成度依命此段及通牒候也

記

一　甲埠頭第十号上家改築

No.

(イ) 岸上屋西部ノ空地（別紙朱線內）ハ將來如何ナル建築ヲモナササルコト

(ロ) 改築上屋ノ水側ハ一階ノ屋壁ヲ廢シ柱ノ間隔ハ成ルヘク三米六〇以上其ノ道路ノ高サヲ三米以上トシ所々大型積貨物取扱ニ便ナラシムル為高サヲ三米五〇以上トス

（柱ノ間隔ニ所要ニ應シ撤去シ得ル壁柵類ヲ設ケ又ハ內部ノ列柱間ニ壁ヲ設クルコトハ差支ナシ）

ハ. 改築上屋ノ西端ハ現在繫船係詰所西端ニ止ムルコト。

ニ. 改築上屋ニ至ル引込線ハ單部ニ於テ必要アルトキハ運行ヲ中止セシムルコト。

南満洲鐵道株式會社

No.

ホ、改築上屋ハ平時ニ於テモ軍部ニ於テ必要アルトキハ其都度会社ト協議シ之ヲ使用シ得ルコト。

ヘ、該上屋南側プラットホームニハ軍用車輌ノ交通ニ便ナル如ク幅三米以上ノ道路ヲ二箇所以上設クルコト

二、第十九号倉庫ノ改築

同倉庫ノ西側及南側ノ空地ハ軍隊集合場及馬繋場トシテ常ニ開放シ且ツ馬匹三百頭分ノ馬繋設備ヲ行フコト。

No.

拓鉄第六四〇号

南満洲鉄道株式会社

昭和三年十二月八日附満鉄鉄務二八第八号ノ一六〇申請大連港第一埠頭西側及甲埠頭岸壁並倉庫改築ノ件許可ス

昭和四年二月二十八日

内閣総理大臣男爵　田中義一

ヨ—0022　B列5　二字×10　南滿洲鐵道株式會社　(13.9.5,000冊)

No.

48

日本海航路の使命

満洲事変後の数年間は、我國に於て日満経済の提携乃至其の緊密化の重要性を提唱する聲高く、國民の関心は専ら満洲の産業開発に集中せられ、交通通信に、鑛工業に、電力開発に、或は農林業に、起業極めて活溌であったが、其後勃発せる日支事変は長期化し、殊に獨英争覇戦は欧羅巴のみならず世界に新局

B列5　南滿洲鐵道株式會社

No.

面を展開し、我國は予ての方針を一擲し、獨伊樞軸に参加して三國同盟を締結し、世界新秩序の一環としての東亜新秩序の建設を決意するに至つた。之に對し北米合衆國は對英及對蔣援助を強化して、飽くまで新秩序の建設を妨害し、以て世界旧体制を維持せんとし、我國に對しては漸次経済壓迫を加重するに至つた。此に於て我國は内は大政翼賛運動の推進に依り、先づ國内の新体制を樹立し、外は日満支及南洋諸國をも抱擁する大東亜共栄圏を確立し、経済上の英米依存を脱却し、自給自足以て最高度國防國家を形成し、三國同盟を枢軸として、世界新秩序の一聯としての東亜新秩序の建設に邁進することになつた。

ヨー0028　B列5　28字×10　南満洲鐵道株式會社

No.

斯る時局に當面して、日満関係は既に解決済の問題であり、將に局部的の案件として、國民注意の外に逸脱せんとして居るのは寒心に堪へないが、日満兩國は其地理的関係に於て、又物資依存の関係に於て、密接不可分であつて、大東亜共榮圏の中核を為すものである。我が國が満洲國の穀類、鉄及石炭を支配し得ることが、我國をして共榮圏の盟主たるの資格を具有せしむるものである。事変前人口五億五十萬人の日満支三國の輸出貿易年額五十五億圓に対し、佛印以遠人口一億五千萬人の南洋諸國の輸出貿易年額は五十三億圓で、同額に近く、如何に南洋諸國が生産力に富み、殊に國防國家建設に必要不可缺の石油、ゴ

No.

等の産出に恵まれて居るのが知られ、共栄圏の確立に南洋諸國を包含することが、絶体必要と感ぜられるが、我國に最も近く、しかも政治的経済的に共存共栄の関係にある満洲國の産業を等閑視することは断じて許されない。満洲國の獨立離脱した後の支那は輸出力極めて微弱であつて、由来農業國でありながら、食用穀物を輸入に仰ぐ状態である。北支の棉花、蒙疆の羊毛、大同の石炭、大治の鉄等将来我國の育成に依つて、支那の生産力も漸次増加して、共栄圏に寄與することにはなると思ふが、差当り大きな期待は出来ない。

近代満洲の産業発展の跡を観るに、遼河流域即ち南満地区と、

No.

松花江流域即ち北満地区とに大別することが出来る。而して日露戦役後寛城子以南の東支鉄道南部線が、我國の領有に歸してより、南満地区の交通は我南満鉄道の掌握するところとなり、北満地区に於ては蘇聯の北満鉄道が交通の幹線となつた。南満鉄道は大連を主要港とし、営口及旅順を補助港とし、又朝鮮鉄道並京奉鉄道と接續連絡して、南満に於ける産業開発の動脈となつた。北満鉄道は補塩斯徳を唯一の呑吐港とし、西伯利鉄道に連絡し、又松花江の水運を補助機関として、北満の産業界に君臨した。我國が南満鉄道の経営着手以来、満洲國の獨立後蘇聯より北満鉄道を接收するまで、年々松花江流域の貨物就中大

No.

豆の蒐荷に関し、南満鉄道が北満鉄道に対し、火花を散らして戦ったことは國際鉄道貨物争奪戦としても珍らしい現象であった。

北満鉄道を接收した満洲國は他の國有鉄道と共に其経営を南満鉄道会社に委託した。而して委任を受けた南満鉄道会社が、浦塩斯徳と切断された北満鉄道就中濱綏線の経営上、他の満洲事変後建設された東北満地方の諸鉄道と共に、其吞吐港を北鮮に求むるは当然であって、清津、雄基の既設港の利用と共に、新に羅津の大規模の築港と成って現れた。北鮮三港と直接又は間接に接續する満洲國の鉄道は京図線、図佳線、濱綏線、虎林

ヨ—0022　B列5　28字×10　南満洲鐵道株式會社

No.

線、拉浜線及浜北線等であつて、地域よりすれば松花江及其支流たる牡丹江、烏蘇里河並豆満江流域を占め、所謂東北満洲を抱擁するものであつて、間島省、吉林省、牡丹江省、東安省、三江省及浜江省に亘り、地味概ね肥沃、加かるに千古斧鉞を知らざる廣大なる大原始林を以て蔽はれ、且石炭を初め地下資源に富み、而して人口は稀薄、満洲國内に於ても将来最も其生産力に屬望せられ、寶庫を以て目せられて居る地域である。日満両國政府も此に着眼し、優秀なる大和民族及半島人を多数入植させ、生産増加に努むると同時に、國防第一線の強化を図るべく為に、厖大なる移民國策を樹立し、着々実行中である。

No.

此の地帯は東北満洲の辺陬に位し、満洲事変前は交通不便に加ふるに、清朝以来の封建的政策の影響もあり、殊に本地帯唯一の交通機関である北満鉄道の不合理な政策に累され、産業経済部面の開発は著しく遅延して居たが満洲建国以後は急速に交通機関を整備し、此の地帯の産業開発に日満経済ブロックの基調を置いたのである。併し如何に鉄道を建設し港湾を修築しても必要な航路が開設され、整備されぬ限り、其鉄道は開拓の機能を充分に発揮することは出来ない。満洲事変前南満鉄道があれだけ南満の産業開発を助け、光輝燦然たる成績を挙げ得たのも大連、営口に寄航する航路が漸次拡大強化され、船車

南満洲鉄道株式會社

No.

之に相倚り相助けて、輸送の責任を全くしたことに歸せねばならぬ。東北満洲は北鮮諸港より日本海を横断すれば日本と最短距離に於て結び付き得るのであるから、先づこの日本海航路の整備に着眼するのは当然と云はねばならぬ。

政府は日満両國の要請を容れ、昭和十三年十一月十一日閣議に於て「東北満洲対裏日本交通革新並北鮮三港開発ニ関スル件」としテ東北満洲ノ開発ヲ促進シ、移民國策ノ遂行ヲ助成スルト共ニ、裏日本地方ノ発展ヲ図リ、北部朝鮮ノ開発ニ資スル為、東北満洲及裏日本間ノ交通ヲ刷新強化シ、併セテ之ニ伴フ國防的諸要素ヲ培養シテ有事ニ備フルモノトス、之ガ為左記要領ニ

ロ－(0)22　B列5　28字×10　南満洲鉄道株式會社

No.

依り、日本海航運ノ強化、並之ニ関聯スル港湾施設及日満陸地交通ノ改善ヲ行フモノトス、以下要領旨略と決定し、此の閣議決定に基き、逓信省を初め各関係機関に於て準備を進め、翌昭和十四年十一月二十九日、北日本、朝郵、大汽等関係日鮮満三汽船会社の出資に依り、日本法人たる日本海汽船株式会社を創立し、昭和十五年二月十一日、光輝ある二千六百年の紀元節をトして、初めて営業を開始した。新国策会社は資本金参千万円現有船舶〇〇隻、總噸数〇萬余噸、従来北日本汽船株式会社に於て経営せる新潟、北鮮線、敦賀、北鮮線、敦賀、北鮮、浦塩線、伏木、北鮮線、伏木、朝鮮東岸線等の逓信省命令航路其他

日―0028　B列5　28字×10　南満洲鐵道株式會社

No.

と経営して居る。

題記の日本海航路が、上掲の既設航路に局限されざるは勿論であつて、将来造船計畫の進行に伴ひ、既設航路の改善擴充と共に、幾多新航路が開拓せらる可きは当然である。現に開設準備中已むを得ざる事由に依り、一時延期したものに、東北地方及北海道と北鮮を結ぶ航路と、山陰地方、及北九州と北鮮を結ぶ航路とがある。我國の地勢に應じ、日満聯絡交通を一層普遍化するためには将来次から次ぎと新航路の開設を必要と認めて居る。

是等既設未設の日本海航路の使命如何。上記の昭和十三年十

No.

一月十一日の閣議決定事項は、之が明瞭な回答である。即ち

一、東北満洲の開発を促進すること

二、移民國策の遂行を助成すること

三、裏日本地方の発展を図ること

四、北部朝鮮の開発に資すること

である。是等は勿論日本海航運のみに課せられた使命ではなく之に関聯する港湾施設及び日満陸地交通機関も、同じ使命の下に立つものであるから、三者は相互に聯絡提携して、其の使命を達成す可きものと考へられる。

東北満洲が大豆に於ても、木材に於ても、又石炭等の地下資

No.

源にも恵まれたる満洲國の寶庫であつて、且人口稀薄で開拓民を多数抱擁し得る處女地であることは既に述べた通りである。欧羅巴戦争前年々欧洲に輸出された数十萬瓲以上の大豆は主として東北満洲に生産され、北鮮諸港から積出されたものである。毎年多量に我國に輸入される飼料も、東北満洲生産のものが多い、尚是等大豆雑穀等の在来穀類の外に、現在進行中の河川整理及び濕地干拓により、擴大な水田が得られ、新に入植せる大和民族及半島人により、大規模に水稲の栽培が行はれるに至れば、將来米穀の産出は非常な数量に上ることが豫想せられ、我國が必要とする場合には、大量の米穀が日本海航路に依つて、

No.

我が國に輸入される時期の来る事も遠き将来ではないと考へる。東北満洲が森林地帯に富んで居ることも衆知の通りであつて、木材の伐採、パルプの製造も盛んである。地下資源は未だ精密な調査を経て居ないが、石炭のみでも鶴岡の五十億瓲、密山の十三億七千萬瓲、向島の四億四千萬瓲、三姓の三億三千四百萬瓲等を初めとし、其の埋蔵量は驚く可きものがある。是等農林鑛産物は若干の地方消費を除き、餘は擧げて北鮮諸港より輸出せらる可き運命に在るのみならず、是等の生産に必要なる機械・器具其他の資材も、我國より北鮮諸港を経て供給するの外他に路はない。しかのみならず生産に必要なく所要素即ち

ヨ―一〇〇 B列5　28字×10　南滿洲鐵道株式會社

優秀な技術も労力も、我國の供給に俟つ外無き現状に於て、我が國と北鮮諸港とを最短距離に於て連絡する日本海航路の使命は極めて重大であつて、其の経営の如何は直ちに東北満洲産業の開発に影響し、寧ろ其の成否の鍵を握ると云ふも過言ではあるまい。

東北満洲は満洲國の寶庫と呼ばるゝ程経済的價値に富むも、人口稀薄に従て開発遅延せる處女地であつて、将来の発展を企図して、開拓民の入植が主として此の地域を対象として行はれる関係上、且開拓民の出身地が多くは日本海沿岸に近い関係上、閣議決定が日本海航運に移民國策遂行の助成の使命を負はせた

No.

ことは當然である。日本海汽船株式会社は、創業以来其の経営する總ての航路を擧げ、あらゆる犠牲を忍んで、開拓團、青年義勇隊及び勤労奉仕隊の輸送に努め、國策の遂行に協力して居る。将来船隊の整備に伴ひ、一層奉公の誠を致し、使命達成に邁進する覚悟である。

日本海航路は内地に対し、裏日本地方の発展を図ることをも其の使命の一とされて居る。明治以降の我が國運の進展に照し、裏日本地方が比較的恵まれざる地位に取残されて来たことは否定出来ない。然るに満洲國が獨立し、我が國と密接不可分の関係に立つや、日本海を隔てゝ一葦帯水の裏日本地方は満洲國の

南滿洲鐵道株式會社

No.

育成、殊に東北満洲の産業開発に依って発展せしめんとするは政治上極めて巧妙であり、且穏当である。由来裏日本地方の自然は表日本に比し不利である。即ち一年を通じ降雨多く、冬は積雪が深い、従って屋外作業の能率も低め、又列車の運行に支障を来すことがある。併し之は人力に依って打勝ち得ない障害ではない。設備に依って克服し得ると考へる。現在日本海航路の往航貨物中東日本産のものは主果、蔬菜、藁工品及び木材類に限られ、他の貨物就中加工品は表日本其の他主産都市より、鉄道に依って到着するもので、所謂通過貨物である。併し将来日本海航路の整備により、裏日本地方にも工場を誘致し

No.

其の地方の原料に依るものは勿論、北鮮及び東北満洲より原料及び燃料を輸入し、之に加工して更に満洲國及び朝鮮へ輸移出するに至ることは日本海航路の使命の一である。北鮮茂山の鉄、東北満洲の大豆、雑穀及び石炭等は裏日本地方の工業培養の要素として最も重要なものである。従来能率増進の点のみより、工場の集中行はれたるも、飛行機發達の結果、近来國防上の見地より工場分散の餘儀なきに至つたことは、裏日本地方工業の育成に都合好き機会を與へることと思惟される。

北部朝鮮は水力電氣なる動力に於て、鉄、石炭に於て、又水産物に於て、鮮内に於ける経済上最も恵まれたる地域なること

南満洲鐵道株式會社

No.

は周知の通りであるが、其の肥料、石炭液化の如き化学工業に於ても、パルプ製造業に於ても、其の着手は極めて近年に屬し、指導助成如何に依っては、將来の発展は計り知れざる有望な地方である。政府は斯る多幸な北部朝鮮の開発に資することも日本海航路の使命の一として居るのである。

之を要するに大東亜共栄圏の確立は終局の指標たるには相違ないが、支那は假令將来に期待されるところ多々とはいへ、其の現状は経済上直ちに多くの寄與を求め難い。南洋諸國に至りては一層然りで、僅に外交上の交渉に依って、必需物資の獲得に努めて居る現状である。従って我國が総力戦継續の爲に、又

No.

高度國防國家建設の為に、現在直ちに安心して使用し得る物資は一德一心の日満両國に制約を受けるのである。即ち日満両國こそ大東亜共栄圏の中核であって、之が擴充発展に依って、將来支那及び南洋諸國を抱擁する大共栄圏の実現を期するのである。即ち支那及び南洋に関しては現在尚理想乃至希望の域を脱しないのである。故に満洲の産業を開発し、日満物資の交流を旺盛ならしむ可きは満洲事変直後よりも遥かに其の必要を増加したと云はねばならぬ。殊に中南支より南洋に及ぶ大東亜共栄圏の確立を目指すに於て、其の核心たる日満両國を軍事・経済文化の各方面に於て、密接不可離の関係に立たしむる要あるこ

（B列）28字×10　南満洲鐵道株式會社

とは云ふまでもない。而して斯の如く日満の緊密化の根蒂と成り、動脈となるものは陸海空の交通機関と、郵便、電信、電話の通信機関とである。是等の交通通信機関中に於て海運の占むる地位の如何に重要なるかは今更多言を要しない。

満洲國の産業を開発し、日満両國の緊密化を図る海港に、南満諸港と、北鮮諸港とあることは既に述べた所である。此の外に錦州、熱河両省即ち遼西地方をヒンターランドとする葫蘆島港、東辺道の呑吐港たる大東溝及び多獅島の両港があるが、南満及び北鮮諸港に比すれば局地的で、其の價値は微小である。

殊に北鮮諸港の背後地は、北鮮は素より、遠く東北満洲に亘り、

No.

地味肥沃資源豊富な處女地であって、満洲國將来の産業開発、移民政策或は振興計畫は多くは此の東北満洲を対象とするものである。而して北鮮諸港と日本海を横断して、最短距離に在る裏日本諸港とを結び付けるのが日本海航路である。しかも此の航路は東北満洲の開発を促進し、移民國策の遂行を助成するのみならず、北部朝鮮の開発に資すると共に裏日本地方の発展をも命ぜられて居るのであって、使命の重大なる他に多く其の比を見ないのである。吾々此の航路経営の任に在るものは深く其の責任を自覚し、使命の達成に邁進すると共に、延いて大東亜共栄圏の確立、高度國防國家の建設に寄與せんとして居る次

No.

方である。

日—(8122　B列5　28字×10　南滿洲鐵道株式會社

49

満洲國海運に就いて

序

満洲は土地廣濶なる割合に、海岸線短く従って天然の良港も亦乏しく海運産業の發達は非常に遅々たる現状にあつた。然るに昭和七年三月満洲帝國建設され日満経済ブロックの結成となるや、満洲の交通産業は全然新しき立場に於て第一歩を踏み出すこととなり、微力なりと云へども交通産業の一翼として海運は水運と共に重要なる使命を背負はされるに至つた。即ち日満両國経済提携の一体化は貿易、交通運輸の繁栄を齎し両國各港湾の緊密なる有機的連繋を必然ならしめ、海運の重要性を一層高めると共にその發展は満洲國内産業開發の線に沿ひ、日満支経済ブロツクの上に輝かしき将来性を約束されてゐる。

本稿では斯くの如き満洲海運が、過去に於て如何なる發展経路を辿り来り、亦、現在に於けるその構成内容（現姿）は如何であり、更、それは東亜新体制樹立の過程に於て如何なる地位にあるか、といふことを極めて杜撰ではあるが考察を為したものである。

No.

一、満洲海運の發達略史

満洲に於ける海運の歴史は相當に古く、西暦一八六〇年天津條約の結果、営口（當時牛莊）が天津、芝罘と共に開港された時を以て満洲沿岸（渤海、黄海）の近代的海運が開始されたものであつて、それ以前には民船による原始的な交通運輸が行はれてゐたに過ぎない。前記三港が開港場として指定されると同時に先づ英國船が南支より北支へと進出し来り太古洋行、怡和洋行が主として渤海沿岸の航行を恣にし、牛莊、天津間牛莊、天津、上海間等先進國の誇りを以てユニオン、ジヤツクの旗を飜へし、亜いで英人の指導を受けた支那汽船會社招商局が、

No.

牛莊、天津、芝罘等の渤海湾定期航路を開航し、運輸交通業に従事するに至り、渤海湾海運業の黎明期を作るに至った。

この方面に於ける邦船の進出は、明治二十七年黄海の波不穏なる頃に始まったが、本格的に進出し始めたのは日清戦争以後に属し芝罘に邦商高橋洋行が日本船舶の元扱業を開始し渤海湾内諸港間の航路を開設する根底を作り、渤海湾頭始めての日章旗を翻へすに至った。斯くて日本船の進出はめざましく、永田丸、共同丸、蓬莱丸、松浦丸等総噸数二百噸程度の小汽船を以て新興日本帝国の大陸発展に於けるパイオニヤの役割をなすたのであった。以後明治三十七年日露戦争勃発迄、本邦船の活

No.

躍盛なるものあり、逐年發展の道程を辿つた。卽ち明治三十三年北清事變の前後、列強は北京入城に没頭し渤海、黄海の海運業に對し関心を払ふの餘裕なく、北支、満洲一帯の海上には僅かに沿岸航行の支那戎克と當時露國が沿岸防備に藉口する義勇艦隊の船影をみるに止まり、殆ど同航路を擧げて本邦船の活躍独占に帰するの盛観を呈したのである。

日露戦争勃發によりこの方面の日本船舶は退却の運命となり、戦争終結したる後も我が日本は國力回復及び満洲大陸経営進出に專念したる為め、海上方面は等閑に附され勝ちにて、此の間英國船の進出顯著となり独逸及佛國汽船も進出し加ふるに支

No.

邦人航業者勃興し、政記輪船公司、肇興輪船公司等を初めとして群小汽船會社が続出し、自國領海内に於ける活動といふ特権をもつて、漸次見るべき活動を始めるに至つた。

明治四十年関東都督府令により大連に海務局を設置し港務及び海事行政を掌り、同四十四年十二月関東州置籍船令を公布し、大連港の築造設備と満鉄の海運政策への積極的進出によつて、再び邦船の進出目覚しく今日の基礎たる大連港を中心とする海運勢力を作るに至つた。

爾来漸次大連を中心とする本邦海運勢力が確立され、為めに営口は大連港の補助港的地位に轉落し、代つて大連港は満洲大

No.

陸の表玄関となるに至った。昭和六年の満洲事変は我が大陸進出勢力の桎梏に対する打破工作であり、この意味に於て渤海沿岸に於ける邦船の進出は、満洲事変を契機として飛躍を示し、八十年の歴史を誇る英國船も、地理的、政治的有利を負ふ支那船も漸次退却を餘儀なくされるに至った。更に今次支那事変は、日満支経済ブロックの確立を促進し、日満支海運はブロック内に於て、密接なる相互提携のもとに協調發展を辿ることゝなった。（大連汽船二十年略史に據る）

二、満洲海運の現勢

タ－0022　B列5　28字×10　南滿洲鐵道株式會社

満洲國は天然の河川に恵まれ、水路延長大であり、高低地の比高僅少なる平野に富むといふ地理的事情のもとに、河川運輸の發達は目覚しいものがあつたが、海運は上述の如く、土地廣濶なる割合に海岸線短かく天然の良港乏しき為め、その發達は遅々たるものがある。現在満洲國船舶中航洋船は僅か十六隻、一萬九千二百餘總噸であつて、其の内訳は左の如くである。

満洲國航洋船一覧表（總噸數五百噸以上）

船名	總噸數	所有者
和順	八八五噸	大通公司
北平	七一一〃	永源公司

No. ………

永源	一、七三一噸	永源公司
順源	一、六一〇〃	同上
復興	六九六〃	肇興公司
和興	三、〇三〇〃	同上
鯀通	一、五〇五〃	鯀太公司
海昌	九五四〃	海昌公司
隆順	九二〇〃	大通公司
鎮源	一、〇五七〃	永源公司
日昌	一、三四一〃	日昌公司
鯀清	一、三八二〃	鯀太公司

8 —0022 B列5 28字×10 南滿洲鐵道株式會社 (16.10.7570部 編者版)

No.

栄興	八三三噸	肇興公司
興華	一、四二六〃	永源公司
東興	五六九〃	肇興公司
海順	一、六七七〃	海昌公司
合計	十六隻	一九、二二七總噸

以上の所有汽船會社の簡單な内容は左の如くである。

一、餘太公司　所有船二隻（二、七八七噸）資本金三十萬圓、本社營口、支配人倉田芳松氏である。

二、永源公司　所有船五隻（五、八二四噸）合資會社、資本金百萬圓、昭和十一年三月滿洲國法人として設立され本社營

No.

口、社長趙松年氏である。

三、大通公司

所有船二隻（一、七〇五噸）資本金二十五萬圓、株式會社にして昭和十三年六月満洲国法人となり、本社営口、社長盧級三氏である。

四、日昌公司

所有船一隻（一、三四一噸）民國十七年（昭和三年）五月設立、本社営口にして資本金五十萬圓の株式會社、代表社員鄭幻彭氏である。

五、海昌公司

所有船二隻（二、六三一噸）民國十八年（昭和四年）八月資本金二十五萬圓を以て営口に設立され、代表社員呂獻臣氏である。

4—0022　B列5　28字×10　南満洲鐵道株式會社

No.

六、肇興公司　所有船四隻（四、一二八噸）宣統三年（明治四十四年）七月設立され昭和十年十月満洲國法人となり資本金三十萬圓株式會社、本社營口、社長李子初氏。

上記の如き満洲國船及び海運會社の内容であつて、その投資資本合計も僅か二百六十萬圓であり、他の交通産業に比しその貧弱なることは説明の要がないであらう。

満洲國建國以来、國内の産業開發促進に沿つて海運の確立發展もその急務を叫ばれてゐるが斯くの如き貧弱なる内容に於ては到底萬全を期する事が出来ず、従つて國内産業の海運に対する経済的要求は總て日本海運によりて、これを充當されてゐる

No.

の現状である。即ち日満経済ブロックを繋ぐ日満航路は總て日本船舶によって活動され、満支間とて僅か営口—天津、営口—山東間に満洲國船の活路を見出して居るに過ぎず、他は日本船、外國船の活動下にあり、國際貸借に寄與する対第三國航路たる対欧大豆輸送には、外國船の支配的活動下に置かれてゐるのである。

嚴正な意味に於ける満洲國海運とは云はれてないのであるが、日本船舶たる関東州置籍船は、満洲國經済と特殊、密接なる関係にあり、満洲の海運に重要な役割を以て加はって居るのである。それは関東州が満洲國と陸続きであり、大連港が満洲大

ヲ—0022　B列5　28字×10　南滿洲鐵道株式會社

No.

陸海外貿易の呑吐港であり、又日本内地と海事行政を異にしてゐる等の諸點即ち関東州は行政地域を満洲国と異にしてゐるが、経済的には「満洲経済地域」に包括されてゐるといふことがその基本的原因であつて、関東州置籍船数は六十八隻、二十六萬一千六百一總噸に達する。（昭和十四年八月末現在）

その内訳は、大連汽船の五十四隻、十九萬一千八百四十四噸を筆頭に山下合資會社二隻、一萬六百八十八噸。大正海運、龍運汽船、昌龍汽船、龍王汽船、春和汽船、東海汽船、大連石原、黒姫汽船、矢吹合名、大連菅谷兄弟商會、共同汽船、松浦汽船十二社、計十二隻、九萬八千六百十七噸である。右置籍船中七

No.

三％（船腹）を占むる大連汽船所有船は、同社が満鉄會社の傍系會社である関係から、満洲大陸鉄道との特別なる関聯性を有してゐて、その活動は満洲自体を中心として為され、斯る意味に於て満洲国海運産業の持つ任務性を多分に具有してゐる。港湾としては、大連、安東、営口、葫芦島及北鮮三港を満洲の海港と称することが出来るが（大東港は建設の端緒についたばかりである）安東、営口両港は大連港の補助港的立場にあり、昨年開港された葫芦島港も未だ充分に完備せず、一種の未完成港であり、北鮮三港亦然りであって、結局三十数年の歴史と東洋一の設備を誇る大連港が満洲海運市場の中心となってゐる。

9—0022　B列5　28字×10　南満洲鐵道株式會社

No.

之等諸港を通じて、満洲の海外貿易ルートは対日航路、対支航路及び対第三国航路の三つに区分することが出来る。対日航路は日満経済ブロックの強化により年々物資移動激増を加へ幾多の新設航路を見たのであるが、大体に於て、大連、営口より朝鮮西岸航路、九州（長崎、三角、鹿児島）航路、臺湾（基隆、高雄）航路、門司、阪神航路、京濱航路、日本海北海道航路に大別され、北鮮三港からは日本海岸航路、阪神航路に分たれる幾線かの定期航路が日本船舶の（関東州船を含む）活躍によって行はれてゐる。対支航路は営口、大連より天津、山東各港、上海、香港航路、安東より青島、上海航路があり、関東州

No.

置籍船、満洲国船、支那船が活躍して居て、第三国船の勢力は極めて劣弱である。其他対第三国航路に於ては、定期航路と称するものは極東―欧洲航路が大連に寄航する程度で、之に不定期船を加へ、主として欧洲向大豆輸送に当り、十五対八十五の割合でて、日本船対外国船が従事して居る有様である。

満洲国海外貿易に於ける満洲国置籍船及び関東州置籍船の活動率を見ると次ぎの如くである。（昭和十三年度）

輸入

	入港隻数	登簿噸数	揚荷噸数	揚荷比率
満洲國船	四一九	二九八、〇二九	一五七、四二一	三、六%

No.

関東州船	一、一二〇	一、五三三、三四五	八六一、二〇五	一九・六%
日本船	二、二七五	三、一八五、五四六	二、二四八、〇一〇	五一・一%
支那船	七六四	六一七、四三六	三九八、四四四	九・一%
其他外国船	四六五	一、五九八、一六四	七三六、八四九	一六・六%
計	五、〇四三	七、一九二、五二〇	四、四〇一、九二九	一〇〇・〇%

輸出

	出港隻数	登簿噸数	積荷噸数	積荷比率
満洲国船	四一六	二五八、八四四	二三四、七四七	三・二%
関東州船	一、一〇〇	一、五〇四、六一二	一、六四七、五〇四	二二・六%
日本船	二、三〇七	三、二二一、二〇一	三、〇〇四、五〇九	四一・三%

No.

支那船	七七一	六三二、一二一	七四八、七一八	一〇・三%
其他外国船	四七二	一、六一九、〇二九	一、六四三、三三三	二二・六%
計	九、〇六六	七、二三五、八〇七	七、二七八、八二一	一〇〇・〇%

輸出入貿易合計上ニ於ける輸送量比率

満洲国船	三九二、一六八噸	三・四%
関東州船	二、五〇八、七〇九 〃	二一・五%
日本船	五、二五二、五一九 〃	四五・〇%
支那船	一、一四七、一六二 〃	九・七%
其他外国船	二、三八〇、一八二 〃	二〇・四%
計	一一、六八〇、七四〇 〃	一〇〇・〇%

No.

輸入貿易上に於ける満洲国、関東州船の積取率は二三・二%、輸出に於ては二五・八%を占め、輸出入合計に於て二四・九%を占め、日本対外貿易に於ける日本船舶積約七割に比較すると、満洲国産業貿易に対する海運の如何に微力であるかゞ判る。然してこのことは満洲国貿易の不安定を意味するものであつて、満洲国貿易自体から見ても自国の海運産業の発達は要望されるところである。満洲国海外貿易の日本船舶（関東州置籍を除く）に依存することが如何に大であるかは、輸入に於て五一・一%、輸出に於て四一・三%、輸出入合計に於て四五・〇%の依存性を持つてゐることを見ても判る。其他外国船の輸入一六・六%

No.

に対し輸出二二・六％のひらきあるのは、欧洲向大豆輸出が八割近之等外国船により輸送されてゐるからである。

三、日満支交通ブロックに於ける満洲海運の地位

東亜に於ける新情勢に対応して日満支間の経済的、文化的関聯は愈々緊密となってきたが、更にその緊密度を増し、三国を打って一丸とする鞏固たる経済ブロックを結成するには、その基本的條件たる三国間の交通行政の一元化を図り、一貫不動の交通政策を樹立し以て三国間運輸陣容の拡大強化と三国交通の利便を増進せねばならぬことは贅語の要なく且つ當面の緊急問題でもある。この問題に就いては既に鉄道省が主体となりて、

三國間を移動する旅客及貨物の運輸取扱制度の統一のため朝鮮、臺灣、滿鉄、華北、華中の各鉄道、郵船、商船、北日本、東亜海運、大連汽船等関係海運業者、大日本航空、滿洲航空、中華航空會社等との航空関係者による會議を開催して着々とその実行に就きつゝある。

斯る情勢裡に於て、交通産業の重要一部門である海運の負ふ任務は重且つ大であり、日滿支三國間海上運輸のブロツク化を図ることは東亜交通ブロツクの一翼として絶対的なものである

海上運送の立場から見れば興亜海運ブロツクは、日本海、黄

No.

海、東支那海の内海化を理想とすべきところであるが、このことは、日満支にそれぞれ存在する海運産業を一色に塗りつぶすことであつてはならない。満洲海運にしても、支那海運にしても、それ自らの成立し得べき基礎を持つてゐるのであるからである。

海運が貿易産業の補助機関であるといふ一種の常識からいへても、満洲の貿易産業が日本貿易の包括的一部ではなく、或る程度の独自性を有してゐる現実に於てそれと不可分関係にある海運も亦その独自の存在性を有してゐる。

さればこそ満洲国は建国当初、海運を發達せしめ貿易を伸暢

ヨ－0022　B列5　28字×10　南満洲鐵道株式會社

するため滿洲國經濟建設綱要に於て、左の如き政策を明示したのである。

(イ)我が國經濟開發を促進し、生産地方と海港とを最も經濟的に連續するため、我が國港灣の外、隣國の港灣を有効に利用す

(ロ)營口、安東の両港に所要の改修を加ふ。

(ハ)葫芦島の建設工事は將來經濟上の要求切實を加ふる時に完成す。

(ニ)海港は差當り近海航路の充實を圖り、外洋航路に付ても成るべく速かに之が發展を期す。

更に又近くは、日満支相互間ならびに対第三國の輸出貨物及び旅客輸送は、実力と経験とを有する日本海運に於てこれを引受け、満洲國はむしろ内河水運の發達に力を注ぐべきことを日本側に於て提唱せるに対し満洲國政府側では次の如き方針であるとして、独自の海運政策を表明してゐる旨が傳へられてゐる。

(イ)満支間航路のごときは特殊事情により、日本海運に一任することは困難であると思ふ。

(ロ)日満間題航路については、國家の生産拡充政策、輸送物資増加に対処するため両國に於て適當な處置を講ずべきである。

No.

(ハ)満洲国対第三国航路については、現在の日本船舶の需要増で主として第三国船に依頼せねばならぬ状態である。たとへば大豆輸送の如きも日本船舶によるものは、僅か十五%で、従つて全体的には日本海運を枢軸とするも特殊事情による海運政策をもつて日本と協力してゆくべきである。

満洲国海運がそれみづからの成立すべき社会経済的基礎を持つてゐるといふことは、日満間依存関係が現在の如く密接不可分の関係に達しやうとも、そのことは満洲国の政治、経済、文化一般に亘る独自性を抹殺することにはならず、満洲経済が日本経済に強度の依存性を持ち、それなくしては存在し得ぬとい

ター0023　B列5　28字×10　南滿洲鐵道株式會社

ふ根本的関係に置かれては居れど、それと同時に満洲経済は世界経済の一環であり、今次の欧洲動乱による影響に於ても日本経済のそれとは異ったものを持ってゐる。如斯、経済の特殊な独自性は、その貿易政策にも（海運政策）現はれ、その特殊な要求を必然ならしめてゐるのである。

日満支交通ブロックに於ける一環としての満洲国海運は、その存在すべき社会的基礎を持ちその独自性あることを極く抽象的、観念的に述べたのであるが、このことは先進日本海運と対立的存在であるといふことではないのである。即ち日本海運と満洲海運との関係は、所謂対立的存在ではないが、さうかと云つて満洲海運は日本海運の包括的一部ではなく、満洲海運はそれ自らの成立すべき社會的基礎を持つてゐるといふ點に於て、日本海運と満洲海運とは区別すべき性質を持ち、その意味に於ての独自性を持つてゐるのである。

結語

満洲國海運と稱すれども、それ自体は以上の如く貧弱であり、その將来には幾多の困難な発展性が横はつてゐる。然しながら広義國防國家として隆に発展の跡顕著なる満洲國交通部門の一環としての海運産業が、陸上に於ける鉄道、自動車、水運の飛躍的進展に伴つてその將来には多大の期待を持つ事が出来る。満洲大陸を走る鉄道は一萬キロを突破し、自動車道路一萬五千キロ、水運五千キロの長さに達し、之を建国前に於ける状態と比較すれば、鉄道約六千キロ、自動車路約一萬キロ、水運約四千八百キロであったものに対し僅か六ケ年間の短期日に於ける飛躍、発展は実に驚異的である。海運に於ても、昭和六年大連港輸出入貿易量六百七十二萬瓲であったものが、同十三年に於ては九百六十六萬瓲と激増し、それにつれて入港船舶も四千隻、一千百六十六萬總噸から七千二百隻、一千九百二十六萬總噸となり海運活動の旺盛を物語ってゐる。満洲国産業貿易の躍進は必然的に海運活動の拡大強化を齎し産業部門に於ける海運の重要性を高めつゝある。

満洲国産業貿易はそれ自体の内部的要求として満洲海運産業の独自性と拡大強化とを要望し、両者は唇歯輔車の関係をもつて満洲経済産業の正常なる發展に寄與し来り且つ又将来に於ても寄與せんとしつゝある。従つて満洲海運の将来性は満洲国産業貿易の将来性に於ける躍進といふことと共に期待されるところであり、それは苦難な幾多の荊棘の道を乗り越へて發展して行くであらう。

No.

(51)

支那事変と我が海運

先づ我が海運が今日迄如何なる發展を遂げて来ましたか其概略を申述べますれば、明治十年僅か五萬餘噸と云ふ、云ふに足らなかつたものが明治三十年には四二萬餘噸となり、大正十年には一躍して三三〇餘萬噸となりまして、昨年末には四七〇餘萬噸の数字を示して居ります。更に尚建造中のものを加算しますれば、明年末迄には略ぼ五八〇餘萬噸と云ふ大商船隊を有す

ヨ—0023　B列5　28字×10　南滿洲鐵道株式會社

No.

る事になります。

而して、全世界に浮んで居りまする船の總数は六、六三〇餘萬噸でありますが、其の内英国が第一位を占めまして二、〇六〇餘萬噸、次で米国が一、〇〇〇餘萬噸、日本は数量に於ては著しく低下して居りますが、第三位の海運国となって居ります。然し順位だけでは餘り威張れないのでありまして、第四位の諸威の四三〇餘萬噸に比べますれば大した相違はありません、我が所有噸数は其の国力に比べまして、遙に少く将来まだ〳〵大発展の餘地があるのであります。試みに日本と諸威とを面積、人口、貿易額に付き所謂國力を対比しますれば、諸威の一に対し日本

ヨ—0022　B列5　20字×10　南滿洲鐵道株式會社

No.

は約十三に當ります故、諸威の四三〇餘萬噸に對して日本は約九、九〇〇餘萬噸を所有し得る事になり、現在の十倍に增加せねばならぬ事となります。勿論これは假定の論であります が國權の伸張、産業の發達と共に八〇〇萬噸‥一、〇〇〇萬噸になる事は左程難事ではないと信じます。

而して諸威はなぜ斯の如く海運が隆盛であるかと申しますと、昔から海運立國で進み、國民が海事思想に富んで、勞働賃銀が非常に安かつた事に原因して居ります。故に是を利用して、英國の資本で新造した船が諸威の國旗を揭げて、諸威の國籍で這入つて來た船も少なくなかつたのであります。之を知つた英

No.

国やフランス人の労働組合は、諾威の労働組合に干渉しまして度々労働争議を起させまして、労働条件を向上せしめましたから、現在では諾威も昔程の威力はありません。

造船業にしましても、昔は隣国に劣らず盛んであったのでありますが、十数年前から、共産化した政府に政権を取られまして、一昨年には一九〇の議会の議席中、左党は七一を占め、労働者のストライキの数が一九三五年から一九三六年に至る二ケ年間に九一回もあった様な有様で、市此のストライキを、フランスやロシヤの労働組合が、資金を供給して援助しますから、何時でも共産党の勝利に帰しましたが、今日では国内で新造

No.

船を作らうとしましても、第一銀行が金を貸しません。諾威の銀行には英、佛の資本も多分に這入って居りますから、國家本位で貸金を強制する事は出来ません。ストライキ續きで何時になったら、新造船が出来上るか分らない様な國状では、銀行は資本を供給しないのも無理はありません。但し瑞典や丁抹等の外国に船を注文する場合には、ストライキの惧が少いものですから、喜んでクレヂットを許すと云ふ様な非常な変態で、労資共倒れの苦境に陥り、今日では同国の造船所も、小型船の建造に止まりまして、隣国に比べまして非常に劣って居ります。要するに赤化した国の産業は現在の各国自由競争時代に於きまし

ヨ－0022　B列5　28字×10　南満洲鐵道株式會社

No.

てば生存競争上没落する外はありません。此れは私が、昨年欧洲視察中に非常に感じました事で、一寸御参考迄に申述べました次第であります。

今や世界は不幸にして持てる国と持たざる国とに分れて居ります。

持たざる国は勢ひ、物資を外国に仰がなければなりません。

即ち一国の船舶が、物資資源の輸送、並に平和産業輸出入の発展に重大なる使命を有する事は皆様御承知の通り、各国競って商船の建造に狂奔して居る所以も亦、此処に存する次第でありますが、戦時に於きましては、所謂国防第二線として、兵馬、

No.

軍需品、其他の物資の輸送に當りまするは勿論、陸海軍の指揮の下に、特種任務に従事致しまして、國策遂行上重大なる役目を持つて居るのであります。即ち國力の増大につれて輸送機関の必要も亦増大し、戦爭も長期に亘り、地域拡大すれば其丈海運の必要性も拡大致すのであります。

彼の英國が、欧洲大戦當時、世界第一位の海運を持つて居り乍ら、本國、屬領地間の軍需資材の輸送に、如何に苦き経験を嘗めましたか、當時の首相ロイド・ジョージ氏が「今や勝敗は一にも船、二にも船、三にも船」と議會に於て絶叫しました事は、、國の海運の消長が、如何に國家存立上必須缺くべからざる

No.

ものであるかを物語るものであらうと思ひます。
よれば戦時に於て如何程の船腹を要するかと申しますと日清戦争當時、約二五萬噸を要しました。然し尚不足を告げましたので政府民間協力して外國船を補充として買入れ又は傭船して、辛じてその任務を辨じたのであります。日露戦争に於きましても同様六五萬噸の船腹を要して居ります。當時我が國の船舶全部を徴傭致しましたが、尚不足を告げまして、約三〇萬噸の外國船を輸入し更に民間でも外國船を傭船しまして、漸く急需を充したのであります。

今次の事變に於きましては、その規模も廣大で、其當時とは

No.

到底比較にならぬ程の多量の船舶を要して居ります。試みに是を、欧洲大戦当時に於ける米国の軍隊輸送に就て見ますれば、兵士一人を輸送するに總噸数約四噸、馬匹一頭に就て約八噸を要したと云はれて居ります。勿論当時と時代も異って居りまするし、軍隊の装備も増して居りますので之を以て今事変を率する事は出来ませんが、支那事変に際して極めて多数の船舶を要して居る事は御分りにならうと存じます。

戦時に於きましては、船舶の供給力如何に依りまして作戦が左右せらるゝと迄云はれて居ります。然も唯さへ必須の船舶は常に敵国の目標に狙はれて居る訳であります。今茲に欧洲大戦

南滿洲鐵道株式會社

No.

當時に列國の蒙りました船舶の損傷を概観致しますれば、英國は開戦當時、二〇五〇萬噸を有し、世界の四五%を占めて居つたのでありましたが、戦時中約七〇〇萬噸を喪失致しました。次で佛蘭西は約一〇〇萬噸を失ふと云ふ深い痛手を蒙むり、伊太利も亦その半数を失つてゐる有様であります。更に独逸に於きましても約三〇〇萬噸が拿捕され、又は損傷を受けて居る有様で、何れも軍隊、軍需品の輸送に大困難を来たし、全く收拾出来ぬ大混乱に陥つたのであります。

茲に於て各國は、競つて戦時應急策を講じまして、英國に於きましては外國への譲渡を禁止し、又は彼の有名なBlue Bo-

No.

ok rate を公布して、運賃、傭船料を公定致しまして其の調整を計りました。

次で米国に於ては平時海運を餘り重視して居なかつたのでありますが、戦時に於てその必要を痛感し、大戦参加と同時に、遂に一千萬噸と云ふ大商船の建造に着手致したのであります。

今や支那事変は益々拡大し、國際政局は益々複雑を加へ来たりまして、我海運の使命も亦一層重大である事を痛感するものであります。

数年前迄貧弱であつた我海運が如何にして今日の地位を贏ち得たかを検討致して見まするに最近迄日本の船舶は船齢も古く

ヨ－0022　B列5　20字×10　南満洲鐵道株式會社

No.

、速力も遅く、諸外国船に比し非常に遜色がありまして、到底対等の太刀打は出来ない状態でありましたが、逓信当局の非常なる御援助により、船質改善助成法が出来ました。昭和七年から老齢船を解体して、快速優秀船の建造に着手致しました。爾来三回に亘って約五十萬噸の老朽船を淘汰致し、新に三十萬噸の優秀船を建造する事になりました。之等新造船は速力一八浬を超ゆると云ふ、貨物船としては前例のない、殆んど客船にも比敵する快速なものが出現した訳でありまして正しく世界の驚異となったのであります。

今昨年六月末に於ける一四浬二分の一總噸數五、〇〇〇噸以上

No.

の所謂優秀船を拾って見まするに、佛國は自國所有全噸數の二二%、和蘭は二一%、独逸、英国は之に次ぎ一八%台、日本は一三%を占めて第五位に居ります。尚昭和九年に於て二九萬噸であった日本船は、昨年二月末に於ては五八萬噸となり、更に建造中及注文済のものを加算すれば、明年末までには八四萬噸の快速優秀船隊を保有する事になります。

尚油槽船も最近建造著しく増加しまして、明年末迄には大体三五萬噸を算し、従来の外国船依存の弊を除去し得ます事は、非常時局に際し誠に力強く感ずる次第であります。更に捕鯨業に置きましても、従来至って小規模でありましたが、既に大型

No.

四隻の建造を見、尚建造中のものもあって、漸次先進國を摩さんとする態勢を示して居るのであります。

海員に於きましても、幾多の試練、困苦を経て、何れの國にも劣らない優秀なる乗組員を養成する事が出来まして、労資協調、以て今日の基礎を建て得たのでありますが、此點我國の労資團体即ち海事協同會、海員組合、海員協會等の献身的協調努力に対し敬虔なる謝意を表せねばなりません。斯くして物的にも、人的にも面目を一新するに至つた我海運は、日本商品の世界的躍進に伴ひ、我航権の伸長を期するに絶好の機を得たのであります。

ヨ－0022　B列5　28字×10　南滿洲鐵道株式會社

No.

御承知の通り、我國は四面海の國でありまして、然も資源に
乏しい、所謂持たざる國でありますから、我國は各地より之等
資源の輸入を企て内地で之を工業化し、更に再輸出を致さねば
なりません。輸入は遠く欧洲、南米の果より印度、南洋に至る
迄、幾多の原料資源の供給を得て居ります。輸出は内地産業の
組織化、生産費の低廉、為替安等の影響に依り、世界の隅々に
至る迄行亘つて居り、各國が高い関税障壁を築いて其の防遏に
務めて居るに拘らず著しく進出を続けて居るのであります。
而して、本邦中心の外國貿易に於て我海運の占むる率を見ま
するに、昭和十一年度、輸出に於て七二%、輸入に於ては六五

No.

％を占めて居ります。此の餘りの運賃は外國船に支払つて居る訳であります。然し之を世界貿易總額から見ますれば、我が海運の占むる勢力は殆んど云ふに足らないものでありまして、今後我海運の発展餘力は前途洋々たるものがあると存じます。即ち今後の我海運の示針は今迄外国船の進入に任せて居た航路の回收と、外国港間の航路の確立を計るにあり、之が為めには相當の摩擦を覚悟せねばならぬと思ひます。

今之を國際收支より見ますれば、運賃收入は昭和六年に一億六千萬圓であつたものが、十二年度に於ては一躍三億五千萬圓に上り、二億圓以上の受取超過でありまして、国際貸借の調整に

9—0022　B列5　20字×10　南満洲鐵道株式會社

No.

尠なからず貢献して居るのであります。

此れを更に細かく検討しますれば、海運収入は十年度二億八千萬圓で、此の内支払が一億三千萬圓で、差引受取超過分一億五千萬圓でありますが、十一年度には収入が三億三千萬圓、支払が一億四千萬圓、差引一億九千萬圓の超過を示して居ります。其の中外國航路間の運賃収入は、十年度五千五百萬圓のものが十一年度に於ては七千萬圓となり一千五百萬圓の増加を示して居ります。十二年度分は詳細未だ不明でありますが一般には海運純収入三億圓見當と豫想されて居ります。何れの数字か、我海運の躍進を示して居るのであります。

ヨ-0022　B列5　25×10　南満洲鐵道株式會社

No.

御参考迄に英国の海運正味收入を挙げますれば、一九三五年に於ては邦貨換算約十三億圓、一九三六年には十六億圓の巨額に達し、同國收入の重要な役割を務めて居ります。我國の所有船舶数と英国とを対比して見ますれば我海運純收入は十一年度に比し尚二億圓以上増加を計らねばならぬ事になります。

以上の如く、船舶は平時に於ては自国産業の発達を促し且つ國際貸借に貢献すると同時に戦時には國防第二線の役目を勤めるのでありますが、平時の收支が償ひませんでは肝心の戦時の御役を勤める事は出来ません、其平時状態に於きまする、最近までの世界市場の動きを見まするに、支那事変直前に至る迄、

No.

欧洲政局の不安、世界的軍備拡張、夫れに伴ふ軍需資材の移動等諸事由の反影を受けまして、世界的に海運は活況を呈しまして、欧洲大戦以来の新高値に飛躍致しました。従而、我海運か亦之の好況に乗じ、新造船相次ぐの好況を呈しまして、茲に質に於ても、量に於ても、異常なる発達を遂げ、國際場裡に一大飛躍の機会を得るに至つたのであります。

然るに支那事変を契機と致しまして、運賃界は世界的に様変りの状態を呈し、極東市場は事変の為め全く特異なる状態の下に於かれて居ります。一方世界市場は種々の原因に依つて漸次悪化を辿りつゝあります。にも不拘我海運は、前に申述べまし

No.

に通り遠洋航路に進出を試みて居りますが、排他的運賃同盟を組織し外国の圧迫がありますために、非常なる難局に立たねばならぬ事と思ひます。茲に国策としての我海運の進出に対して政府当局の適切なる協力を望んで止まない次第であります。斯くして我々は我海運の発達を期すると共に、聖戦の終局を完たからしめんが為に万難を排して献身的に努力を続ける覚悟であります。

我経済政策は、漸次戦時体制をとる様になり、海運も亦等しく之に順応して来ました。特に軍需工業、生産力拡充の遂行と共に、物価問題が大きくなり更に之が円滑なる輸送を計る為に、海運統制が要求せらるるに至りました。即ち、外国船に沿岸航路を特許し、又は支那置籍船の変態輸入を認めるが如き、臨時の法令が施行せられましたが、特に注意すべきは、臨時船舶管理令を施行して、全部の日本船を國家の統制下に置いた事であります。此の法令は御承知の通り事変下に於て必要の場合運賃、傭船料の統一を計り、建造、売買に対して戦時統制を行ふ者でありまして、之に依つて極端なる運賃、傭船料の昂騰を防止せんとするのであります。

然し我海運は、未だ幸ひにして之を実施するに至りませんで、吾々海運業者自から粛清を計つて居ります。即ち本邦大手筋船主が、海運自治聯盟なる同盟を組織して國家的立場から自制的に運賃、傭船料の最高を規定し、不合理な騰貴を抑制しまして國策に向つて協力致して居るのであります。事変突発當時倫敦の運賃市場は暴騰を續けまして、將に沸騰せんとしたのでありますが、船主協會々長にて海運自治聯盟理事長なる村田省藏氏と協力致しまして、極力之に対抗し、最高傭船料の制限を堅持しまして、倫敦市場の指値に應じなかつた為に、遂に倫敦市場を制しまして、我が國費の消耗を防いだのであります。之は表面には表れませんが、縁の下の力持ちでありますが、國家に対する貢献は少くないと信じて居ります。事変の下に極東市場は

No.

、変則な市況を呈して居りますが、同業者の協力に依り、其の目的を達しつゝあります事は、我海運にとり喜びに堪へない次第であります。

皇軍は先に首都南京を陥入れ、徐州を屠り、今や正に中原に向つて進撃して居ります。北支、中支の両政府は確立せられ、両地に於ける一大国策會社は今や其の實現を見んとして居ります。更に支那を中心とした海運国策會社の創設も近々に迫つて居る様に聞いて居ります。英国の支那に於ける投資は一九三一年度に於てすら約二億五千萬磅と称せられ、全投資額の半数を占め、其の後増大して居る事は想像せられます。其の巨大な

No.

る制権の根幹は中南支に張られた強大なる航路網にある事は申す迄もありません。支那沿岸及揚子江に於ける船舶の内、英国船は三七%、日本船は僅に一二%に過ぎない状態であります。我には今事変を契機と致しまして、支那、南洋に於ける我国海運の勢力拡張を計らなければなりません。之が対支経済政策遂行上、我海運に残された一大課題であります。「海洋を制する者は世界を制する」と昔から云はれて居りますが今次聖戦の大目的を達する為には、軍民一致、一切の障害を乗り切る覚悟を以て、我海運の発展に努力したいと存じます。

No.

（2）

北支海運業の発達と現勢

緒言

中國の海運界にあつて、北支のそれが極東世界航路の要路に当る中南支に比較して立ち遅れの状態にあることは、その地理的関係よりしても将又経済的事情より見るも敢えて怪しむに足りない。翻るに過去四分の一世紀間に於ける満洲の顕著なる発

No.

展と更に満洲帝國の出現並に北支方面に於ける政治的変化は著しく経済的地位を改め、引いては北支海運界への影響甚大なるものがある。嘗て三十年以前までは貧弱なる一寒村に過ぎなかつた青泥窪、大連は此の短期間に於て一躍世界の海運界に重要な役割を演ぜしめる現状にまで発展し、而して、閑却されたる北支沿岸に於て久しく開拓的努力を續けて今日漸く有力な地盤を扶殖し得た日本の海運業者が、客観的新情勢の波に乗つて、将来こゝを本據として一大飛躍を試みんとすることはまことに当然であると云はねばならぬ。

斯る重要性を把握するに至つた北支海運業の史的発展を研究

No.

調査することは、将来同方面へ発展的活躍を期する日本海運業者の為に何等かの参考を寄与し得るものと自負する。

こゝに北支那海運界とは大連、天津、青島、三港の鼎立的位置を以て略ゞ限定し得る地理的海域内に於て活躍する海運業を指すものである。

一、芝罘港中心時代

渤海湾を中心とする北支沿岸の海運業は明治二十五年支那招商局の牛荘天津間の渤海湾定期航路の開始を以て嚆矢とし、その以前にありては僅に招商局、怡和洋行及び太古洋行等の各汽船が不定期的に上海、牛荘間を往復し又は天津に寄港して此の

1－0024　B列5　20×10　南滿洲鐵道株式會社

No.

間の運輸事業に従事して居たに過ぎない。然るに渤海湾を中心として貨物の出廻り旺盛となるや明治二十七年日清戦争に先だつこと半歳、当時芝罘所在の高橋洋行（店主高橋藤平氏）は同地に於て日本船舶の取扱業を開始し、芝罘より渤海湾内諸港間の航路を開始する根底を作り、渤海湾沿岸に於て始めて日章旗を翻へせしめた。これより本邦船舶の本航路に来往するもの漸く繁く逐年発展の道程を辿るに至り、日清戦争後明治三十年より日露戦争の直前に至る数年間本邦船舶の活躍真に目覚しく、当時北清事変の前後にして即ち列国は北京入城に没頭し、渤海、黄海の海運業に対し全く関心を拂ふ餘裕なく、為に北支一帯の海上

No.

には僅かに沿岸航行の支那戎克と當時露國が沿岸防備に藉口する義勇艦隊の船影を見るに止まり、殆ど同航路を擧げて本邦船の活躍獨占の盛觀を呈してゐた。當時の邦船並に航主の活躍状態を見るに、大阪藤永田造船所（所長永田三十郎氏）は芝罘にある小栗商店を元扱として第二、十一、十七、十九、二十六永田丸の五隻を差し向け芝罘、龍口、牛莊、大連等の各沿岸航路を經營し、次で芝罘の岩城商会（岩城卯吉氏）は所有船萬成源丸（八八六總噸）三笠丸（七九八總噸）蓬萊丸（一九四總噸）の三隻を以て活躍し、更に大阪原田商行（原田十次郎氏）は三十四年六月汽船松浦丸（二一五總噸）を以て芝罘牛莊間に週航し、三十五年には松茂洋行（河辺

No.

勝氏)が営口に崛起し氏は父子共同事業を以て頼朝丸、摩耶丸の二隻を以て阪神、大連方面の航路を開拓し、三十六年には田中商会(田中末雄氏)が芝罘に本據をおき木造小型船を以て渤海沿岸航路に従事しその他東和汽船(菊地吉藏氏)、高橋洋行等がそれぞれ同航路に於て活躍し日本船舶總數十數隻に達した。

一方支那汽船の活躍状況を見るに芝罘に本社を有する政記輪船公司(張本政氏)が専ら芝罘大連方面の航路に従事し支那汽船の為に大いに氣勢を揚げつゝあつた。この時代を渤海湾に於ける海運業発展の第一期時代と為すことが出来る。

明治三十六年に入るや日露の風雲いよいよ險悪の度を加へ戦

南満洲鐵道株式會社

雲満韓の野に漲り、露國は晝夜兼行東清鉄道の敷設を急ぎ直隷、山東より数萬の苦力を満洲へ輸送し、これが船腹として開平炭礦会社所有船北平号（七〇〇總噸）外数隻を傭船して運搬したが一方本邦船も國交風雲急により同方面の船舶も續々御用船として徴発せられ渤海湾沿岸航路より全くその船影を絶つに至り、数年間拮据奮闘努力して漸く確立せる航権は茲に一擲するの餘儀なき状態となった。

明治三十七年天津在住の佛人ヴアノニ氏は開平局所有船北平号を買船して新たに天津・牛荘間定期航路を開始し次で関外鉄道局は日露戦争の終局を告ぐるや北泰号を傭船して本航路に進

No.

No.

あし又戦争のため本航路より引揚げた大阪藤永田造船所も進出し前記北平号とともに激烈なる競争を演じヴァノニ氏所有北平号は関外鉄道局に買収され、同局は北泰号とともに交互本航路に従事し、大阪藤永田造船所は有船第十一永田丸と共に競争を演じたるも遂に関外鉄道局の独占となり永田丸は再び姿を消した。四十年ヴァノニ氏は北平号の代船として大沽号を新に購入し在天津伊国官憲の積極的保護のもとに再度本航路を開始せるため関外鉄道局は大衝動を受けヴァノニ氏と妥協を為し折衝の結果同局は北泰号の傭船を解約し北平号のみを以て本航路に充てることとなりたるも在営口の東和公司（菊地吉蔵氏）はその

南満洲鉄道株式会社

No.

傭船萬成源丸（九〇〇總噸）を以て同航路に割り込み猛烈な運賃競爭の結果相互運賃の協定を遂げ、四十一年関外鉄道局の北平号、ヴァノン氏の大肚子号、東和公司の長山丸の三隻を以て本航路に従来するの協定成立し、その後同航路は小康を保ちいよいよ大連港を中心とする北支沿岸航路発展期に入った。

二、大連港中心時代

露國はカレーニ及ハブロフ條約により明治三十年大連に計画極めて尨大な市街区域と築港をなし其の実行に着手したが其の計画によれば、市街区域約一萬三千余町歩、築港海面約百萬余町歩にして一千噸級船舶百隻を同時に繫留し一ヶ年約五百萬噸の貨

No.

物を呑吐せしめる豫定で一千萬留を投じて第一期工事に着手し
次いで三千萬留を投じ第二期工事に着手すべき豫定であつたが
日露戰争勃発し戰後大連港は我が海軍によつて管理され、関東
州の租借後関東都督府これを引継ぎ三十八年八月三十一日勅令
第二三六号を以て同港を自由港として解放し、同四十年四月満
鉄会社設立と同時に大連港及埠頭並に陸上一切の附属物を同社
に於て経営することとなり、満鉄は大連港の繁栄策上北支渤海
沿岸海運業の勃興を企図し之れが設備を完了し一方関東都督府
に於ても関東州租借地関税假規則を施行し通商航海の関税制度
を明かにする一面大連港則を制定し出入船舶の放泊地区を一定

No.

し海港検疫所、水上警察の規則を公布し海務局を大連に設置して港湾行政の充実を図った。明治四十四年府令第三五号を以て関東州置籍船令を公布同第三六号を以て関東州船舶登記令を公布施行したるため当時内地に於ける船舶課税並に輸入税賦課の関係上内地置籍船の関東州に轉籍するもの多く、殊に大連港は対支貿易乃至は近海航運に便益あるに鑑み且つ碇泊期内繋船料の低廉なる等の関係にて大連所在汽船会社は勿論支店、代理店等の所属船舶も漸次置籍するもの増加したるも大正三年船舶税則施行さるるに及びやゝ減少し朝鮮方面へ轉出するもの續出したる及満鉄の大連港築造設備の進行及び北支沿岸海運業の勃興

No.

促進政策と相俟って明治四十年以後渤海、黄海方面に於ける中心勢力となり、遂に上海と呼應して一路発展の道程を辿り大連港中心時代を現出するに至った。当時大連に本據若くは営業所を開設して活躍したる海運関係会社は左の如くである。

満鉄会社。北清輪船公司（大連汽船の前身）。遼東汽船会社。乾合名会社。野口商店。阪谷商店。大正海運会社等である。

三、北支海運界の世界的登場

大正年代に入りて北支沿岸航路は最早従前の地方的若くは局部的のものではなく、北支方面の代表的商港たる大連港は満鉄の國策的遂行によりて日本内地は勿論世界各國との間に盛んに

No.

通商貿易の発達を促進し、世界海運界の関心は一齊に同方面に向けられ、英國汽船会社ジャーデンマゼソン、バッターフイルドスワイヤ等を始め獨乙佛國等の汽船が進出し總数二十餘隻に上り、一躍世界的海運界の檜舞台と化したかの壮観を呈したるも本邦船舶は質量共に遜色あり漸く旧来の戎克輸送の域を脱し得ない劣勢状態であった。

明治四十一年八月、満鉄は鉄道の延長として大連上海間定期航路を開設し神戸丸、西京丸の二隻を配船した。更に安東、芝罘、龍口、営口、天津間の近海定期を開設、大連、香港、廣東線を大正二年に開き、同四年日清汽船の支那沿岸線、大阪商船

No.

の大連内地定期線等開設され着々本邦海上勢力の進出を企てたが一方中國は招商局、及政記公司等の飛躍があり、営口に肇興公司が設立される等相當見るべきものがあり、英國汽船は同方面に於て獨占的勢力を持ち獨乙船之に亜ぎ其の勢力は強固であり、渤海沿岸に於て活躍せる本邦船は約十五隻にして沿岸の交通貿易に従事せるものは志岐組運輸部の大連長子富航路、河波共同汽船の芝罘安東航路其他一二同業者の不定期航海を為す程の貧弱な状態であった。関東都督府並に満鉄に於てはこの状勢に鑑み民間海運事業の勃興を図るべく一種の政策会社として松茂洋行、田中商会を合同せしめ資本金二萬円として四十四年北

No.

清輪船会社の名称によって設立し、関東都督府より一ヶ年一萬七千七百円の航路補助金を交付し其の後同社は逐次発展し、日本の満洲に於ける施設経営の発展の線に沿い内容を一新する必要に迫られ大正一年組織を変更し資本金を十萬円として大連汽船合名会社を設立したるも世界大戦に遭遇し、満鉄に於ては世界海運界の動向に鑑み新に別働隊を起し以てその海運政策を遂行せしむる方針のもとに大正四年資本金五十萬円を以て現在の大連汽船会社を設立し、合名会社の業務一切を挙げて買収すると同時に満鉄の海運事業も引續き航権の拡充強化通商貿易の進展に向って活躍を始めたのである。

3—1024　B列5　20×10　南滿洲鐵道株式會社

No.

大正三年欧州戦乱勃発以後各國船腹の不足に乗じ世界海運界にその覇を唱へた邦船も北支方面に於て勢力第一位にあつたが戦後反動的恐慌により経済界の混乱は海運界未曽有の不況を呼び起し、これに加ふるに大正八年五月山東問題に起因する排日運動勃発は大連香港航路の休航を始め北支方面より本邦船の退轉を見、英、仏、伊、米各國船舶の進出となつた。大正十一年迄本邦船の獨占航路であつた青島海州線は支那船舶の進出の為め之を放棄し、その後十三年旅大回収問題に原因し全支的な排日排貨、中國国内の内乱、政情不安等日支國交の変動の線に沿ひ北支海運界に於ける日本船舶の勢力は消長しつつ満洲事変に

No.

遭遇し北支海運界は未曾有の困難の裡に着々回復し政治的安定と我が大陸政策の全面的強化とにより北支海運界に於ける我が海運勢力は断然首位にあり、満洲帝国出現後日本対北支満洲う面に新設されたる定期航路は九線の多きに達して居る。

四、満洲及び北支置籍船主並航路網

海運勢力の端的表現である船主について、現在北支、関東州満洲置籍船主の状態を見るに大体日本船主、満洲国置籍船主、中國船主の三大別に区別することが出来る。

一、日本船主（所有船舶一千噸以上）

い、共同汽船　大連置籍　一隻　一、四七七噸

No.

黒姫汽船	〃	一	〃	四、九六七噸
沙河汽船	〃	一	〃	五、三〇七 〃
大連佐株國汽船	〃	一	〃	三、七三八 〃
大正海運	〃	一	〃	八、二三〇 〃
辰馬商会	〃	一	〃	六、五三七 〃
大連石原	〃	一	〃	四、七一四 〃
松浦汽船	〃	一	〃	、〇九二 〃
松浦静夫	〃	一	〃	一、二一八 〃
山下汽船	〃	二	〃	一〇、二八八 〃
山本海運	〃	一	〃	六、一六九 〃

0022 B列5 28×10 南滿洲鐵道株式會社

No.

矢吹合名	大連置籍	一隻	四三九〇噸
龍王汽船	〃	一〃	六二四三〃
大連汽船	〃	四六〃	一六四二一〇〃

以上関東州置籍船主は合計一四、隻数六〇、総噸数二二八、九八四噸である。内主として大連汽船会社所有船舶が之れを占めて居る。

満洲国船主

厳密にいって満洲国置籍船主を指し、その船舶の大部分は日満支の政治的関係より満洲置籍と併有して中国船舶となってゐる所謂二重国籍を有するもの多く、その総てが営口置籍船である。

B列5　20字×10　南滿洲鐵道株式會社

No.

航太公司	營口置籍	三隻	四、五一〇噸
海昌公司	〃	二〃	二、六三一〃
大通公司	〃	二〃	一、八〇六〃
興華公司	〃	一〃	一、〇五七〃
日昌公司	〃	一〃	一、三四〇〃
肇興公司	〃	三〃	一、八二八〃
復州煤炭公司	復州置籍	一〃	一、二二九〃

以上船主数總計十社、隻数十三隻、總噸数一五、四〇三噸である。

中國船主

〃中國船主中北支（天津、青島、芝罘、威海衛）方面に置籍せる

ヨ－6022　B列5　28字×10　南滿洲鐵道株式會社　(18.1.5,200冊 習得網)

No.

船主名及び所有船舶数、總噸数は左の如くである。

A. 天津港

隆興公司	一隻	七一九噸
利順行	一 〃	三、二九五 〃
孫徳薫	一 〃	一四九〇 〃
直東輪船公司	七 〃	九、九四〇 〃
北方航業公司	五 〃	六、六八〇 〃
天津航業公司	二 〃	四四六 〃
計	一七 〃	二六、五八五 〃

B. 青島港

No.

永源港	二隻	三、二一八噸
范先和	一〇〃	三五、九四三〃
張守常	一〃	五、六五四〃
長記公司	三〃	一、三六八〃
富羅洋行	二〃	一、六四五〃
同源行	一〃	九九八〃
英記行	二〃	一、三六八〃
計	二一〃	五〇、一九四〃

C、芝罘港

政記公司	二六隻	三八、五五七噸

No.

営口海外貿易公司　一隻　六、〇二六噸
恵海公司　一〃　一、三七七〃
福慶公司　一〃　三、〇九七〃
恵通行　四〃　五、〇四二〃
利通公司　一〃　一、八五五〃
泰康公司　一〃　五九二〃
利順行　一〃　二、四一二〃
計　二六〃　五八、九五八〃

D、威海衛港

一、蔡華亭　一隻　九九六噸

No.

北支、満洲関東州方面の置籍船主に就いては大体上記の如くであるが現在の航路網に就て極概略を左に述れば、北支那沿岸諸港間の所謂渤海を中心とするローカル、ラインは大連天津線、大連山東線、大連営口線等があり、これら大連を焦点として放射形を描く航路を横切って中国船主経営になる営口天津線、営口山東線、天津山東線等がある。

北支諸港を起点とする航路は、北支沿岸の海運上の地位を観察する上から他港との航路関係を知る事によって重要性を持つてゐる。大連を起点とする航路は大連上海線（大汽）大連阪神線（大汽）大連伊勢湾線（大汽）大連仁川線（阿波共同、田中商事）大連鎮南浦

No.

線（阿波共同）大連仁川高雄線（近郵）大連大阪線（商船）大連香港線（香甸洋行）大連那覇線（商船）大連鹿児島線（近郵）大連廣東線（政記公司、支那航業）大連北海道線（嶋谷）大連裏日本線（大汽）大連台湾線（大汽）以上一四線である。

営口を基点とする航路は営口阪神線（岡崎汽船）営口横浜線（三井物産、近郵）営口上海線（肇興公司）等がある。

天津を基点とする航路は、天津大連仁川線（阿波共同）天津高雄線（商船）天津横浜線（商船、近郵）天津阪神線（商船、近郵、岡崎）支那沿岸線（日清汽船、支那航業、印度支那航業）天津香港線（政記公司）天津上海線（支那航業、招商局、印度支那航業）の七線である。

1022　B列5　×10　南滿洲鐵道株式會社

No.

青島を起点とする航路は青島朝鮮線（朝郵）青島上海廣東線（招商局、印度支那航業）青島海州線（招商局、政記公司）青島阪神線（郵船、商船、原田）青島横浜線（郵船、山下）以上主線であるが大連上海線支那沿岸線等は殆ど青島へ寄港する。

北支那諸港に寄港する遠洋航路、欧州よりスエズを経由し、北米太西洋岸よりパナマを通過し、或は北米太平洋岸より直航し来る数十線の世界極東航路は殆ど悉く中南支に引かれて盛んなる國際互市場たらしめてゐるが、その中北支方面に廻航せるものは左の諸線で極東航路の約半数である。而して之等諸線の北支廻航中には或は復航にのみ寄港するもの、或は集貨の都合

No.

にて準定期的に廻航するものあり必ずしも正確とは云ひ難い。

北米太平洋岸ー極東

Puget Sound Line（大阪商船）北米線（川崎汽船）American Far East Line（米國）

北米大西洋岸ー極東（パナマ経由）

Panama Far East Line（米國）American Pioneer Line（米國）

神戸紐育線（日本郵船）上海紐育線（大阪商船）"K" Line（川崎、國際）American Manchurian Line（英國）

欧州ー極東

リヴァプール線（日本郵船）漢堡線（日本郵船）欧州線（大阪商船）

1022　B列5　×10　南満洲鉄道株式会社

No.

Ollen & Shire Line (英國) Ellerman Line (英國) Blue Funnel Line (英國) Norddeutscher Lloyd (獨乙) Hugo Stinnes Line (獨乙) Rickmers Line (獨乙) Messageries Maritimes (佛國) East Asiatic Co. (丁抹) Holland East Asia Line (和蘭)

最後に一言すべきは所謂不定期船についてであつて岡崎、山下國際等の諸汽船は殆ど準定期的に北支沿岸を活動範圍となしてゐるが此の方面に於ける不定期邦船の配船状態を代表するものとして昭和一年度大連港入港不定期邦船の數を示せば

噸級別	隻數	總噸數
五百噸迄	一二二隻	四三、七〇二噸

No.

一千噸位	五八隻	四七、五八七噸
二千噸〃	三〇〇〃	四一一、四九〇〃
三千噸〃	四二八〃	一、〇三一、九六五〃
四千噸〃	四三四〃	一、四七一、七六六〃
五千噸〃	二一八〃	九九七、八七二〃
六千噸〃	一四三〃	七八七、六五四〃
七千噸〃	七五〃	四八六、五九六〃
八千噸〃	七五〃	五四〇、八四二〃
九千噸〃	二六〃	二一九、三七七〃
一萬噸〃	一〃	九、八五〇〃

No.

一萬一噸以上　二隻　三〇、〇〇〇噸
合計　一七八二〃　六〇七八七〇一〃

邦船に就ては右の如くであるが、中國船主の大宗たる政記、肇興の兩公司が北支沿岸を本據として縦横の配船振を示しつゝあるは注目に値する。蓋し彼等の所有船は小型の旧船にして定期船となすよりも不定期船たらしむるが得策なるによる。

× × ×

以上は大体簡單ながら渤海を中心とする北支海運界の發達略史と現在の船主並に俯瞰的な航路網を記したものに止まり、北支海運の表面的素描に過ぎないが是等盡さざる諸点は諸氏の叱

No.

責を乞ふ次才である。

南滿洲鐵道株式會社

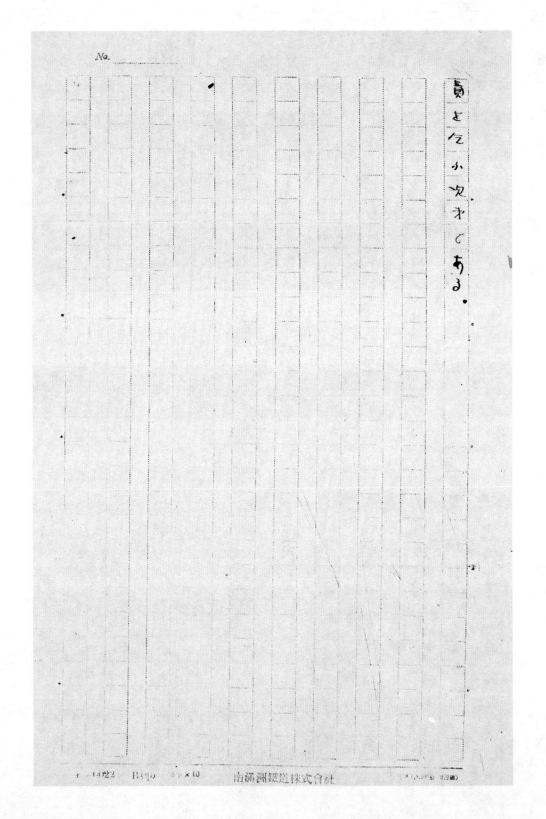

No.

(二)

渤海を中心とする海運界最近の動向

一、まへがき

本稿でいふ渤海を中心とする海運界とは、北支沿岸の航運状況を指すものであつて、航路、船舶、貨客、航運業者の諸情勢が少くとも今次支那事変前まで如何なるものであつたかを記し、事変によつて今日迄如何なる影響を受け、将来如何なる傾向を

No.

示すであろうといふことを記したものである。

由来北支沿岸の航運勢力は、英國によつて握られてゐたものであつた。第十九世紀の中葉以降欧洲列強は極東進出政策によつて勢力の東漸を計り、阿片の乱を起し南京襲撃をなし、アロー号事件と佛國宣教師虐殺事件とは英佛聯合艦隊の北京襲撃となり、西暦一八六〇年に天津條約を締結し、其の結果営口（当時牛荘）天津、芝罘等が開港場として指定され、之によつて英國船が南支より北支へと進出して来つたのであつた。それ以来英國汽船会社の支那海運界に於ける主動的勢力たる China Navigation Co. Ltd.（太古洋行）Indo China Navigation Co. Ltd（怡和洋行）及

(422　B列5　20×10　南滿洲鐵道株式會社

No.

び英人の指導を受けた招商局が主として北支沿岸の航行を恣にし、牛荘、天津間、牛荘、天津、上海間に先進國の誇を以てユニオン、ジャックの船尾旗をはためかしたものである。之に対し邦船の進出は　明治二十七年頃黄海の波不穏なる頃より多少この方面に配船するものもあったが、本格的に進出し始めたのは日清戦争以後のことである。國威の発揚と共にこの方面に於ける日本船の進出はめざましく、永田丸、共同丸、蓬莱丸、松浦丸等総噸数二百噸位の小汽船を以て新興日本帝國の大陸発展に於けるパイオニヤの役割をなしたのである。支那航運業者もこの頃より漸次見るべき活動を始め、政記輪船公司、肇興公司

ヨ―0022　B列5　×10　南満洲鉄道株式會社

No.

を初めとして群小汽船会社が續出した。満洲事変は我が大陸進出勢力の積極に対する打破工作であり、この意味に於て北支沿岸に於ける邦船の進出は満洲事変を契機として飛躍を示し、八十年の歴史を誇る英國船も、地理的有利を負ふ支那船も漸次退却を餘儀なくされつゝある。太く描き出されたる今次支那事変の一劃は今後の北支經済発展に必ずや重大なる変化を齎すに相違なく、北支沿岸の航運事情も多大の変化を来し、同沿岸に於ける邦船の支配は確立され、満洲事変以来この方面に於ける傾向に一層の拍車を加へるであらう。

・渤海及黄海北部は朝鮮、関東州、満洲國、河北、山東両省に

No.

取圍まれた内海であり、北支自治運動の発展と獨立政府が樹立されるならば日、満、北支提携は容易に實現し、この大なる内海は依然として日本の勢力下に支配されるであらう。而して其の時以来、嘗ての江華島沖に於て、旅順港口に於て又威海衛に於て戰はれたやうな血腥き事件は、此の方面に於てはもう不必要となり、平和と福祉のみが、黄海、渤海の住民に残され、日、満、北支の國旗を掲げた汽船のみが北岸より南岸へと凄まじき物資を送り平和な海上輸送が續けらるゝであらう。既にこの端初は始まつてゐると云つても過言ではないのである。即ち支那事変勃発以来僅々三ヶ月を出ずして天津貿易は漸次恢復を示し日本対北支線の各社配船増加傾向はこのことを雄弁に物語るものでなくてなんであらう。

二、北支沿岸航路網

支那事変が勃発する直前即ち六月末現在の北支沿岸航路に従事する定期船及経営者は大体次の如くであった。

A 北支沿岸諸港間の航路

航路名	会社名(國籍)	就航船名
大連、芝罘、威海	利通公司(支那)	利通

No.

衛、仁川線		
煙連線	政記公司（同）	永利
大連、龍口線	同	有利
同	肇興公司（滿洲國）	來興
同	大連汽船（日本）	龍平
大連、威海衛線	政記公司（支那）	公利
安東、天津線	大連汽船（日本）	濟通
大連、天津線	同	天津長平
大連葫蘆島線	同	北康
大連芝罘、青島線	阿波共同（日本）	十六共同

No.

大連、芝罘線	松浦汽船（日本）	昌平
大連、貔子窩線	大連海運（日本）	宇佐
営口、天津線	大通公司（満洲國）	隆順、和順
営口、龍口線	同	永順
営口、天津線	肇興公司（満洲國）	栄興
営口、龍口線	同	萬太
営口、天津線	北方公司（支那）	北平
同	通順公司（同）	新泰
同	日昌公司（満洲國）	日昌
営口、龍口線	海昌公司（満洲國）	海昌

同　興華公司（支那）　東華興華春華、
同　阿波共同（日本）　早隆
仁川、大連天津線　同　長山
天津、安東線　政記公司（支那）　北利、増利
青島朝鮮線　朝鮮郵船（日本）　平安、会寧
青島、安東線　政記公司（支那）　廣利
同　同源公司（同）　源成
青島、海州線　十一社（全部支那）　三十隻（一隻五百噸以下）

右の外に短距離間の定期船がある。例へば大連、甘井子、柳樹屯線。貔子窩、長山島線。普蘭店、交流島線。芝罘、八角口、

登州府、龍口線。芝罘、養馬島線。石島、青島線等であるが、是等はフリーポートに過ぎない。寧ろ次の諸港路が北支沿岸航路に於て持つ重要さに遙に及ばないであらう。

B. 北支沿岸を基点とする近海航路

イ、大連基点

航路名	会社名	就航船名
大連、上海線	大連汽船(日)	奉天、青島、大連、
大連、営口、阪神線	同	天山、崑山
大連、営口、伊勢湾線	同	東崗、永安
大連、仁川、高雄線	近海郵船(日)	岐阜、岩手、

1－0022　B列5　28字×10　南満洲鉄道株式会社

大連、大阪線	大阪商船（日）	吉林、扶桑、うらる、はるぴん、熱河、ばいかる、ありい、瑞穂、黒龍、鴨緑
大連香港線	渣甸洋行（外）	就航船合計八隻
那覇、大連線	大阪商船（日）	貴州
鹿児島、大連線	近海郵船（日）	千歳
大連、上海、廣東線	政記公司（支）	泰利、茂利、豊利、同利、成利
大連、朝鮮、北海道線	嶋谷汽船（日）	天海、朝海、日本海、
大連、上海、廣東線	支那航業（外）	大名、徳安、貴州、恵州
大連、台湾線	大連汽船（日）	山東、山西
大連、裏日本線	同	河南、河北

ロ、営口基点

営口、阪神線　岡崎汽船（日）　日甬、日満、日営

営口、浜、伊勢湾線　三井物産（日）　生駒山、三池山、

営口、名古屋、浜線　近海郵船（日）　富浦、天山、宮武、

営口、上海線　大通公司（満）　平順

同　肇興公司（満）　駢興

同　印度支那航業（外）　梁生

同　支那航業（外）　直隷、宜昌、湖北、漢陽、甘粛、

ハ、天津基点

高雄、天津線　大阪商船（日）　大華、中華、

横浜、天津線	同	朝熊、志摩、日東
同	近海郵船（日）	勝浦、新潟
阪神、天津線	大阪商船（日）	長安、長城、長江
同	近海郵船（日）	景山、南嶺、北嶺
同	岡崎汽船（日）	日京、日華
支那沿岸線	日清汽船（日）	廬山、嵩山、唐山、華山
天津、香港線	政記公司（支）	泰利、安利、福利、順利
		昌利、豊利、乾利
同	支那航業（支）	雲南、海口、成都、岳州
上海、天津線	同	通州、順天、盛京

同	招商局（支）	新豊、新銘、泰順、
同	印度支那航業（外）	利生、定生、阜生、
天津廣東線	同	合生、日陞、富陞
天津青島上海線	大連汽船（日）	遼河

二、青島基点

青島上海廣東線	招商局（支）	定興、海亨、海貞、海元
青島上海海州線	印度支那航業（外）	和生、貴生、怡生、澤生、明生、徳生、
青島阪神線	日本郵船（日）	日光
同	大阪商船（日）	泰山

同　　　原田汽船（日）　原田

青島・横浜線　日本郵船（日）　山形・秋田・

同　　山下汽船（日）　御影

以上の航路を國籍別に見る時、北支沿岸諸港間の経営者別航路は支那十一線、十三隻。満洲國七線、八隻。日本十線、十三隻。計二十八線、三十三隻であり、北支沿岸を基点とする近海航路に於ては支那六線、一十二隻。日本二十六線、六十三隻。外國九線、二十八隻。計四十一線、百二十三隻であって日本船は大連を中心として活躍し、満洲國籍船は営口を中心とし、外國船は天津、青島を固持し、支那線は芝罘を根拠地として活躍ししてゐることが判る。

満洲事変後この方面に於ける外國船（主として英國船）の勢力は昔の面影更に無く、且つて支那沿岸貿易に多大の功績はあつたとしても、客観的情勢の変化せる今日の東洋に於て欧州各國船の跳梁は望ましいことではない。昭和十一年北支特殊貿易の為に太古洋行の所有船は積載貨物の大量を喪失し、為に天津、芝罘南支線を縮少したるも依然として同航路では太古、怡和の両社が優勢を示し、その次に招商局が位し日清汽船の順序であつた。一方安東に根拠を有してゐたる英商怡隆公司は満洲事変後満洲國汽船会社たる大安輪船公司へ大多数の所有船舶を売却し現在では安東、芝罘、龍口線に一隻配船を為し、更に安東、青島、上海線を経営し依然としてこの方面に於ける英商勢力を維持し、支那事変に際し南北線に日、支那船就航不能となりたるにも拘らず、同社は安東、上海線を續け貨物満載と獨占運賃を以て多大の利益をあげつつある。

北支沿岸の支那汽船会社経営の定期航路は一見定期的ではあるが実質的には不定期に近く、他に貨客の多く出廻はる場合は直ちに其の方へ廻航し、大連、芝罘線の永利号、大連、芝罘、仁川線の利通号位が比較的正確なる定期を励行して居る程度で他の多くは殆ど不定期に近いものである。更に北支沿岸航行の支那船には老朽船多く、平均船齢四十年であり、栄威号六十年、新太号丸十七年といふものもあり日本船舶法により海上検査官が厳重なる検査を行ったならば九〇%以上は堪航能力無きものとして不合格になるものであり、又現在十二隻の満洲國置籍船も船齢二十五年未満のものは僅かに一隻で、他は全部四十年前後の老齢船である。日本船も五、六隻の優秀船を除けば比較的中古船、古船が多く、これは元来支那船が老朽なるものとの対抗上、投資其の他の関係から古船を主として使用したことによるものである。

二、貨客の動向

現在渤海沿岸相互に運航してゐる船舶は五十三隻、約三萬總噸、渤海を中心とする近海航路就航船は百二十隻、約六十六萬總噸であつて、渤海沿岸相互間に輸送せらるゝ數量は貨物約百萬噸、旅客約八十萬人であり、渤海より近海航路により輸送せらるゝ貨物は大連、營口、天津、青島のみでも一千五百萬噸以上に達する。

渤海沿岸相互間に移動する貨物百萬噸の中過半數は大連港よりの輸移出入貨物であつて、その數五十一萬噸（昭和十一年度）に達し主なる輸移出品は木材、石炭、麥粉、肥料、油類、紙、其他雜貨類であり、主として内地よりの中繼貨物である。輸移入は生野菜、葉莨、鶏卵等である。ヒンターランドとして新興満洲國を控へ港湾としての地勢及設備、地位等の各方面から集散中継的地位を占めて居ることは大連港の強味であり、渤海湾の入口に位し葫蘆島が商港としても渤海沿岸貿易に於ける地位は永久不変なものであらう。

大連に次いで北支沿岸貿易港として隆盛なのは芝罘である。

芝罘は山東省東北部の中心地として相当大なる経済都市であり、背後地は狭いが、出入する物資は多く最近殊に満洲方面への主野菜、果物、貝類等が輸移出され、若し維縣（膠済鉄道沿線都市）より掖縣、龍口、黄縣を経て芝罘まで鉄道が敷設されたならば（既に

No.

山東省政府では計畫中であると云はれてゐる）其の背後地は済南一帯にまで達し非常な繁栄を来すに至るであらう。

天津は沿岸貿易港としては芝罘に劣るが二十五年前までは支那の首都たりし北京の玄関口として、又北支五省は勿論、熱河蒙古方面に対する物貨の集散中心市場としての関係上、日本、南支那、其他各地より集り来る物貨は相当数に達する。然し乍ら輸出は尠し、殊に沿岸貿易としては大連より雑貨類を輸入し、安平、栗、石炭、コークス等を出す程度である。

龍口の特産物は砂であつて、一ヶ年間に約二萬噸程度の数量が天津方面へ運ばれる以外には線香、土野菜、豆素麺等がある。が数量としては大したものではない。

威海衛は背後地もなく特産物もなく、唯落花生が少し出廻る程度である。

秦皇島は石炭輸出港として有名であり、相当数量の輸出を見るが、沿岸輸移入としては芝罘へ多少品物が輸送される程度である。

営口は北票炭、新邱炭を輸出するやうになって以来多少活気付いて来たが北支沿岸貿易としては豆粕、高粱等を天津向け輸出する程度に止まってゐる。

安東港は河口港の関係上投錨地と上陸地点との関係が非常に不便であって、材木が天津方向へ、豆粕が山東へ輸出されるのみで、近く多獅島鉄道が完成さるれば港湾としての機能は大部

No.

分多獅島に奪はれる危険性がある。

青島港は膠済鉄道の終点として背後に沿線一帯を控へて居ること、山東省港湾としては第一位であり、港湾の設備も良く今後の必要に應じては未だ擴張の餘裕を有し、輸移出品としては葉莨、石炭、ビール、燐寸、マッチ等があり、また山東苦力の出港地としても有名である。

渤海湾を移動する船客は一ヶ年約八十萬人であると稱せられ、このうち約九割まではデッキパッセンジャー、所謂四等船客である。永い支那國民の習慣として、相当身分ある者でも最初四等切符を買って乗船し、船内に於て買辦の手を通して三等、二

ヲ－0022　B列6　22字×10

等なりの上級へ移り変り、初めから一二等の切符を買求めて乗船する客は極めて尠いのである。買辨とは支那獨特の存在であり、船客を下級より上級のクラスへ繰上げる特別の便宜を與へることによつて差金を收得し自分の所得とし、大抵は船主より一定の給料を支給されない。加斯る支那人の習慣により一、二等客は非常に尠なかつたのであるが最近日本船が壓倒的に運航するやうになつて以来、これら諸種の習慣は漸次日本式に改良され、商人等は三等（支那人間では特別三等と稱してゐる）を利用し所謂四等客は純粋の労働者といふ傾向にあるが依然として買辨の有する力は強く、買辨を無視しては客集めに非常な困難を

―0022　B列5　28字×10　南滿洲鐵道株式會社

No.

感じる。

四等船客とは山東、河北省方面より満洲へ渡り一年又は数年間労働に従事し、幾何かの金銭を郷里へ持ち帰る者であって、昭和三、四年頃は入満数百十一萬に達し、五、六、七年には四十萬前後となり、満洲國建國後は再び増加して約六十五萬となりたるも、満洲國労働統制の結果、入満苦力の取締制限を行い、昭和九年六十五萬、十年四十萬、十一年三十三萬、十二年三十八萬の制限を行った。これら入満者数の約八割は離満者あって、天津方面より汽車で入満又は離満する数は全体の五分の二位であるから、昭和十一年度の渤海湾航行のデッキパッセンジャー

0022　B列5　25字×10　南満洲鉄道株式会社

No. ＿＿＿＿

数は約四十萬前後と見ることが出来る。假りに一人当り運賃を一円としても八十萬円の巨額に達し、昭和五、六年の頃に於ては運賃二百数十萬円に達したこともあり、渤海沿岸航路の最大の収入となって居るのである。昭和九年満洲国内に於ける労働統制を行い入満苦力の数を制限し、大東公司を設立して事務取扱を為さしめた結果入満数は極度に減じたので、これが輸送に當る汽船会社では多大の打撃を受け、之に対する適当の策を講じ其の利益を擁護する意味から、昭和十一年四月大連修航会なるデッキパッセンジャーに対するトラスト組織が結成されるに至った。現在大連修航会員は大連汽船、阿波共同、松浦汽船、

ヨ－0022　B列5　28字×10　南満洲鉄道株式会社

No.

大阪商船、日本郵船、政記輪船公司の六社で、その内大阪商船は日清汽船の、日本郵船は朝鮮郵船の、松浦汽船は利通公司の代理をも兼ねて居る。

最後に北支特殊貿易に就て一言する必要がある。昭和十年塘沽協定による停戦区域に冀東政府が出来、その統轄する地域に陸揚せられる外国品に対しては南京政府税務司の関税率にあらざる独特の税率を制定し、輸入を許可したのでこゝに北支特殊貿易なるものが隆盛を極め南京政府の圧迫はあらゆる方面からこれに対して行はれるに至つた。古来支那沿岸に於ける密貿易は有名であつて、現今に至るも尚跡を絶ざる有様であり、関

No.

税障壁の高いことは密貿易者にとつて利益の多大なることであり、密貿易を増加せしむる原因であつた。この意味に於て北支特殊貿易は正式に冀東政府の地域に陸揚せられ税金を支払ふのであるから密貿易とは異り、その税金の低率なることに於てその商品が北支市場に現はるゝ場合、冀東地区以外の地より輸入される商品に対し密貿易品的な様態を示すのであるが、絶体に密貿易とは異つたものである。一般国内大衆の為を思ひ、貿易を繁栄せしめ、密貿易を撲滅せしめるには可及的低率なる税率を課さねばならない。この意味に於て冀東政府のとりたる低税率貿易は正鵠を得たものであるといふことが出来る。

No.

四、北支那に於ける支那航運業者の現況

全支那の土着航運企業は總数約九十を算へる程度であり、その多くは小規模のものであって資本金百萬元を超ゆるものは僅かに招商局以下七社に過ぎない。大多数は三十萬元以下であり又約半数は十萬元以下であって、之等は概して一、二隻の船舶を所有するに過ぎない。如斯支那土着航運企業の発達せざる原因の主なる理由は大体次の如くである。

一、企業経営の腐敗

(イ)社員の私腹、(ロ)運賃割戻制の濫用、(ハ)冗員の使用、(ニ)倉

No.

庫経営の無能　ホ、財産管理の放慢　ヘ、蛸配當

二、内戰の影響

支那社会の不統一にして内乱の絶え間はないことは一般にこの國の産業近代化への重大なる障碍をなし、特に交通事業への破壊的影響には夥しきものがある。

三、外國航運業の壓迫

海運業は近代諸企業中最も競争性に富む事業であつて、斯業に於ける國際的なる高度自由性は常に経営競争の激化を齎らしてゐる。斯る企業性質に加へ南京條約以来支那の航權喪失に依り領海は國際公海と化し河流は國際河川と化してゐる。経営内

9—0022　B列5　28字×10　南滿洲鐵道株式會社

No.

部に多大の弱点を含む支那土着航業にとって先進外國航業の與へる壓迫は他の何れの企業よりも著しい。

上記の如く支那航運業に於ける一般的の不振原因は北支土着航運企業にもそのまゝ原因し、非常なる不振を示してゐる。北支に本社を有する土着航運業中所有船舶一千噸以上を有する会社は左表の如く三十四社、九十五隻、一五四、三五七總噸であるが、最大の政記輪船公司を除けば多くは数隻、少くは一隻の船舶を所有するのみであり且つ之等会社は名義上の所有者であり、船舶は他へ依託運航を為さしめつゝあるものが大部分である。之等中本邦の所謂変態輸入船の名儀船主となって居るものも多い。

一、北支土着航運業者一覧表

◎本社天津

会社名	所有船舶隻数	噸数
北方航業股份有限公司	五隻	八、六六一噸
直東輪船公司	四隻	四、五六二噸
天津航業公司	二隻	三、九六八噸
大中輪船公司	一隻	二、五九四噸
永祥船務公司	一隻	一、八〇六噸
華洋航運公司	一隻	一、三九八噸

No.

日昌輪船公司	一隻	一、三四二噸
利順行	一隻	三、一八七噸
孫德薰	一隻	一、四九二噸
政記輪船股份有限公司	二五隻	三三、二五六噸

◎本社芝罘

利通輪船股份有限公司	一隻	一、八五三噸
惠通輪船行	四隻	五、〇一五噸
惠海輪船無限公司	一隻	一、三七七噸
王雲祥	一隻	一、四二七噸
営口海外貿易公司	一隻	六、〇二六噸

No.

福慶公司	一隻	三、〇九七噸
恒康公司	一隻	五九二噸
利順行	一隻	六、四一二噸
◎本社青島		
貿仁・庵	五隻	一七五四噸
同福昌輪船行	二隻	一〇二三噸
永源行	四隻	六、六二三噸
范先和	一〇隻	三五、九四三噸
張守常	一隻	五、六五四噸
長記公司	三隻	一、三六八噸

0022　B列5　28字×10　南満洲鉄道株式会社

富羅洋行	二隻	一、六四五噸
同源行	一隻	九九八噸
英記行	二隻	一、三六八噸
◎本社威海衛		
蔡華亭	一隻	九九六噸
◎本社復州		
復州煤炭公司	一隻	一、一二九噸
◎本社營口		
航太公司	三隻	四五〇八噸
肇興公司	二隻	一、四〇三噸

海昌公司　二隻　二、六三〇噸
大通興公司　二隻　一、八〇六噸
日昌公司　一隻　一、三四二噸
上掲公司中主なるものの内容を示せば次の如くである。

三、各航運業者の内容

イ、北方航業股份有限公司（North China S. S. Co., Ltd）

一九一七年（民國六年）資本金三十萬元を以て天津に設立され總經理に李鏡軒氏就任し昭和六年満洲事変前迄は支那海運界に於ける一流汽船会社として沿岸航路の外國船の向を張つて兎角相當の営業成績を擧げつつあり、即ち低廉なる勞働賃銀と外國船が殆んど問題にしない沿岸の小港を根據とし更に國内貿易港から外國貿易港への貨物中継の役割を為し営業を継續し来ったのであるが、満洲事変以後満支間の貿易杜絶、日本船舶の進出により天津に於ける土着航業は極度に不振となり英國太古洋行〔支那航業公司〔China Navigation〕すら天津／南支航路の配船減と断行するの状態となり、北方航業も亦之の影響を多分に受け更に總経理李鏡軒氏の死亡後鄭渠生氏代表社員となりたるも経営統制亂れ支那諸企業に於ける官僚資本の特質である企業経営の腐敗を生ずるに至った。即ち土着航業の経営内部には獅子心中の蟲として官習の厭ふべき弊害が生じ昭和十年末には七、八十萬元

No.

の負債を生ずるに至つたのである。之に着目したる邦商請和商会（合資会社代表社員小寺武市氏）は同社所有船舶依託経営の交渉を開始し昭和十二年七月一日交渉成立し船舶経営の全権を握るに至り斯て北方航業公司は完全なる変態輸入船名儀会社となるに至つた。

満洲事変後は天津に本社、営口、青島、上海に支店を有して居たるも請和商会の買収により之等支店は自然消滅するに至つて居る。

現在名儀人は鄭墾生氏であつて所有船舶は左の五隻である。

北安号　三、五八五總噸　一九〇二年建造

北宇号　一、九七五總噸　一九〇二年建造
北華号　一、三七五總噸　一九〇五年 〃
北康号　一、〇一五總噸　一九一九年 〃
北平号　七一一總噸　一九〇五年 〃

ロ、永源輪船公司(Yung Yuan S. S. Co.)

一九二八年(民國十七年)設立されたものであつて資本金百萬元の股份有限公司(株式会社)たる永源行(営業種目、油房、貿易、海運)の一傍系会社である。海運関係のみに投資せる金額は約三十萬元と稱せられ本社は芝罘に在り大連、営口に分公司(支店)を置いて居るが大連支店(大連市淡路町二番地)が事実上本社の業務を行い總経理李興佳氏は大連に常任して居る。経営状態は收支辛じて相償ふの有様であるといはれて居り所有船舶四隻六千六百二十三總噸の内「永源号」、「順源号」の二隻は邦商靖和商会と共同出資に係り同商会の依託運航となつて居る。

所有船舶は左の如くである。

永源号	一、七三一總噸	一八九七年建造
順源号	一、六一〇總噸	一八九六年〃
興源号	二、二二二總噸	一八九八年〃
鎮源号	一、〇六〇總噸	一八九三年〃

ハ、肇興輪船公司（Shaw Hsing S. S. Co., Ltd）

No.

一九一〇年（宣統二年）営口に資本金二十五萬元をもって創立されたるも一九一九年（民國八年）本社を上海に移轉し資本金を百五十萬元に増資し本社を上海（廣東路一二二号）に天津、龍口、営口、芝罘、漢口、大連に支店を有し営業し来ったが康徳三年（昭和十一年）満洲國交通部令により満洲國に置籍せる船舶の所有者は本社を満洲國内に置くの必要となり昭和十一年八月営口支店を満洲國肇興公司本店とし大連支店を営口本社直轄の支店とし営口本店總経理に李子初氏就任し資本金二十五萬円の満洲國法人として登記するに至った。従て営口本社所有船舶は満洲國置籍船であって其の所有船舶は

No.

栄興号　八三三総噸　一九一五年建造
・永興号　五七〇総噸　一九〇一年〃
の航洋船二隻と瑞興号五〇総噸の河船一隻である。其他営口に於てドック及び碼頭を経営し昭和十年度営業成績は総収入四九七、三〇〇元、支出六三六、二四〇元、差引欠損一三八、九四〇元であつたと云はれて居る。

然るに営口本社は上海総本社より独立せるものであるが之は表面的形式的に於てで資本は上海本社よりの投資になり営業方針、人事に至る迄上海の指図を受け営口本社経理李子初氏は上海本社総経理李界平氏と親戚関係なりと云はる。

0022　B列5　28字×10　南満洲鉄道株式会社

No

上海の本社は總理李界平氏　副経理馮又新氏　経理宋竹銘氏であつて其の経営内容は企業経営の腐敗、軍閥抗争の齎す戦禍の被害及び外國航運業の壓迫等の三原因により最近極度に不振であり漸次経営の主体を営口に移す方法であると云はれて居る。上海本社のみの所有船舶は左の如くである。

和興号　二、〇三〇總噸。　一九〇〇年建造
鯤興号　二、四五五總噸　一九一〇年〃
瑞興号　二、五九九總噸　一八九一年〃
裕興号　二、六五七總噸　一八九一年〃

二　天津航業公司（Tientsin S. N. Co., Ltd）

南滿洲鐵道株式會社

一九三〇年（民國十九年）天津に資本金三十五萬元を以て創設されたものであって上海に支店を有し總経理葉緒耕氏、経理王更三氏、上海支店長洪彬史であって總経理葉氏は上海人とのことである。同社は金城銀行（公稱資本一千萬圓拂込資本七百萬圓）の傍系会社であり同銀行大連支店の談によれば天津航業公司の現在資本金は邦貨約七十萬圓とのことである。

所有船舶は左の航洋船二隻、二、九七八總噸である。

通利号　一、九七六總噸　一九〇一年建造

通成号　一、〇〇二總噸　一九〇二年〃

右二隻の外にタグボート「天久」、「天通」、「天元」、「天行」の四隻とラ

No.

0022　B列5　28字×10　南満洲鐵道株式會社

イター「天永」「天利」「天保」「天平」、「天安」、「天益」、「天進」七隻を所有し航津船二隻は貨船し主としてタグボート、ライターに依り営業の主体を為しつゝありと云はる。

ホ、直東輪船公司（Chihli Shantung Line Ltd）

一九一二年（民國元年）山東人孫学仕氏により資本金十萬元を以て天津に創立され先づ北京号（二七三總噸）一隻を購入し天津、芝罘、龍口航路に従事し一九一六年（民國五年）十萬元を増資し北昌号（二八五噸）を購入、営口、大連、安東、浦塩航路を開き一九二四年（民國十三年）更に七萬元を増資し積立金を合し北晋号（一〇一噸）を買入れ、一九三二年（民國二十一年）英國船平済号（一〇八三順)を譲受け一九三五年(民國二十四年)龍口に三萬元を投じ粉乾工場と同社支店を新設し南支航路を開き自家製品の運搬に當って居る。現在の資本金は四十萬元拂込資本金三十七萬二千六百元である。

本社は天津佛租界河壩に在り上海、龍口に支店を有し董事長孫学仕氏、常務董事宋魁甫氏、董事朱錫綸、李堯庭、聶涌芝、劉玉珊、王璧臣の諸氏である。当社の営業状態は創立当時中央政府が北京にあった為京津地方と山東との取引盛んで好成績を續け順調に発展して来ったが一九三三年満洲事変の影響を受け同社東北航路の停止により二萬餘元の損失を受け翌年には二萬四千元の利益をあげ三五年には一萬元の損失、三六年には前年末の負債を整理して尚二萬二千餘元の純益をあげ八分の配当を行へり。積立金二萬九千元、減價償却一萬六千元に対し二十九萬元の固定負債ともみらるゝ借金を有する内容にして良なる配当を行ふは健全なる経営方針とはいへぬが一般支那汽船会社の常套的経営方法である。同社の所有船舶は左の如くである。

北京号　四四〇総噸　一九一五年建造
北銘号　六六七総噸　一九一二年
北晋号　一六二三総噸　一九〇三年。
平済号　一八三二総噸　一九〇二年。

（毓太公司（Yu Ta S. S. Co., Ltd）

同社は以前張学良の私有汽船会社であったが満洲國成立するに及び逆産として満洲國交通部に没收され船舶は同政府の所有となり満洲國置籍船となるに至った。現在満洲國交通部の監督のもとに支配人倉田好松氏が経営の掌に当り同公司の財産評價は約十六萬圓であって其の所有船舶三隻は澤山商会へ依託運航を為さしめて居る。昭和十年度の業績は收入二三〇、四一七圓、支出二五〇、一一〇圓、差引缺損一九、六九三圓である。所有船舶は左の如し。

毓通号　一、五〇五總噸　一九〇四年建造、

毓、太号　一、七二三總噸　一八八九年建造

毓齊号　一、二八二總噸　一九〇一年

ト、利通輪船股份有限公司（Li Tung S. S. Co.）

一九二三年（民國十二年）資本金十萬元を以て芝罘に設立され所有船舶一隻を以て大連―芝罘―威海衛―仁川間の定期航路に従事し今次支那事変前までは相当の好成績を示し設立以来事変前迄に積立金は資本金と同額に達するに至った。現在總經理は傳紹蘭氏であって前記定期航路は中止状態である。

利通号　一、八五四總噸　一八八四年建造

チ、恵通輪船行（Huei Tung. S. S. Co.）

同社は以前慶玉軒記と稱し海運業を營業し來つたが店主死亡後一九三二年（民國二十一年）支配人王浩生氏業務を繼承し同時に惠通行と改稱し總經理に王浩生氏就任し現在に至る。芝罘本社と大連支店とは資本合計並に獨立し所有船舶の共同運營、代理店業を主たる業務とす。

芝罘本社は上海に直轄の出張所を有し資本金大洋五萬元、大連支店は惠通行義記と稱し資本金六萬圓、所有船舶四隻中一隻貸船、他三隻は不定期貨物船として自營し支那事變前迄には相當の成績を擧げつつありたるも事變に遭遇し自營船三隻は停船の餘儀なくなり松浦汽船に貸船中なり。所有船舶左の如し。

No.

惠昌号　一九〇七總噸　一九〇二年建造

惠康号　一、五九九〃　一九〇二年〃

北海号　七四九〃　一八九〇年〃

惠平号　七六〇〃　一八九五年〃

り、政記輪船股份有限公司（Ching Kee S. N. Co. Ltd）

一九〇五年（光緒三十一年）一月張本政、張本才両氏の共同出資四萬元により芝罘に創設し漸次発展して資本金を八萬元に増資し更に一九二〇年（民國九年四月株式会社に改組し同時に資本金を一躍二百五十萬元と為し、芝罘に本社、大連、天津、上海、汕頭、厦門、香港、廣州に支店、安東、青島、龍口に出張所を

設け営業を開始し國営招商局に亜ぐ支那第二の大汽船会社とな
り現在に至つた。
株数十萬株、株主百九十六人、内約半数五萬株は張本政氏及
び其の一族の所有である。現役員は専務總董張本政、常務董
事蘇培信許廣泰、于永江、高成珍、范史和、金秀鴻 常務監察
人綦紹武の諸氏であつて役員の殆んど全部は大連に常住し大連
支店は事実上の本社となつて居る。一九三五年末現在の所有船
舶は二五、三三、二五六總噸であり経営定期航路は左の如くで
あるが多く不定期航路と同様であり日本海運業者へ貸船して居
るものも相当数に達する。

一、天津、大連、芝罘、威海衛、青島、厦門、汕頭、香港、廣州航路

一、上海北洋航路

一、芝罘北洋航路

一、芝罘、大連、天津、営口、汕頭、厦門航路

一、芝罘、安東、青島、威海衛航路

一、芝罘、大連航路

一、芝罘、龍口、営口航路

一、芝罘、大連、安東、青島、威海衛、石島航路

同社所有船舶は左の如くである又其の内六隻は大同海運（乾利号）

東和汽船（泰利号、天利号）、川崎汽船（加利号、坤利号）、三井物産（勝利号）に貸船し残余は事変態輸入船として日本官憲の保護を受け渤海沿岸、日本沿岸を運航中である。

茂利号	一九四六総噸	一九一一年建造
泰利号	一八三二 〃	一九一九年 〃
安利号	一六六九 〃	一九〇六年 〃
豊利号	二〇六一 〃	一九〇二年 〃
順利号	一五三二 〃	一九〇二年 〃
勝利号	二〇八七 〃	一九〇七年 〃
英利号	一三九四 〃	一九〇二年 〃

同利号	一四七〇總噸	一九〇二年建造
福一利号	一三九九〃	一九〇〇年〃
纯利号	一一七六〃	一九二〇年〃
增利号	九六一〃	一九一八年〃
成利号	一二〇〇〃	一九一八年〃
新利号	一一七四〃	一九一六年〃
廣利号	一〇三三〃	一八九七年〃
宏利号	七七三〃	一九〇一年〃
永利号	六三二〃	一九〇五年〃
得利号	六三三〃	一九一六年〃

9-0022　B列5　28字×10　南滿洲鐵道株式會社

公利号	五五一總噸	一九一四年建造
有利号	四九四〃	一九一三年〃
昌利号	六〇八〇〃	一九〇一年〃
乾利号	六九一四〃	一九〇七年〃
加利号	三〇九一〃	一九二〇年〃
寶利号	三二〃	一九一〇年〃
大龍号	六九〃	一九一四年〃
天雲号	五三〃	一九〇二年〃

五、事変以後の諸情勢

B列5　25字×10　南満洲鐵道株式會社

支那事変勃発以来十一月末で既に五ケ月を経過たのであるが、当初の不擴大方針を裏切って日支の全面的衝突に迄発展したのは実に八月以降であり、特に上海に於て戦火開かれたのは八月十四日以後であるし、第一回沿岸航行遮断宣言と第二回のそれは八月二十五日と九月五日であるから、実際的に見て北支方面海運界に及ぼした諸種の影響は八月以降と見ることが出来る。中國の海関統計によりて本年一月以降迄の全支貿易を見ると左の如くである。（単位千元）

	本期	前年同期
輸入	七三〇、一五五	五三三、九一五

No.

輸出	五七一、一七五	三九六、六六二
合計	一、三〇二、二四二	九二六、五七八

輸入は三六・七%、輸出は四八%、合計四〇・四%と前年同期に比し増加してゐるのであるが、支那全土が戦火に見舞はれた八、九月は七月に比し激減し（単位千元）

	輸入	輸出	合計
八月	五五、四六五	四五、二二三	一〇〇、六八八
九月	三四、一四〇	六七、一五九	一〇一、二九九

八月は七月に比し輸入五五、三%、輸出四九%、合計五二、七%と減じ、九月は八月に比し輸入三八、四%減、輸出は逆に四八、五%

No.

と増加して居るが、これは上海の在庫品が戦火の擴大を惧れて香港に送られたことが輸出として計上された為であると云はれてゐる。この全支貿易状況は北支諸港貿易に左の如く影響してゐる。（単位千元）

	輸入	輸出	合計
七月			
天津	三、六四九	三、七四五	七、三九四
青島	五、二〇七	三、五六五	八、七七三
八月			
天津	六四五	一、七四四	二、四三二
青島	四、〇二九	六、五七一	六、六〇一

ヨ—0022　B列5　28字×10　南満洲鉄道株式會社

以上の如き貿易の窒息は海運界に最も鋭敏に反映してゐる。

七、八、九ケ月の全支各港輸出入船舶は左表の如く、九月は七月より隻数三八%、噸数五一%の激減となつた。

	隻数	噸数
七月	六、六三二	三、八〇二、九四九
八月	五、八八八	二、八八九、四五一
九月	四、一〇八	一、八二六、四五八

これを國別に分けて見ると噸数上に於ける各國船の割合は左の如くになつて居る（單位千噸）

國別	七月	八月	九月

No.

英國	一、一八二	一、一一九	八七七
日本	六一二	五八七	一三九
支那	二三六	二三二	三八
戎克	三一二	二五九	一六六
米國	二三二	一一六	四七
諸威	一八七	一一六	一四七
オランダ	一〇八	一〇二	一三七
ドイツ	一〇六	六七	四七
フランス	一〇五	九七	七九
葡萄牙	一〇二	一〇九	六五

ヨ−0022　B列5　28字×10　南滿洲鐵道株式會社

北支那諸の出入船舶は左表の如く一應減少を示したが北支事態の恢復と共に漸次出入船舶も増加を告げて居る。（単位千噸）

	七月	八月	九月
青島	二七〇	二六五	一七二
天津	二〇五	一一七	一五二
秦皇島	一〇八	一二一	一四二
芝罘	九七	六七	二七
威海衛	三七	三三	二四

七月七日蘆溝橋事件の発生して以来八月一日には既に天津治安維持会が成立し、北支の一部が安定し物資の移動を見るに至

No.

り、一時杜絶した貿易は漸次恢復すると共にこの方面に配船して居た本邦汽船会社は共に配船を増加するに至つた。即ち三井船舶部では天津向け往復集荷の輻輳により十月初旬表日本大連航路を天津迄延長し笠置山丸を第一船として配し、岡崎汽船は九月下旬にこれも断行又川崎汽船においても日本/大連航路を十月中旬天津へ延長し月三回の定航を開始し、更に東洋汽船は十一月下旬より第一船十洋丸を以て内地、大連、天津航路を開始するに至つた。一方これら社外船の天津航路割込に対し従来内地、天津航路を経営し来つた大阪商船近海郵船ではこれに対抗する為、大阪商船では大阪、天津線と横浜、天津線に従来

No.

六隻しか配船してゐなかつたものを十隻とし、近郵でも二隻の配船増加を断行するに至り、以上の如く天津航路は早くも事変の影響を全く恢復し寧ろ事変前に優る盛況を呈するに至つてゐる。

以上の如く北支、日本線は事変後半歳を出ずして昔日以上の活況を呈するに至つたが、北支自体の沿岸線は依然として窒息状態を續けて居るのであつて山東の戰況は未だ豫測を許されず山東半島諸港對滿洲國、大連の貿易は杜絶の有様であり僅に大連、芝罘間を政記公司（支那汽船会社）の所有船が不定期的な運航を續けて居るに過ぎない。大連、天津間は天津方面の物資需要により大連よりの往航は貨客共滿船状態であるが天津よりの

ヨ—0028　B列5　25字×10　南滿洲鐵道株式會社

No.

復航は空船に近く未だ片貿易である。

今後北支に獨立政権が樹立され明朗化され、満洲事変以来殆ど杜絶状態を續けてゐた満洲対北支貿易が旺んとなれば、渤海に於ける沿岸貿易も非常なる活況を呈するであらうことは予言するに難くない。これと同時に一部では渤海の湖水化が叫ばれ、北支沿岸航路に於ける海運統制が表面的な問題となりつゝある。

今次事変以前に於て渤海海運統制の前哨的なものが昨昭和十一年中に二件起って居る。その一は既述した大連修航会による苦力客の統制であり、その二は営口に於て行はれた海運統制である。由来営口には張政権時代に於て航業公会なる船主の團体がありて営口ー大連線、営口ー龍口線に堅いコンファレンスが結ばれてゐたが満洲國建國後、高率なる中國の関税率、対満洲國特殊扱に禍され貨物は大減少し、一方入満苦力に対する取締制限によって乗客の激減、と相俟って船主は逆境に立つに至ったが、これに加ふるに阿波共同汽船会社の営口、龍口線乗込によってこの営口航業公會は統制乱れあり互に無謀な競爭の結果缺損を續けるに至った。これが動機となり昭和十一年三月航業公會内容整理となり満洲國航政局及海辺隊関係を刺戟し、営口を中心とする定期航路は満洲國籍船による事を原則とし、特に阿波共同汽船は航業公会の準会員として認められ、満洲國最初の海運統制は実現するに至ったのである。

更に渤海及黄海に於ける満洲國海運の統制として満洲國置籍船とこの方面に運航する日本船舶とを合同し日満合辧の特殊会社を設立し日本海運の別動隊として逐次英、支船の勢力を駆逐し日本海の地盤を擴大する必要が説かれ、又一方では海上トラックに依る英支船舶の駆逐も唱へられ大連を中心として満支沿岸に於ける戎克貿易の殷賑及び之等戎克が逐次海上トラックに改造せられつゝあるに及んで運航コストの割安である大型海上トラックにより英、支船舶に対抗し日本海運の進展を計る計画すら立てられるに至った。

No.

最近に於て北支経済開発促進の先決要件として北支港湾の修築整備は緊急解決を要するものとして天津港の修築及大阪海陸協会により立案され、又天津当業者間にも問題となり種々研究されてゐるが本問題は事変前より各関係方面に於て叫ばれ来つたものであつて、既に満鉄、興中公司等により調査、研究され来つたものである故、資金不足の為め実行されなかつたものであつた。然し支那事変はこの必要を決定的なものとするに至つたもので、何れも立案の程度であり如何なるものとして実現するかは近い将来の問題である。

六、結語。

3－0022　B列5　20×10　南満洲鉄道株式会社

緊切化せる満洲、北支の経済開発は、既にその実行を迫られてゐる。それには先づ第一に日満・北支の一元的経済指導の確立が絶対に必要であると共に、日満並に北支の三角貿易的結びつきの強化も亦絶体に必要である。これはこの三国を経済的に融合するための一大基本條件である。幸ひ北支には綿・塩・石炭・鉄鉱・羊毛・肉類・其他日本・満洲にあつて缺乏してゐるものが頗る多く、それ故に日満の輸入額全体を殖すことなく而も北支よりの輸入を激増せしめることが出来る。それは又北支の購買力を激増せしめ日満の輸出に貢献することとなる。要するに三国間の生産物資を出来得るかぎり最高限度まで互に購

No.

ひ合ひ、経済的有機関係を深める事が経済的融合の最大條件である。それには此の三角貿易的結びつきの強化を計る為海運の負ふ役割は實に重大であると云はねばならない。此の故に日、満、北支海運を最も経済的に且つ最高能力を発揮せしめる効果的なものたらしめることが必要である。それには個々の業者的立場より離れ、國策的、大乗的見地から三國間貿易に最大の寄與を為すべき傾向に此の方面の海運は発展を示さねばならない。

且つて満洲現地の者は内地より次のやうな非難的言葉を聞くことがあった。「大陸に投資する資金は本國に於ける剰餘資本で

ヨ—0022　B列5　28字×10　南満洲鉄道株式会社

No.

ある。而るに大陸的に投資した資本が企業形態をとるとき、それは往々にして本國へ逆作用を及ぼし本國の同種企業と衝突を来すことがある。それは世界に市場を普辺的に持つ企業ほどそれが激しい。例へば海運業の如くその地の経済開発の為に設立された企業にも拘らず本國市場へ進出することはその好個の例である」と……さればこそ満洲國はその建國当初から経済開発の根本方針として「満洲國経済建設綱要」に「東亜経済の融合合理化を目途とし先づ善隣日本との相互依存の経済関係に鑑み同國との協調に重点を置き相互扶助の関係を益々緊密ならしむ」と経済開発の根本方針を提示し、近くは「満洲業産開発五ヶ年計画概要」に

No.

於て日満両國産業の摩擦を避ける方針を明示して居る。故に今後満洲又は北支に新設される諸企業は日本のそれらとの摩擦を可及的避ける方針のものでなければならない。然しながら海運は諸企業中最も代表的な自由企業であり、本國との摩擦が激しいものであるから特にこの点を考慮し今後北支方面の海運に対しては充分なる統制を必要とするであらう。北支沿岸の海運を統制するにしても、それはあくまで支那沿岸海運の一環としての立場を無視することは出来ず、又日本海運勢力の延長場面としての考慮も必要である。渤海沿岸相互の諸航路を統制することは或は満、北支関係者相互に於て容易に実現せしめ得る可能

南満洲鐵道株式會社

No.

性は存するかも知れない。然し乍ら一度このローカルな航路圏を出て日満、北支海運の統制といふ問題となれば問題は複雑化してくるに容易ならぬ問題となり、今次事変後に於ける支那海運界に対する本邦の基本的対策が樹立されぬ限り豫言されぬ問題であって、結局事変後に於ける対支海運政策の如何によって決定される問題であるということになる。

No.

(54)

我邦海運の内面的変貌

大東亜戦争突入一年に於ては我邦海運は周知の如く異常なる変革を遂げ茲に海運戦時体制に急速且強固にその整備を了したのである。即ち船舶国家管理、計画造船の二大施設を中核として港湾運送統制の進展、更に大小船主團体の一元化による海運協会の強化等凡そ戦時海運施策として必要とされるものは凡て出尽したかの感あり。

聖戦第二年を期して愈々輸送総力戦を展開、戦力増強の大動脈たるの重責完遂が期されて居り、前年に於て業界凡ゆる部門に凡ゆる視野より為された布石が如何に結実するかが本年度の至上命題として注目さ

ヨー(8)22　B列5　28字×10　南満洲鐵道株式會社　(18.1.3200冊　販内納)

No.

れるのであり、これが成果如何は戰力増強延いては聖戰の前途を左右するの重大關鍵なりとも云ひ得るのである。

即ち計畫造船が如何に進展するか、船舶運營の機構が何處迄伸暢されるか、港運會社の整備により港灣荷役力が如何に増強されるかは何れも戰時に於ける重要課題であり、之を換言すれば戰時に於て確立された戰時海運體制を如何に有効適切に具現化し實踐するかが戰時下の海運に課せられたる重大使命でなければならない。

斯くして戰時下には戰時海運體制が末端的に實踐段階にと移されるのであるが、凡ゆる方面に打樹てられた戰時體制を最も効果的に具現化するには更に各分野に於て内部的、機構的の變革を遂げ戰時施策に即應するの体制が整備されねばならない。即ち昨年度に於ては凡ゆる分野を挙げて戦時機構が確立されたのみでこれが本格的機能発揮は今後に俟つわけであるがこれには表面的機構のみならず内部機構の整備が伴はねばならずこの意味に於て本年度は戦時体制実践の年であると共に業界各層に於て内部的、質的に更に多彩の変革が予想されるのである。

先づ第一には船主形態の変貌である。船主の整備統合は最近三年来可成り進展を見つゝあつたが、公定傭船料実施による中古船操業の低下はこの傾向を更に拍車づけるものと見られ、船腹拡充には中小船主割據主義より大船主主義を便とする國家要請よりして船主の整備統合は相当急速なる進捗を遂げるのではないかと見られる。

造船業者も亦衰頽を免れない。即ち計画造船の進展には超重点主義が採用される結果大造船所は設備の拡充或は産業設備営団による新設造船所の経営等その機構の膨脹は必至でその反面中小造船所の整備統合の進展が予想される。

更に仲立業者は既に前年より当局指示の下に業者の整備統合の問題より組合自体の改組へと飛躍しその具現化が進捗しつゝあるが近く運営令の協同体としての新組合の設立更に新組合員適格者として残存する業者幾何が奈辺に落着くかは頗る注目されて居り海運仲立業者の廃絶は本年中に於ける業界劃期的変革のトップを切るものである。

又倉庫業統制も本年中には何等かの形に於て具現さる可きで、これが港湾企業会社と如何なる関聯性に置かれるかは亦甚しく注目される所であり更に海上保険業者の統合も最近行はれた大銀行の統合を先陣とする金融機関の整備が今後の動向に多大の示唆を与へるものであり現状維持は許されないものと見てよかろう。

以上は極く概略なるものを挙げたに過ぎないが、斯く内面的の変化は海運戦時体制の完全実現のためには必然的に要請される所で前年に於ては外面的に多大の変革を遂げた本邦海運が本年に於て如何に内面的変貌を齎すかは多大の関心事であると共に来る可き統制変貌こそは本邦戦時海運の推進力を示す有力なる尺度ともなり得るのである。

（一八、一、七）

No.

ヨ—0022　B列5　28字×10　南満洲鉄道株式会社

（大阪商船株式会社五十年史）

(5-5)

大阪・大連線

日露戦争勃発するや、明治三十七年七月汽船末永丸を大連に派して大連線開始に関する調査を行はしめ、翌三十八年一月、旅順開城と共に満蒙開発の先駆として逸速く大阪大連線を開設し、第一船として舞鶴丸が同月十四日神戸を発航した。当時戦争未だ酣にして定期航路の遂行に多大の困難を感じたるが、極力奔走して陸軍当局の諒解を得ると共に、他面汎ゆる犠牲を払ひ以て定期の確守に努めた。爾後舞鶴丸、舞子丸の二隻を以て毎月

南満洲鉄道株式会社　ヨ－0022　B列5　20字×10

No.

四航海となし、神戸門司に寄港した。荷客の増加に伴い同年下半期より基隆丸、安東丸の二隻を加えて就航船を四隻となし、毎週二航海に増加し、同年中には早くも社船が六十八回航海した。当時日本郵船も同社の北支那航路就航船たる横浜丸、芝罘丸を大連に寄港せしめて当社と競争せしが協定成立の結果大連航路は専ら当社の経営に帰することとなった。三十九年四月一日より逓信省の命令航路に指令せられ、舞鶴丸、舞子丸の代りに千五百噸級の大義丸、大仁丸を配し、其後又基隆丸、安東丸の代りに新造船鉄嶺丸、開城丸を配した。戦後租借地関東州の経営、満州内地の開拓及び満鉄事業の繁盛と相俟って

No.

日本人の増加往復頻繁となり、本航路の重要性は益々増加し之に伴ひ当社も航路の改善に鋭意努力した。即ち四十年三月十日より国有鉄道と三宮、門司を接続駅として貨物四十一年十一月五日より旅客、手荷物、又満鉄と四十二年四月十日より旅客、手小荷物、同年五月一日より貨物、同時に国有鉄道、満鉄との間に旅客、手小荷物、四十四年一月一日より貨物の船車連絡を開始し、以て貨客に多大の便宜を与へた。四十一年以降大義丸、大仁丸の代りに二千五百噸級の新造船嘉義丸及び購入船天草丸を就航せしめ、四十四年より更に三千噸級の台中丸、台南丸を就航せしめて、鉄嶺丸、開城丸を撤退した。尚四十二年四月以降陸軍運輸部との契約に基き

ヨ－0022　B列5　20字×10　南満洲鉄道株式会社　(17. 5. 5,000部 満洲書)

No.

月二回往復航共宇品寄港を開始した。

四十三年四月一日日露聯絡運輸、四十四年三月一日日満露聯絡運輸引続き大正二年六月一日欧亜聯絡運輸を開始したる結果、本航路は欧亜連絡幹線となりて国際交通上に重要なる役割を演ずるに至った。　四年三月より天草丸の代りに五千噸級の新造船はるぴん丸を配し、本航路に一異彩を放ち、又十年九月より嘉義丸の代りに又五千噸級の新造船ばいかる丸を使用した。ばいかる丸は我が最初のタービン船で、本航路に使用する目的を以て建造されしものである。　更に本航路が日本とアジア大陸各地方に到る鉄道とを連絡せる大幹線なる故、大型新式の快速優秀船

ヨ－0022　B列5　23字×10　南満洲鐵道株式會社

たるばいかる丸、はるびん丸、台南丸、台中丸を就航せしめ、更に十三年八月以降台中丸、台南丸の代りに六千噸級の亜米利加丸、香港丸の如き大型船を使用して益々航路の充実を図った。

昭和二年二月より讃岐丸を加へ使用船五隻を以て毎週二乃至三航海に改めたるが、三年八月以降再び従前通り使用船四隻毎週二航海に復した。四年四月最新式快速新造船六千噸級のうらる丸を加へて使用船を五隻となし、毎月九乃至十航海に改め五年七月より毎月十航海に確定した、六年九月に突発したる満洲事変以来、本航路の重要性は彌が上に増大し、満洲国独立の直後たる七年四月以降新造船うすりい丸を就航せしめ

No.

て傭用船を六隻となし、航海速力を増加し且つ各港碇泊時間を短縮して、大スピードアップを試み、隔日発航即ち毎月十五航海に増加した。八年三月、熱河の軍事工作完了するや日満関係の愈々緊密なるべきを察し、更に同年五月よりしあとる丸、たこま丸の二隻を加へて傭用船八隻毎月の航海回数を二十回となし茲に日満間の運輸交通は劃期的の躍進を見るに至った。九年三月扶桑丸を加へて傭用船九隻月約二十五航海となし、翌年四月より広島に毎月往航三回、復航二回寄港した。尚定期航海以外に東京、横浜、大連間に臨時船を多数配船し、以て日満間の交通に寄与して居る。

ヨ―0022　B列5　28字×10　南満洲鐵道株式會社

即ち昭和八年十二月中臨時船として就航せしめし船舶は十隻の多数に及んだ、而して之等は孰れも貨物船で時には大連へ回航せしめたこともあった、

明治四十一年以降の営業状況は別表の如くであるが、貨客共に其の後逐年増加し、殊に昭和七年以降航路の急激なる増加を見たるは申迄もなく満洲国の独立に基因するものである。

内地よりの主要貨物は綿糸布其他雑貨で大連よりは豆類、豆粕、銑鉄等である。

No.

哈尔航路旅客表

年次	貨物	旅客
明治四十一年	一七二，六五七吨	三〇，七五七人
四十二年	一九九，〇〇〇	三〇，七三七
四十三年	二三五，九七七	三五，一一三
四十四年	二七九，九二五	三六，五八四
大正元年	二九七，六〇四	三六，二三九
二年	三〇五，二四四	三五，六〇三
三年	二九五，九九三	三五，七九〇

ヨ－0022　B列5　28字×10　南满洲铁道株式会社

No.

大正四年	三一九、八三七 噸	三六、九七六 人
五年	三八二、〇八五	四一、〇〇九
六年	四五七、〇五四	四九、六六三
七年	三一五、〇九五	五六、五一一
八年	二九八、〇七五	六七、〇九六
九年	二五七、七七七	七六、八二九
十年	二五〇、一二九	六〇、六一八
十一年	二七三、六三九	五七、七七六
十二年	八二一、二九六	五六、九一六
十三年	四〇八、〇三九	五七、〇九二

ヨ—0022　B列5　28字×10　南満洲鐵道株式會社

No.

大正十四年	四一五、二八三	六六、六三六
昭和元年	四三〇、一三一	七〇、九三〇
二年	五〇六、八六一	七三、五八二
三年	五二六、九六二	七五、六一五
四年	四七〇、四一九	八七、七六六
五年	四二九、四〇五	九二、六九六
六年	四五一、八一六	八六、九四四
七年	六二〇、〇六二	一二二、七〇四
八年	八七八、七五九	一七五、七〇一
九年、		

ヨ—0022 B列5 28字×10 南滿洲鐵道株式會社

大阪、安東線

明治三十八年八月十四日開設し開航当初福州丸・潮州丸の二隻を以て毎月四航海となし、神戸、門司、仁川に寄港したるが、安東縣結氷中は休航した。三十九年六月、汽船三隻毎月六航海となせしが、十月再び二隻月四回に減じた。四十年上半期鎮南浦寄港を開始し、四十二年七月より潮州丸が毎月二航海した。大正六年四月、漢州丸、潮州丸の二隻に増配して毎月四航海となし、同時に航路を短縮して釜山、鎮南浦止めとなした。七年六月大阪仁川線と合併して大阪南鮮線と称したるが、新航路の終点は安東縣であった。

大正十一年十二月十六日大阪南鮮線を分割し再び大阪、安東線を開航し朱島丸、金山丸、膠州丸の三隻を以て毎月六航海となして、神戸、門司、釜山、木浦、群山、仁川、鎮南浦に寄港し、尚随時名古屋、横浜に延長することもあった。十四年六月木浦、群山の寄港を廃止し毎月約三航海に改め又同年七月吉浦、尾道の臨時寄港を開始した。昭和三年四月使用船をひよどり丸、加賀丸の二隻に減じ五年四月以降釜山寄港を廃した。七年七月一日大阪安東線と改称し月三航海の定期を確立し、往航神戸、門司、鎮南浦、復航に限り吉浦又は広島に寄港した。結氷期中は鎮南浦止めとなし、往航仁川、復航群山を寄港地に加った。

宇品経由 大阪、安東縣線。

明治四十年一月二十五日陸軍運輸部との間に陸軍が献納船、咸興丸の船腹三分の一を使用するとの契約成立せしを機として本航路を開設し毎三週一航海、神戸、宇品、門司、仁川、鎮南浦、龍巌浦に寄港したるものが、四十一年七月二十九日に至り廃航した。

ヨー0023　B列5　28字×10　南滿洲鐵道株式會社